DIE GEBRAUCHTE WOHNUNG

DIE GEBRAUCHTE WOHNUNG

Kaufen, finanzieren, sanieren

Ulrich Zink

Stiftung Warentest

INHALTSVERZEICHNIS

LIEBE LESERIN, LIEBER LESER.

Jedes Jahr erwerben 200 000 Käufer eine Wohnimmobilie, das heißt ein Haus oder eine Wohnung, um sie selbst zu nutzen oder um sie zu vermieten. Viele andere denken über den Kauf einer eigenen Wohnimmobilie ernsthaft nach. Das Interesse an den eigenen vier Wänden ist nicht nur ungebrochen, es nimmt stetig zu.

Dass dabei nicht mehr der Wunsch nach einem Neubau dominiert, ist mehr als nur eine Randerscheinung, sondern ist vielmehr als Zeichen für eine gewisse Mobilität auf dem Immobilienmarkt zu deuten. Man baut nicht mehr nur „das eine Haus im Leben", sondern kauft und verkauft wieder, zieht um, kauft erneut. Menschen von hoher beruflicher Mobilität erwerben mehrmals im Leben eine eigene Wohnimmobilie. So ist es kein Wunder, dass sich immer mehr Menschen für Bestandsimmobilien, also auch bereits genutzte, gebrauchte Wohnungen und Häuser interessieren. Nicht unbedingt allein deshalb, weil sie besonders großen Gefallen an alten Gebäuden finden, sondern aus vielen anderen Gründen.

Heute werden schon weit mehr Bestandsimmobilien verkauft als Neubauimmobilien. Die Nachfrage steigt seit einigen Jahren stetig. Schätzungen gehen davon aus, dass etwa 80 Prozent des Wohnungsbestands, der in den kommenden 20 Jahren nachgefragt werden wird, heute bereits gebaut ist. Vielleicht haben auch Sie sich bereits gegen einen Neubau und für den Erwerb einer Bestandsimmobilie entschieden? Vielleicht steht diese Frage für Sie unmittelbar zur Entscheidung an?

Eine Bestands- oder Gebrauchtimmobilie weist – selbst unabhängig vom besonderen ästhetischen Wert eines historischen Gebäudes – Qualitäten auf, die eine Neubauimmobilie nicht in jedem Fall vorweisen kann.

- Ein – für viele entscheidender – Vorteil ist: Die Wohnung ist bereits fertig. Der Eigentümer vermeidet den Neubaustress einschließlich Verzögerungen bei der Fertigstellung und Ähnliches.
- Anders als ein Neubau, den man als Erstnutzer bezieht, hat eine Bestandsimmobilie schon gezeigt, wo ihre Stärken und Schwächen liegen.
- Oft weisen Gebrauchtimmobilien einen deutlichen Standortvorteil auf, befinden sie sich doch häufig in begehrten Lagen, während neue Wohnungen häufig nur in typischen Neubaugebieten oder in weniger attraktiven Randlagen zu haben sind.
- Für viele ist der Preis ein entscheidendes Argument, liegt er doch bei vergleichbaren Wohnlagen oft deutlich unter dem Preis eines Neubaus. Weiteres Plus: Der Preis für eine Bestandsimmobilie steht fest und man weiß (oder kann es in Erfahrung bringen), was man für diesen Preis bekommt.

Diesen Vorzügen stehen Risiken gegenüber, die man nicht unterschätzen darf. Was kann neben den fixen Kosten, die

man leicht überschauen kann – Kaufnebenkosten wie Grundbuchkosten, Grunderwerbssteuer, Notar- und gegebenenfalls Maklerkosten – mit dem Erwerb der gebrauchten Immobilie noch auf Sie zukommen? Das sind vor allem Kosten, die man nicht immer gleich auf den ersten Blick sieht: für Renovierungs- und Sanierungsarbeiten, eventuell auch für Umbauten. Wenn Sie eine Wohnung kaufen, kaufen Sie immer auch einen Immobilienanteil mit, der nicht Ihnen allein gehört, weil Sie ihn nicht selbst bewohnen: das Gemeinschaftseigentum. Einfach gesagt: Das Dach ist nicht Eigentum der Bewohner der Dachgeschosswohnung, sondern es überdacht alle Eigentumswohnungen einer Anlage. Für Schäden am Dach muss also die Gemeinschaft der Eigentümer aufkommen. Das ist bei einer gebrauchten Wohnung nicht anders als bei einer Neubauwohnung. Aber bei einem alten Haus ist die Wahrscheinlichkeit einfach größer, dass sich am Gemeinschaftseigentum Schäden zeigen, die nachhaltiges Eingreifen erfordern. Welchen Umfang und welche Belastung diese Maßnahmen erreichen, sollten Sie sich zum frühestmöglichen Zeitpunkt klarmachen. Denn unter Umständen hat sich ein Sanierungs- und Renovierungsstau angesammelt, der ihre gesamte Finanzplanung ins Wanken bringen kann. Und schnell ist aus dem Wohntraum ein Albtraum geworden.

Genau aus diesem Grunde wurde dieses Buch geschrieben. Es will Ihnen helfen, über die Beschaffenheit Ihrer gebrauchten Wohnung schnell und umfassend Bescheid zu wissen. Es will Ihnen „Werkzeuge der Urteilskraft" an die Hand geben, die Ihre Entscheidung für oder gegen eine Wohnung rational fundieren können. Es wird Ihnen eine Folge von elf notwendigen Schritten empfehlen. Bei aller individuellen Unterschiedlichkeit der jeweiligen Wohnung und des Gebäudes, in dem Ihre Wohnung liegt, führen Sie diese Schritte auf einen sicheren Weg. Je konsequenter Sie sich an die vorgeschlagene Schrittfolge halten, desto weniger unangenehme Überraschungen werden Sie erleben. 200 Buchseiten können Sie nicht zu einem Altbauexperten machen. Aber Sie werden es leichter haben, den richtigen Altbauexperten zu finden und seine Arbeit besser einzuschätzen, indem Sie Ihre Chancen und Risiken in Bezug auf die gebrauchte Wohnung besser einschätzen lernen.

TRÄUME, VISIONEN, WIRKLICHKEIT

Die eigene Wohnung: Für viele Menschen ist das ein Traum, der nicht für immer nur Traum bleiben, sondern Wirklichkeit werden soll. Und immer mehr Menschen entscheiden sich gegen einen Neubau und bevorzugen stattdessen eine bereits vorhandene Immobilie. Aber gebrauchte Wohnungen tragen, wie alle gebrauchten Gegenstände, die Spuren der zurückliegenden Nutzung in und an sich. Die gebrauchte Wohnung ist eine Wohnung mit einer eigenen Geschichte.

DIE ENTSCHEIDUNG

Wer eine Wohnung kauft, tut das in der Regel nicht infolge eines spontanen Entschlusses, sondern nach reiflicher Überlegung. Nicht immer sind es gleich Lebensentscheidungen, wie sie mit einem Hauskauf verbunden sind. Aber Entscheidungen grundsätzlicher Art werden dennoch regelmäßig getroffen:

- die Entscheidung für einen Ort, an dem man dauerhaft leben möchte;
- die Entscheidung für eine bestimmte, womöglich urbane Lebensweise;
- die Entscheidung für eine große finanzielle Investition, die den einen oder anderen Immobilienkäufer bis an die Grenzen seiner wirtschaftlichen Leistungsfähigkeit führen kann;
- die Entscheidung gegen ein Haus und für die scheinbar „kleine Lösung", eben für eine Wohnung.

Eine Wohnung kaufen

Solche Grundsatzentscheidungen stehen in unterschiedlichen Lebensphasen an. Manche Menschen treffen eine Immobilienentscheidung sehr früh, schon zu Beginn ihrer beruflichen Laufbahn. Manche treffen sie etwas später, wenn die Familie wächst und man überlegen muss, ob man eine größere Wohnung mietet oder lieber in „etwas Eigenes" investiert. Andere treffen ihre Entscheidung erst auf dem Höhepunkt ihrer beruflichen Laufbahn – oder schon mit Blick auf den bevorstehenden

Ruhestand. Oft ist die Entscheidung für den Wohnungskauf auch mit einer beruflich bedingten Ortsveränderung verbunden. Gerade dann, wenn keine Zeit bleibt, sich auf einen Neubau einzulassen, ist die Wohnung aus zweiter Hand die erste Wahl.

Warum eine Wohnung und kein Haus?

Wer vor dem Entschluss steht, sich eine eigene Wohnimmobilie anzuschaffen, wird unterschiedlichen Bewertungen der verschiedenen Immobilientypen gegenüberstehen. Und aus den unterschiedlichen Bewertungen werden oft sehr unterschiedliche Ratschläge abgeleitet. Vier von fünf Deutschen möchten am liebsten im eigenen Heim wohnen. Aber nur zwei von fünf haben sich diesen Wunsch bislang erfüllt. Vielen Deutschen – das ergeben Umfragen immer wieder – bedeutet das Häuschen im Grünen die Erfüllung all ihrer Wohnträume und Immobilienwünsche. Manchmal sind das aber sehr romantische Träume, die einer nüchternen Analyse der tatsächlichen Wohnbedürfnisse nicht standhalten.

So spricht für eine Wohnung in der Regel zunächst ihre Lage in einem urbanen Umfeld, sofern man auf diese Urbanität Wert legt. Bei gleicher Lage spricht für die Wohnung der relativ günstige Preis gegenüber einem Haus. Für eine repräsentative Fünfzimmerwohnung (147 qm, Loggia und Südbalkon) in Berlin (Bezirk Friedrichshain-Kreuzberg) werden zum Beispiel 482 000 Euro verlangt, in gleicher Lage kostet ein Townhouse (5 Zimmer und Atelier, 185 qm, Südterrasse und eigener Garten) vom gleichen Anbieter 644 000 Euro. Das sind Neubaupreise von Ende 2011, aber sie geben eine Vorstellung von den Relationen. Für den Differenzbetrag bekäme man in Frankfurt am Main, Stadtteil Bornheim eine gebrauchte, aber sanierte Eigentumswohnung (3 Räume, 83 qm, Aufzug, Loggia und Küchenbalkon) vom Baujahr 1970.

Äpfel und Birnen

Aber hieße es mit dem Vergleich von Haus und Wohnung nicht Äpfel mit Birnen zu vergleichen? Genau das hieße es. Doch ist ein solcher Vergleich ja bei Weitem nicht so unsinnig, wie es die Redensart glauben machen will. Bei beiden handelt es sich schließlich um Obst! Es ist sogar sehr nützlich und notwendig, Äpfel mit Birnen zu vergleichen! Wie sollte man sonst herausbekommen, ob der Apfel oder doch eher die Birne das passende Obst für den eigenen Bedarf und Geschmack ist?

Mit anderen Worten: Die Analyse beginnt nicht beim Objekt, sondern beim Käufer, beim Subjekt des Immobiliener-

BILD 1 Reihenhäuser sind juristisch gesehen oft Wohnungseigentum.
BILD 2 Typisches Etagenhaus aus der Mitte Berlins, erbaut 1879

werbs. Hier stellt sich – wie weiter unten noch genauer ausgeführt werden wird – die Frage nach den Bedürfnissen und den Möglichkeiten des potenziellen Wohnungseigentümers. Wenn klar ist, wonach er sucht und was seine wirtschaftlichen Möglichkeiten erlauben, beginnt die genauere Betrachtung der Objekte, die dafür infrage kommen. Dafür gibt es einen genauen Fahrplan, der in diesem Buch an ausgewählten Beispielen vorgestellt wird.

Glauben Sie nicht, dass die Diagnose einer gebrauchten Wohnung weniger Aufmerksamkeit erfordert als die Diagnose eines kompletten Hauses. Die Untersuchungskriterien sind im Grunde dieselben und die Diagnoseschritte haben die gleiche Reihenfolge. Manches ist nur – wegen der besonderen Rechtsform des Wohnungseigentums – etwas komplizierter.

Kaufen, statt zu mieten

Deutschland ist ein Mieterland. Das selbst genutzte Wohneigentum ist hier weniger verbreitet als bei manchen unserer west- und nordeuropäischen Nachbarn. Das ist zunächst einmal kein Werturteil, sondern nur die Beschreibung europäischer Verschiedenartigkeit. Und diese Verschiedenartigkeit hat historische Ursachen. Für Deutschlands besondere Situation erlangen mindestens drei dieser Ursachen besondere Bedeutung.

Die erste Ursache liegt im ausgehenden 19. Jahrhundert. Nach dem deutsch-französischen Krieg und der Reichsgründung 1871 begab sich Deutschland – später als Frankreich und England, aber dafür umso heftiger – auf den Weg vom spätfeudalen Agrarland zur Industrienation. Zwischen 1880 und 1900 entstanden die großen industriellen Ballungszentren. Deren Arbeitskräftehunger war unersättlich und ließ die Städte explosionsartig anschwellen. Der Wohnungsbedarf wurde überwiegend mit Geschossbauten befriedigt; wegen der Gleichförmigkeit der Bebauung und der hohen Bebauungsdichte sprach man von Mietskasernen. Die zuziehenden Arbeitskräfte hätten weder genü-

WOHNEIGENTUMSQUOTEN IN EUROPA	
Norwegen	86 %
Spanien	86 %
Irland	78 %
Griechenland	74 %
Belgien	74 %
Großbritannien	69 %
Schweden	65 %
Portugal	64 %
Finnland	64 %
Österreich	56 %
Frankreich	55 %
Dänemark	54 %
Niederlande	53 %
Deutschland	43 %
Schweiz	36 %

BILD 1 Heinrich Zille, Circus-Vorstellung auf dem Hinterhof, 1922
BILD 2 Einstige Hinterhöfe sind heute begehrte, ruhige Wohnlagen.

gend Fläche vorgefunden, um sich darauf ihre eigenen Häuser zu bauen, noch wären sie dazu wirtschaftlich in der Lage gewesen. Und nicht nur dank der drastischen Zeichnungen von Heinrich Zille sind die oft katastrophalen sozialen und hygienischen Zustände in den großen Mietshauskomplexen bekannt geworden. Auch die Akten der Baupolizeibehörden sind voll von Klagen und behördlichen Eingriffen wegen unerlaubter Überbauung, unzureichender Lüftung, miserablen Sanitäreinrichtungen, nicht genehmigter Gewerbebetriebe und vieler anderer Mängel, die das Leben in den Mietskasernen um 1900 kennzeichnen.

Nach dem Ersten Weltkrieg versuchten Architekten, Sozialreformer und fortschrittliche Politiker, dem weit verbreiteten Wohnungselend mit neuen Ideen zu begegnen. Es war die große Zeit des Siedlungsbaus in aufgelockerter Bebauung und der bautechnischen Experimente. Wohnungsbaugenossenschaften bildeten ein Gegengewicht zum privaten Haus- und Grundbesitz, der bis dahin den Mietwohnungsbau allein dominierte. Aber auch die Wohnungsbaugenossenschaften und gemeinnützigen Baugesellschaften bauten Mietwohnungen. Sie konnten auch gar nichts anderes bauen, denn für sogenannte Eigentumswohnungen, wie wir sie heute kennen, gab es noch keine rechtliche Grundlage.

Der Zweite Weltkrieg hatte einen beträchtlichen Teil des – schon vor dem Krieg nicht ausreichenden – Wohnungsbestands vernichtet. In den Westzonen waren 1945 von 10,6 Millionen Wohnungen 2,3 Millionen total zerstört, weitere 2,3 Millionen galten als schwer beschädigt. In der sowjetischen Zone waren etwa 10 Prozent der 5,1 Millionen Wohnungen vollkommen vernichtet. Zur angestammten Bevölkerung kamen noch Millionen Flüchtlinge und Umsiedler aus den deutschen Ostgebieten und dem Sudetenland hinzu, denen Wohnraum zugewiesen werden musste. Und auch die Besatzungsmächte und ihre Behörden beanspruchten Wohnraum für ihr Personal. Der Wohnraummangel war in West und Ost allgemein.

In dieser Situation standen beide deutschen Staaten vor einer Mammutaufgabe: die Beseitigung der Wohnungsnot und der Wiederaufbau. Im Westen wurde, was nicht überrascht, diese Aufgabe gänzlich anders gelöst als im Osten.

Wiederaufbau in der Bundesrepublik Deutschland

In den Westzonen gab es für 14,6 Millionen Haushalte nur 9,4 Millionen Wohnungen – Behelfsheime wie Baracken und Gartenlauben eingeschlossen. Fünf Personen teilten sich statistisch gesehen eine Wohnung, pro Person standen 15 qm Wohnraum zur Verfügung. Die Qualität dieser Wohnräume bleibt bei dieser Statistik außer Betracht.

Der jungen Bundesrepublik standen drei alternative Wege offen, um die Wohnungsbauförderung anzugehen:

BILD 1

BILD 2

- Förderung über die Bauträger,
- Förderung über das Gebäude (Objektförderung),
- Förderung der Mieterkaufkraft (Subjektförderung).

Man entschied sich für den Weg der Objektförderung. Aus Haushaltmitteln des Bundes wurden zinslose Baudarlehen mit Tilgungsfristen von 30 bis 35 Jahren an private Investoren vergeben. Im Gegenzug verlangte man den Investoren für die Dauer der Förderung eine Sozialbindung ab: Die geförderten Wohnungen durften nur an solche Haushalte vermietet werden, deren Einkommen bestimmte Grenzen nicht überschritt. Anders als bis 1933 war die Förderung nicht mehr nur auf Unternehmen beschränkt, die eine Gemeinnützigkeit langfristig garantierten. Mit diesen Direktsubventionen gelang es innerhalb kurzer Zeit, den sozialen Wohnungsbau anzukurbeln. Auch im internationalen Vergleich waren die staatlichen Subventionen für Mietwohnungen und Eigenheime außerordentlich hoch. So war der Anteil der privaten Bautätigkeit im Wohnungsbau schon 1950 groß und stieg in der Folgezeit weiter an: In der Mobilisierung privater Investoren für den Mietwohnungsbau liegt die zweite historische Ursache dafür, dass in (West-)Deutschland nach dem Zweiten Weltkrieg ein dynamischer Mietwohnungsmarkt entstand. Dazu trug auch die flexible Handhabung der Mietpreisbindung bei, die in Deutschland die Marktmechanismen nicht aushebelte. In anderen europäischen Ländern wie beispielsweise Großbritannien führten starre Regulierungen der Wohnungsmieten dazu, dass sich private Investoren mehr und mehr aus dem Mietwohnungsmarkt zurückzogen und die „Sozialwohnung“ zu etwas Anrüchigem wurde, das ihre Bewohner regelrecht stigmatisierte.

ANTEIL PRIVATER BAUTÄTIGKEIT AM WOHNUNGSBAU	
1950	64 %
1960	76 %
1970	83 %
1980	91 %

Eigentumsförderung

1951 begann in der Bundesrepublik Deutschland die Eigentumsförderung. Man erreichte die direkte Förderung der Bau-

Arbeiterpaläste zu Billigmieten: Karl-Marx-Allee Nord, Block B (Zustand 2006)

herren, indem man die steuerliche Abzugsfähigkeit von Investitionen in selbst genutztes Wohneigentum einführte. Ein Jahr darauf schuf das Wohnungsbauprämiengesetz Grundlagen für eine besondere Form der privaten Vermögensbildung, die dem selbst genutzten Wohneigentum zugutekam. Die Subventionen, die in den folgenden 35 Jahren gezahlt wurden, machten etwa 40 Prozent der Finanzierungsmittel aus, die in dieser Zeit für den Wohnungsbau aufgewendet wurden.

Im Lauf der Zeit wurden mehrfach neue Förderwerkzeuge angewandt, zum Beispiel wurde die direkte Förderung zugunsten der indirekten Förderung über Steuervergünstigungen nach § 7 b Einkommensteuergesetz zurückgefahren. Ein bedeutsamer Schritt war die Ausdehnung der Förderung auch auf Altbauwohnungen im Bestand. Dadurch verschob sich der Fokus von den bis dahin favorisierten Eigenheimen auf die sogenannten Eigentumswohnungen. Seit 1996 wurde eine neue Art der direkten Förderung angewandt, die Eigenheimzulage. Sie war eine der größten direkten Subventionen, die in die Förderung des selbst genutzten Wohneigentums flossen. Gefördert wurden sowohl klassische Eigenheime als auch Wohnungseigentum. Seit 2004 waren Altbauten den Neubauten hinsichtlich der finanziellen Förderung gleichgestellt. Allein in diesem Jahr wurden 11,4 Milliarden Euro als Eigenheimzulage ausgereicht. 2006 wurde die Eigenheimzulage schließlich abgeschafft. Seit 2008 gibt es direkte Förderung im Rahmen der sogenannten Riester-Verträge.

Besondere Lage in der DDR

Die Regierung der DDR, die 1952 den „Aufbau des Sozialismus" beschloss, hatte 1950 das sogenannte Aufbaugesetz erlassen. Mit seiner Hilfe wurde es möglich, Besitzer von Grundstücken zu enteignen, wenn der Staat diese Grundstücke für den Wiederaufbau in Anspruch nahm. Zwar erfolgte die Enteignung gegen eine Entschädigung, aber diese Entschädigungen lagen regelmäßig unter dem Verkehrswert, den diese Grundstücke unter marktwirtschaftlichen Bedingungen gehabt hätten, und wurden überdies auf Sperrkonten deponiert. Somit konnten die enteigneten Grundstücksbesitzer über die Entschädigungen nicht frei verfügen, sondern durften nur minimale Beträge von den Sperrkonten abrufen. Nichtsdestominder hat die Bundesrepublik Deutschland im Rahmen des Vereinigungsprozesses 1990 die Rechtswirksamkeit der Enteignungen nach dem Aufbaugesetz der DDR nie angezweifelt.

§ 14 AUFBAUGESETZ DER DDR VON 1950

(1) Die Regierung der Deutschen Demokratischen Republik kann Städte, Kreise und Gemeinden oder Teile hiervon zu Aufbaugebieten erklären.
(2) Die Erklärung zum Aufbaugebiet bewirkt, dass in diesem Gebiet eine Inanspruchnahme von bebauten und unbe-

bauten Grundstücken für den Aufbau und eine damit verbundene dauernde oder zeitweilige Beschränkung oder Entziehung des Eigentums und anderer Rechte erfolgen kann.
(3) Die Entschädigung erfolgt nach den zu erlassenden gesetzlichen Bestimmungen.

Zur Ideologie des Sozialismus passte weder privater Grundbesitz noch Wohnungseigentum; zwar wurden Eigentümer selbst genutzter Einfamilienhäuser, Doppelhäuser und vergleichbarer Immobilien in ihrem Besitzstand nicht angetastet, sofern nicht der Staat, wie bei grenznahen Immobilien, mittels „Aufbaugesetz" zugriff. Aber die Privatbesitzer von Mietshäusern konnten die Erhaltung ihrer Immobilien aus den staatlicherseits eingefrorenen Mieten bald nicht mehr bestreiten, und viele gaben ihre Häuser „freiwillig" an den Staat ab. Wohnungsneubau war zum größten Teil Mietwohnungsbau. Der Neubau von Mietwohnungen war Aufgabe des Staates und seiner staatlichen Baubetriebe, auch wenn ein Teil des Wohnungsbestandes in „genossenschaftliches Eigentum" der AWGs (Arbeiterwohnungsbaugenossenschaften) überführt wurde.

Indes forcierte die DDR in weit höherem Maß, als es der regierenden SED ideologisch ins Konzept passte, den Bau von sogenannten Eigenheimen. Damit wurde nicht nur zusätzlicher Wohnraum geschaffen, damit gelang es auch, Geldreserven privater Bauherren abzuschöpfen und deren Eigenleistungen zu mobilisieren.
207 679 Eigenheime entstanden zwischen 1971 und 1989. Jede zehnte neu gebaute Wohnung in der DDR war in diesem Zeitraum keine „Errungenschaft des Sozialismus", sondern die Leistung privater Bauherren. Die Bildung von Wohnungseigentum allerdings, wie sie in der Bundesrepublik nach dem Wohnungseigentumsgesetz von 1951 möglich wurde, war in der DDR aber bis 1990 nicht gegeben.
In dieser Tatsache, dem wohnungspolitischen Weg der DDR, ist der dritte wesentliche Grund für die hohe Mietwohnungsquote in Deutschland zu sehen.

Beispiel Berlin

Immobilienverhältnisse, die „typisch deutsch" sind, treffen in Berlin aufeinander, obwohl und gerade weil die Stadt bis 1990 geteilt war. Hier lässt sich das ganze Spektrum der Wohn- und Eigentumsver-

BILD 1

BILD 2

hältnisse auf engstem Raum überblicken: von klassischen Villen über Mietskasernen zu luxuriösen Lofts, von traditionellen Reihenhäusern über einstmals futuristisch anmutende Wohnmaschinen bis zu den Großsiedlungen in Großtafelbauweise.

Berlin ist eine Mieterstadt. Der Anteil des selbst genutzten Wohneigentums liegt im gesamten Stadtgebiet bei 14 Prozent. Die Berliner wohnten Ende 2010 in 1 898 807 Wohnungen. Diese Wohnungen befinden sich in circa 316 669 Wohngebäuden. Ein beträchtlicher Teil des Wohnungsbestandes, nämlich 42 Prozent, ist bereits in den Jahren bis 1948 entstanden. Die meisten dieser Altbauwohnungen stehen in den Bezirken Mitte (einschließlich der alten Bezirke Tiergarten und Wedding), Friedrichshain-Kreuzberg und Charlottenburg-Wilmersdorf. Rund 49 Prozent der Berliner Wohnungen entstanden 1949 und 1990 – also im Zeichen der Teilung der Stadt. Aus dieser Zeit stammen auch die typischen Bauten in Großtafelbauweise im Osten der Stadt – oft kurz mit „die Platte" umschrieben –, die heute ungefähr 14 Prozent des Wohnungsbestandes in Berlin ausmachen. In den 20 Jahren nach der Wiedervereinigung entstanden lediglich 9 Prozent des Berliner Wohnungsbestandes. Allein diese Gegenüberstellung macht deutlich: Man stößt in Großstädten wie Berlin bei der Wohnungssuche viel eher auf gebrauchte Wohnungen, die älter sind als 20 Jahre, als auf Neubauwohnungen zum Erstbezug.

WOHNUNGEN NACH ANZAHL DER RÄUME – BERLIN 2010

1 Raum	1 %
2 Räume	14 %
3 Räume	36 %
4 Räume	35 %
5 Räume	13 %
6 Räume	4 %
7 und mehr	2 %

Wohnungseigentum bedeutete aber auch für Altbauten eine Chance. Wie in anderen Großstädten überlagerten sich dabei wirtschaftliche Interessen, bautechnische Lösungen und soziale Konflikte. Die Hausbesetzerszene war in den Achtzigerjahren in Berlin (seit 1990 auch im Ostteil der Stadt) besonders aktiv. Der großflächige Abriss von Altbauquartieren sollte verhindert werden. Was 1980 die „Schlacht am Fraenkelufer" für Kreuzberg war, das war zehn Jahre später der Barrikadenkampf in der Mainzer Straße für Friedrichshain: Symbol für den Widerstand gegen Entmietung und befürchtete Edel-

BILD 1+2 Wihelminischer Historismus trifft in Berlin auf sozialistische Sachlichkeit.

sanierung und Umwandlung in unerschwingliche Eigentumswohnungen. Den Straßenkämpfern folgten die Bautrupps, die Aufsteiger verdrängten die Aussteiger. 1992 beschrieb die „taz" die Situation mit der ihr eigenen ideologischen Färbung: „Längst ist die Schickeria lecker geworden auf diese Gegend (...) Keine Fassade, die nicht erneuert würde. Kein Hinterhof, der nicht völlig umgestaltet würde. Statt der gemeinsamen Außenklos nun die individuelle Nasszelle (...) Richtig schick wird es hier und richtig teuer." Zwanzig Jahre später sind manche der damals sanierten Wohnungen als Eigentumswohnungen auf dem Immobilienmarkt: „Zum Verkauf steht eine außergewöhnliche Maisonettewohnung, die einen Vergleich mit Wohnungen z. B. im Pariser Monmartre-Viertel nicht zu scheuen braucht", heißt es in einem Immobilienangebot.

Auch weiter im Osten der Stadt hat sich einiges getan; hier war der Nachholbedarf bei der Altbausanierung besonders groß. Mittlerweile sind Friedrichshain und Prenzlauer Berg zu Modequartieren geworden, und Stadtteile wie Weißensee und Pankow werden von Jahr zu Jahr attraktiver. Typisch ist aber auch, dass viele Sanierungen aus den Achtziger- und Neunzigerjahren bereits wieder zu Sanierungsfällen geworden sind, nicht zuletzt weil sich die gesetzlichen Vorgaben für Wärmeschutz und Energieeffizienz seither wesentlich verschärft haben. Nach 1990 standen auch zahlreiche Plattenbauten in den großen Wohngebieten des Ostens zur Sanierung an. Eine Anzahl dieser Wohnanlagen ist in Wohnungseigentum umgewandelt worden, und die meisten dieser Objekte wurden bereits nach den neuesten Standards saniert. Der Ruf der „Platte" haftete ihnen weiter an. Der Quadratmeterpreis für eine 22 bis 30 Jahre alte Wohnung liegt je nach Lage und Ausstattung zwischen etwa 980 bis 1700 Euro.

Was ist eigentlich Wohnungseigentum?

Ein Gebäude ist in der Regel nicht aus einzelnen Wohnungen modular zusammengesetzt (dass es natürlich auch solche Experimentalbauten gab, kann für die hier dargestellten Fragen unberücksichtigt bleiben), sondern ein Ganzes, das nicht ohne Weiteres in kleinere Einheiten, sprich Wohnungen zerlegt werden kann. Eine Wohnung in einem Mehrparteienhaus, an welcher der Eigentümer seine Eigentumsrechte ebenso unbeschränkt ausüben könnte, als wäre er Eigentümer eines Hauses, kann es also nicht geben. Die Eigentumswohnung existiert also nicht real gegenständlich, sondern als Rechtskonstrukt, noch dazu als historisch gesehen sehr junges Rechtsgebilde. Erst das Wohneigentumsgesetz von 1951 schuf in der Bundesrepublik Deutschland die gesetzliche Grundlage dafür. Seitdem können nicht nur komplette Grundstücke nebst den auf ihnen gelegenen Bauten ihre Eigentümer bekommen, sondern auch Anteile des Grundstücks mitsamt abgeschlossenen Wohneinheiten, die sich

Balkone und Loggien sind als Teile der Gebäudehülle in der Regel Gemeinschaftseigentum. Mittels eines Sondernutzungsrechts wird der Balkon üblicherweise in die alleinige Verfügung des Sondereigentums gegeben, zu dem er gehört.

in einem auf dem Grundstück gelegenen Gebäude befinden.

Mit diesem Gesetz wurde ein Rechtsgrundsatz des Bürgerlichen Gesetzbuches durchbrochen, das in § 93 bestimmt:

„Bestandteile einer Sache, die voneinander nicht getrennt werden können, ohne dass der eine oder andere zerstört oder in seinem Wesen verändert wird (wesentliche Bestandteile), können nicht Gegenstand besonderer Rechte sein."

Es ist völlig klar, dass eine einzelne Wohnung in einem Mehrparteienhaus nicht realiter vom übrigen Haus getrennt werden kann, ohne dass dem Gebäude irreversibler Schaden entsteht. Folglich war nach dem Verständnis des Bürgerlichen Gesetzbuches ein Eigentumsrecht an einer Wohnung, das unabhängig vom Eigentumsrecht an dem gesamten Gebäude besteht, nicht denkbar.

Somit schuf das Wohnungseigentumsgesetz von 1951 in diesem Punkt eine völlig neue Rechtskonstruktion, indem es in § 1 Abs. 2 festlegte:

„Wohnungseigentum ist das Sondereigentum an einer Wohnung in Verbindung mit dem Miteigentumsanteil an dem gemeinschaftlichen Eigentum, zu dem es gehört."

Was umgangssprachlich Eigentumswohnung heißt, muss korrekt und gesetzeskonform eigentlich Wohnungseigentum genannt werden. Diese neue Rechtskonstruktion des Wohnungseigentums hat drei konstitutive Faktoren. Es ist a) Sondereigentum, das b) als solches nur in Verbindung mit einem definierten Miteigentumsanteil am gemeinschaftlichen Eigentum existiert, und c) das Mitgliedschaftsrecht in einer Wohnungseigentümergemeinschaft.

Das Miteigentum nach Bruchteilen wird in den §§ 1008–1011 des BGB geregelt. Der kreative Akt der Gesetzgebung von 1951 bestand darin, dem Miteigentum ein bestimmtes Sondereigentum zuzuordnen. Dazu trifft das Wohnungseigentumsgesetz folgende Festlegung:

- „(1) Das Miteigentum (§ 1008 des Bürgerlichen Gesetzbuchs) an einem Grundstück kann durch Vertrag der Miteigentümer in der Weise beschränkt werden, dass jedem der Miteigentümer abweichend von § 93 des Bürgerlichen Gesetzbuchs das Sondereigentum an einer bestimmten Wohnung oder an nicht zu Wohnzwecken dienenden bestimmten Räumen in einem auf dem Grundstück errichteten oder zu errichtenden Gebäude eingeräumt wird."
- „(2) Sondereigentum soll nur eingeräumt werden, wenn die Wohnungen oder sonstigen Räume in sich abgeschlossen sind. Garagenstellplätze gelten als abgeschlossene Räume, wenn ihre Flächen durch dauerhafte Markierungen ersichtlich sind."

Das Miteigentum nach Bruchteilen ist keine reale Teilung der Sache, sondern eine ideelle Teilung des Eigentumsrechts, das sich auf die gesamte Sache bezieht. Das Wohnungseigentum besteht also immer aus zwei untrennbar miteinander ver-

bundenen Eigentumsformen, dem Sondereigentum und dem Miteigentum nach Bruchteilen. Beide Bestandteile können nicht losgelöst voneinander juristisch „gehandhabt" werden.

Weitere Formen des Eigentums

Damit ist es aber noch nicht getan, denn für den Betrieb und Bestand einer Eigentumswohnanlage müssen bestimmte Bauteile eines Hauses nicht einzelnen, sondern allen Nutzern zugerechnet werden.

TEILEIGENTUM – Neben dem eigentlichen Wohnungseigentum, dem Sondereigentum als Alleineigentum an den Räumen einer Wohnung, kann Teileigentum eingeräumt werden. Dabei handelt es sich ebenfalls um Sondereigentum, aber an den nicht zu Wohnzwecken dienenden Räumen und Flächen (etwa separate Abstellräume, Schuppen, Kellerräume, auch Laden- und Gewerbeflächen).

GEMEINSCHAFTSEIGENTUM – Zum Gemeinschaftseigentum gehören alle gemeinschaftlich genutzten Teile des Grundstücks und des Gebäudes, beispielsweise die Grundfläche des Gebäudes selbst und natürlich alle statisch notwendigen Bauteile (Außenwände, Wohnungstrennwände, Geschossdecken, Dach, Gebäudehülle einschließlich Fenster und Außentüren), die gemeinsam genutzten Verkehrsflächen (Eingänge, Durchgänge, Treppen und Treppenhäuser) und die Haustechnik (Heizung, Sanitär- und Elektroinstallation, gegebenenfalls Aufzug). Zum Gemeinschaftseigentum gehören aber auch die notwendigen Finanzmittel der Eigentümergemeinschaft (zum Beispiel die Instandhaltungsrücklagen).

KRITERIUM ABGESCHLOSSENHEIT

Im Einzelfall ist genau zu prüfen, was dem Sonder- oder Teileigentum zugeordnet werden kann und woran nur Sondernutzungsrechte bestehen. So ist die Abgeschlossenheit die Voraussetzung, um Sondereigentum an einer Wohnung zu begründen. Um als abgeschlossen zu gelten, muss eine Wohnung nicht nur Wohnungstrennwände und Decken besitzen, sondern einen eigenen, abschließbaren Zugang vom Freien, vom Treppenhaus oder von einem Vorraum, und sie muss mindestens über Wasserversorgung, Ausguss und Toilette sowie über eine Kochmöglichkeit verfügen. Dauerhaft markierte Kfz-Stellplätze in einer Sammelgarage begründen Abgeschlossenheit, allerdings nur dort und nicht auf Freiflächen. Ebenso gelten sogenannte Doppelparker in Garagen nicht als abgeschlossen, insofern kann an ihnen nur Sondernutzungsrecht entstehen.

SONDERNUTZUNGSRECHT – Mit dieser besonderen Rechtsform werden gemeinschaftliche Flächen, Räume oder Bauteile (zum Beispiel eine Treppe oder eine Terrasse, typischerweise auch ein Stück Garten, das an eine Erdgeschosswohnung grenzt) einem bestimmten Wohn- oder Teileigentum zugeordnet. Damit verfügt der Berechtigte dann allein über diese Fläche, den Raum oder das Bauteil, die Verfügung der anderen Eigentümer darüber wird ausgeschlossen. Sofern dies in der Teilungserklärung so vereinbart ist, trägt der Berechtigte die Kosten der Bewirtschaftung. Instandhaltungen sind Sache der Eigentümergemeinschaft, sofern sie nicht anders beschlossen hat.

Gemeinschaftseigentum – Sondereigentum

Es ist in einem Gebäude oft nicht leicht zu entscheiden, was zum Gemeinschaftseigentum und was zum Sondereigentum des Miteigentümers gehört. Die gesetzlichen Bestimmungen sind nicht immer hilfreich, wie bei allen Teilen der Fassade, welche die äußere Gestalt des Gebäudes bestimmen. Grundsätzlich stehen sie im Gemeinschaftseigentum, aber an einigen Punkten berühren sich Gemeinschafts- und Sondereigentum nahezu! So sind die Außenseiten der Fenster (einschließlich der Verglasung) zweifelsfrei Gemeinschaftseigentum. Die Innenseiten der Fenster stehen im Sondereigentum. Außenjalousien vor den Fenstern sind Gemeinschaftseigentum, die Zugvorrichtungen und die Gurte hingegen Sondereigentum.

Noch kurioser mutet die Rechtslage bei Balkonen an. Der Balkonraum als solcher ist grundsätzlich sondereigentumsfähig. Die festen Bauteile des Balkons aber sind Teile des Gemeinschaftseigentums. In manchen Teilungserklärungen wird der Balkon per Sondernutzungsrecht dem jeweiligen Wohnungseigentümer zugewiesen. Eine gemeinschaftliche Nutzung scheidet auch aus, weil der Zugang zum Balkon ja nur über abgeschlossenes Sondereigentum möglich ist. Streit kommt regelmäßig auf, wenn Balkone saniert werden müssen. Die Miteigentümer, deren Wohnungen keinen Balkon haben, werden sich nur ungern zur Kostentragung heranziehen lassen. Nun kommt es darauf an, wie das Sondernutzungsrecht in der Teilungserklärung definiert wurde. Dem Grundsatz nach existiert ein Sondernutzungsrecht nur für Gemeinschaftseigentum – wofür auch sonst? In einigen Teilungserklärungen wird das Sondernutzungsrecht an einem Balkon aber dem Sondereigentum grundsätzlich gleichgestellt. Ist dies der Fall, muss der Inhaber dieses besonders ausgestatteten Sondernutzungsrechts wohl allein für die Sanierungskosten „seines“ Balkons aufkommen, obwohl er eigentumsrechtlich gesehen tatsächlich Gemeinschaftseigentum ist.

AUFTEILUNG

Bauteil/Ausstattungselement	Gemeinschaftseigentum	Sondereigentum	Anmerkung
Absperrventile	■		
Abwasserhebeanlagen	■		
Alarmanlage		■	sofern auf den Bereich des Sondereigentums beschränkt
Armaturen		■	
Aufzüge	■		
Außenanlagen	■		
Badezimmereinrichtung		■	
Balkon	■		alle festen Bauteile einschließlich Abdichtungen, Abflüsse und Gitter im Gemeinschaftseigentum; der Raum auf dem Balkon selbst sowie darauf zusätzlich angebrachte Gegenstände im Sondereigentum
Briefkastenanlage	■		auch Briefeinwurf an der Wohnungseingangstür
Carports	■		
Dachfenster	■		eine Aufteilung in außen (Gemeinschaftseigentum) und innen (Sondereigentum) ist bei Dachfenstern unzulässig
Dachterrassen	■	■	bei Nutzung durch alle Eigentümer im Gemeinschaftseigentum; bei Nutzung durch nur einen Eigentümer im Sondereigentum, sofern in der Teilungserklräung entsprechend ausgewiesen
Dämm-/Isolierschichten	■		
Decken	■		als konstruktive Elemente des Gebäudes
Deckenverkleidung		■	
Doppelparkanlagen	■		Rechtsprechung nicht einheitlich
Estrich	■	■	
Etagenheizung		■	
Fenster (Teil der Gebäudehülle)	■		Innenanstrich der Fenster im Sondereigentum

Bauteil/Ausstattungs-element	Gemeinschafts-eigentum	Sonder-eigentum	Anmerkung
Fensterbänke und -sims	x	x	außen: Gemeinschaftseigentum; innen: Sondereigentum
Fensterläden (Außenrollläden, Außenjalousien)	x		Zugvorrichtungen und Gurte sowie Innenverkleidung der Rolllädenkästen im Sondereigentum
Fußböden	x		als konstruktive Elemente des Gebäudes
Fußbodenbeläge innerhalb der Wohnung		x	
Fußbodenheizung	x		
Garagen	x		können ggf. dem Sondereigentum zugewiesen werden
Gasuhren	x		
Gemeinschaftsantennen	x		Antennen einzelner Wohnungseigentümer im Sondereigentum
Hauptwasser-, Gas- und Elektroleitungen	x		
Haussprechanlagen und Türöffner	x		Endgeräte in der Wohnung im Sondereigentum
Heizkörper		x	einschließlich der waagerechten Zuleitungen in die einzelnen Wohnungen von der Steigleitung an. Die Zuordnung zum Gemeinschaftseigentum ist grundsätzlich zulässig, weil die Gesamtheizungsanlage einen funktionellen Zusammenhang bildet.
Heizungsanlage	x		Zentralheizung, einschließlich Kessel, Brenner, Steuereinheit, Rohre
Kamine, offene		x	Schornstein als Teil des Kamins im Gemeinschaftseigentum
Kanalisation	x		
Kinderspielplatz	x		
Leitungen	x		bis zur Abzweigung in die einzelnen Wohnungen
Licht-/Luftschächte	x		
Müllabwurfanlagen	x		

Bauteil/Ausstattungs-element	Gemeinschafts-eigentum	Sonder-eigentum	Anmerkung
Putz innen		■	sofern Fläche durch dauerhafte Markierung abgegrenzt ist
Putz außen	■		
Schlösser, Schlüssel	■	■	Schlüssel und Schlösser zu gemeinsam genutzten Räumen und zur gemeinsamen Haustür im Gemeinschaftseigentum
Schornstein	■		
Solaranlagen	■		soweit sie dem gemeinschaftlichen Gebrauch dienen, aber nicht wenn ein Miteigentümer eine Solaranlage auf seinem Teileigentum füpr den eigenen Gebrauch betreibt
Stellplätze für Pkw im Freien	■		
Stellplätze in Sammelgaragen		■	
Tapeten		■	innerhalb der Wohnung
Telefonanschlüsse	■		
Terrassen, ebenerdige	■		
Treppen	■		
Trittschalldämmung	■		
Türen	■		Haustüren, Türen zu Gemeinschaftsräumen, Wohnungseingangstüren außen
Türen innerhalb der Wohnung		■	Wohnungstür im Gemeinschaftseigentum, deren Innenseite verantwortet der Inhaber des Sondereigentums
Verbrauchsmessgeräte für Warmwasser- und Heizkosten	■		auch wenn sie sich innerhalb der Wohnung befinden
Wände, nicht tragende innerhalb der Wohnung		■	nicht tragende Wände zwischen zwei Wohnungen gehören zum Sondereigentum der beiden Wohnungen
Wände, tragende	■		
Wandverkleidungen		■	
Wärmedämmung	■		Wärmeschutz des Gebäudes steht dem Grundsatz nach im Gemeinschaftseigentum
Wasseruhren	■		auch innerhalb der Wohnung

Was ist eine Wohnungseigentümergemeinschaft?

Das Verhältnis der Wohnungseigentümer zueinander richtet sich nach den Regelungen des Wohnungseigentumsgesetzes (WoEigG) und, sofern dieses Gesetz keine besonderen Regelungen trifft, nach den Bestimmungen des Bürgerlichen Gesetzbuchs (BGB). Das WoEigG spricht in Abschnitt 2 (§§ 10–19) ausdrücklich von einer „Gemeinschaft der Wohnungseigentümer", was die Gesamtheit der Wohnungseigentümer einer Liegenschaft meint. Das Gesetz beschreibt die Rechte der Eigentümergemeinschaft gegenüber Dritten sowie die Rechte und Pflichten der Eigentümer gegenüber der Gemeinschaft und der Gemeinschaft gegenüber den einzelnen Eigentümern.

In § 10 Ziffer 6 heißt es: „Die Gemeinschaft der Wohnungseigentümer kann im Rahmen der gesamten Verwaltung des gemeinschaftlichen Eigentums gegenüber Dritten und Wohnungseigentümern selbst Rechte erwerben und Pflichten eingehen. Sie ist Inhaberin der als Gemeinschaft gesetzlich begründeten und rechtsgeschäftlich erworbenen Rechte und Pflichten. Sie übt die gemeinschaftsbezogenen Rechte der Wohnungseigentümer aus und nimmt die gemeinschaftsbezogenen Pflichten der Wohnungseigentümer wahr, ebenso sonstige Rechte und Pflichten der Wohnungseigentümer, soweit diese gemeinschaftlich geltend gemacht werden können oder zu erfüllen sind. Die Gemeinschaft muss die Bezeichnung ‚Wohnungseigentümergemeinschaft' gefolgt von der bestimmten Angabe des gemeinschaftlichen Grundstücks führen. Sie kann vor Gericht klagen und verklagt werden."

Die Wohnungseigentümerversammlung ist das oberste Selbstverwaltungsorgan der Gemeinschaft. Sie kann einen Verwaltungsbeirat wählen, der sie bei den laufenden Geschäften der Verwaltung unterstützt, zum Beispiel indem er die Jahresabrechnung und den Wirtschaftsplan prüft, bevor diese Dokumente der Wohnungseigentümerversammlung vorgelegt werden. Rechtsgrundlage für die Wohnungseigentümerversammlung ist das Wohnungseigentumsgesetz (namentlich die §§ 23–25) und die jeweilige Teilungserklärung, die in vielen Fällen von den allgemeinen gesetzlichen Regelungen abweicht. Insbesondere ist die Wohnungseigentümerversammlung zuständig für:

- die Gebrauchsregelungen des gemeinschaftlichen Eigentums,
- Instandhaltung und Instandsetzung,
- die ordnungsgemäße Verwaltung, gegebenenfalls für die Bestellung, Ermächtigung und Abberufung eines Verwalters,
- die Jahresabrechnung samt Rechnungslegung sowie den Wirtschaftsplan,
- bauliche Veränderungen und Aufwendungen.

Beschlüsse der Wohnungseigentümerversammlung werden in der Regel mit der Mehrheit der anwesenden Wohnungseigentümer gefasst, sofern die Versammlung beschlussfähig ist, das heißt wenn die anwesenden stimmberechtigten Eigentümer mehr als die Hälfte der Miteigentumsanteile vertreten.

MEHR ALS EINFACHE MEHRHEIT
In zwei wichtigen Fällen ist für einen Beschluss der Wohnungseigentümerversammlung mehr als die Mehrheit der anwesenden Wohnungseigentümer erforderlich.

- Erstens: Über bauliche Veränderungen, die über eine ordnungsgemäße Instandhaltung und Instandsetzung hinausgehen, müssen alle Wohnungseigentümer entscheiden, deren Rechte durch die Maßnahmen „über das bei einem geordneten Zusammenleben unvermeidliche Maß hinaus" beeinträchtigt werden.
- Zweitens: Beschlüsse zur Modernisierung (entsprechend § 559, Abs. 1 BGB) und zur Anpassung der Wohnanlage an den Stand der Technik erfordern eine sogenannte doppelt qualifizierte Mehrheit: Zustimmen müssen drei Viertel aller (nicht nur der anwesenden) stimmberechtigten Wohnungseigentümer, die zugleich mehr als die Hälfte der Miteigentumsanteile repräsentieren müssen.

Wie wird Wohnungseigentum gebildet?

Um die besondere Form des Wohnungseigentums herzustellen, müssen verschiedene sachliche und rechtliche Bedingungen erfüllt werden. Wohnungseigentum kann durch vertragliche Einräumung von Sondereigentum (gemäß § 3 WoEigG) zwischen Miteigentümern oder durch Teilungserklärung des Grundstückseigentümers (gemäß § 8 WoEigG) begründet werden. Erforderlich sind

- ein **Aufteilungsplan**, der die räumlichen Verhältnisse der Wohnungseigentumsgemeinschaft darstellt und von der Baubehörde (oder, je nach Landesrecht, auch von einem öffentlich bestellten oder anerkannten Sachverständigen für das Bauwesen) bestätigt sein muss,
- eine **Abgeschlossenheitserklärung** für die jeweiligen Wohnungseinheiten, aus der hervorgeht, dass das Wohnungseigentum separat nutzbar ist,
- eine **Teilungserklärung** des Verkäufers beziehungsweise Eigentümers oder ein Teilungsvertrag der Grundstücksmiteigentümer, worin die Umgestaltung in Wohnungseigentum vereinbart wird.

Für jeden Miteigentumsanteil wird von Amts wegen ein gesondertes Grundbuchblatt (Wohnungsgrundbuch, Teileigentumsgrundbuch) angelegt. Eingetragen werden, neben dem zum Miteigentum gehörenden Sondereigentum, als Beschränkungen die Einräumung der Sondernutzungsrechte, die zu anderen Miteigentumsanteilen gehören. Die Teilung wird mit der Anlage der Wohnungsgrundbücher wirksam. Das Grundbuchblatt des Grundstücks wir danach von Amts wegen geschlossen.

HAUS ODER NICHT HAUS …
… das ist oft die Frage. Ein Wohnungseigentum im Sinne des Gesetzes unterscheidet sich von einem Haus nicht in erster Linie durch die Gestalt des Ge-

BILD 1

bäudes und der darin befindlichen Räume. Entscheidend ist das Grundbuch. Hat das Grundstück ein eigenes Grundbuchblatt? Oder wurde das Grundbuchblatt des Grundstücks geschlossen, nachdem aufgrund einer Teilungserklärung oder eines Teilungsvertrags Wohnungsgrundbücher angelegt worden waren? Auch eine Doppelhaushälfte kann unter Umständen Wohnungseigentum sein. Ebenso stehen Reihenhäuser oft auf einem Grundstück, für das keine Realteilung vorgenommen wurde, obwohl das praktisch möglich gewesen wäre, sondern eine Teilungserklärung im Sinne des Wohnungseigentumsgesetzes abgegeben wurde. Dann kann es sich architektonisch zwar um ein Haus handeln, rechtlich gesehen ist es ein Wohnungseigentum, für das die gleichen Beschränkungen der Eigentümerrechte gelten wie beispielsweise für eine Wohnung im zweiten Geschoss eines Mehrparteienhauses.

Historischer Exkurs

Die Notwendigkeit etwas eigentlich Unteilbares zu teilen entstand nicht erst in den Jahren nach dem Zweiten Weltkrieg. Schon im Mittelalter standen manche Adelsfamilien vor der Tatsache, dass mehrere Erben ein und dieselbe unteilbare Sache besaßen – seit altdeutscher Zeit existierte das Rechtsinstitut der Ganerbschaft. Erbten beispielsweise mehrere Zweige einer Familie eine Burg gemeinschaftlich, so konnten sie auch nur gemeinschaftlich darüber verfügen. Auf der sogenannten Ganerbenburg mussten die verschiedenen Erben miteinander auskommen, bis zu einem gewissen Grad kooperieren, um nebeneinander friedlich zu koexistieren. Den Alltag des Nebeneinanders verschiedener Familienzweige, die Fragen der Zugangswege und der Nutzungsrechte an gemeinschaftlichen Bauteilen wurde meist in sogenannten Burgfriedensverträgen geregelt, die den heutigen Teilungserklärungen, die das Wohnungseigentum begründen, durchaus vergleichbar waren.

Die vielleicht bekannteste Ganerbenburg ist die Burg Eltz in Rheinland-Pfalz. Hier erbten 1268 drei Linien der Familie die Burg gemeinschaftlich und mussten sich miteinander arrangieren: Eltz vom Goldenen Löwen (Kempenich), Eltz vom Silbernen Löwen (Rübenach) und Eltz von den Büffelhörnern (Rodendorf). Die drei Familienzweige bewohnten einerseits separate Teile der Burg, nutzten aber auch

BILD 2

BILD 1 Burg Eltz in Rheinland-Pfalz war zeitweilig unter drei Zweigen der Grafenfamilie Eltz aufgeteilt.
BILD 2 Auch das war ein DDR-Plattenbau: teilweise zurückgebaut, saniert und umgestaltet. Beispiel für eine gelungene Plattenbausanierung aus Ilmenau/Thüringen

andere Teile der Anlage als Gemeinschaftseigentum. Die von den Büffelhörnern starben 1440 aus; deren Anteil wurde unter die beiden Löwenfamilien aufgeteilt. Aber erst 1815 kaufte ein Goldener Löwe die Anteile eines Silbernen Löwen und brachte damit die gesamte Burg in seinen eigenen Besitz.

Bevor in Deutschland im Jahr 1900 das Bürgerliche Gesetzbuch in Kraft trat, kannten die Rechtsordnungen verschiedener deutscher Länder das sogenannte Etagen- oder Stockwerkeigentum. Zu unterscheiden war dabei echtes und unechtes Stockwerkeigentum. Beim echten Stockwerkeigentum lagen Teilungsverhältnisse mittels Sondereigentum und Miteigentumsanteilen vor, die denen unseres heutigen Wohnungseigentums vergleichbar waren. Beim unechten Stockwerkeigentum hingegen gehörte das Grundstück nebst Gebäude in all seinen Teilen allen Berechtigten gemeinsam – die Zuweisung konkreter Gebäudeteile (zum Beispiel Stockwerke) an einzelne Berechtigte erfolgte lediglich zur Benutzung. In vielen Fällen solcher unklarer Teilungen waren Fragen des Gemeinschaftseigentums nicht bindend geregelt; daher gab es häufig Auseinandersetzungen in solcherart geteilten Häusern, die im Volksmund deshalb auch „Streithäuser" genannt wurden.

Überraschenderweise landeten selbst fast 100 Jahre nach Inkrafttreten des Bürgerlichen Gesetzbuches noch Streitfälle vor deutschen Gerichten, die auf Rechtsverhältnisse des 19. Jahrhunderts zurückgingen. So verlangte in einem Verfahren vor dem Landgericht Mosbach 1995 der Kläger die Zustimmung zur Berichtigung eines Grundbucheintrags, der sich auf einen längst abgerissenen Gebäudeteil bezog, an dem der Kläger Stockwerkeigentum nach badischem Recht hatte.

Die DDR brach in ihrem Zivilgesetzbuch ebenfalls den Grundsatz des BGB, dass Gebäude das rechtliche Schicksal des Grundstücks teilen – nur auf ganz andere Weise als das Wohnungseigentumsgesetz der Bundesrepublik Deutschland. Das DDR-Recht trennte Grundstückseigentum vom Eigentum an Gebäuden und führte das besondere Rechtsinstitut des Nutzungsrechts ein. So lautete § 287 im Zivilgesetzbuch (ZGB) der DDR:

„(1) Bürgern kann zur Errichtung und persönlichen Nutzung eines Eigenheims oder eines anderen persönlichen Bedürfnissen dienenden Gebäuden an volkseigenen Grundstücken ein Nutzungsrecht verliehen werden."

Viele Eigenheime, Doppel- und Reihenhäuser, die seit 1971 in der DDR gebaut wurden, sind auf Grundstücken errichtet worden, an denen der Bauherr kein Eigentum hatte, sondern ein „durch das zuständige staatliche Organ" verliehenes Nutzungsrecht. Die „Grunderkrankung" dieses Nutzungsrechts war allerdings nicht die Verleihung, sondern das „Volkseigentum": In allzu vielen Fällen war es ein lediglich angemaßtes Recht, das sich über die Rechte der Alteigentümer einfach hinwegsetzte. Nach 1990 wurde die Trennung von Grundstück und Gebäude wieder aufgehoben.

Eine Wohnung erben

Von denjenigen, die bereits Wohneigentum (Häuser und Wohnungen zusammengerechnet) besitzen, haben 43 Prozent selbst gebaut, 30 Prozent gekauft, 22 Prozent geerbt. 4 Prozent sind durch Schenkung zu ihrer Wohnimmobilie gekommen, und 2 Prozent halten sie als Nutzungsberechtigte in Besitz.

Nicht jeder führt aus eigenem Antrieb die Entscheidung für oder gegen den Immobilienerwerb herbei. Manchmal wird man auch aufgrund einer Erbschaft vor die Frage gestellt: Soll man die ererbte Immobilie selbst nutzen oder das Miteigentum am Grundstück nebst Sondereigentum Wohnung umgehend wieder loswerden? Oder bietet sich – mindestens als zeitlicher Aufschub, bis man eine endgültige Entscheidung fällt, eine Vermietung der Wohnung an?

Der Erbfall ist keine Ausnahme auf dem Weg zur eigenen Immobilie. Im Gegenteil: Kommen heute schon rund 38 Prozent der Erben in den Genuss von Immobilienbesitz (70 Prozent dieser Immobilienerbschaften bestehen aus Eigenheimen), rechnen laut einer Studie der Postbank 58 Prozent aller künftigen Erben damit, eine selbst genutzte Wohnimmobilie zu erhalten. Weitere 20 Prozent gehen davon aus, in absehbarer Zeit eine vermietete Immobilie zu erben (bislang waren es 13 Prozent) – und bei diesen Objekten handelt es sich zu einem Großteil um vermietete Eigentumswohnungen. In Deutschland, dem klassischen Mieterland von einst, hatte besonders nach dem Zweiten Weltkrieg die „Wirtschaftswunder-Generation" verstärkt Immobilien erworben. Entsprechend erhöht hat sich dadurch der Anteil der selbst genutzten Wohnimmobilien. In naher Zukunft wird sich das Verhältnis der vererbten Vermögensklassen deutlich vom Geld hin zu Immobilien verschieben. Acht von zehn Deutschen werden in naher Zukunft Immobilienerben sein.

Der Erbfall ist aber nur scheinbar ein kostenloser Weg zur eigenen Wohnung. Denn unter Umständen müssen Miterben ausgezahlt werden, wenn man das Wohnungseigentum für sich in Besitz nehmen will. Unter Umständen müssen juristische Probleme ausgeräumt und Lasten übernommen werden, die man dem Gebäude äußerlich nicht unbedingt ansieht. Und unter Umständen muss man in eine geerbte Wohnung mehr Geld hineinstecken, als sie am Immobilienmarkt wert ist. Jeder Einzelfall ist anders und muss individuell betrachtet und bewertet werden. Der Erbe einer Wohnung steht im Grunde vor den gleichen Problemen wie der Käufer einer gebrauchten Wohnung. Grundsätzlich wird man die gleichen sachlichen Maßstäbe an die Bewertung der Immobilie legen müssen. Und die gleiche Schrittfolge, die man beim Kauf einer gebrauchten Wohnung einhalten sollte, um gegen unangenehme Überraschungen möglichst gefeit zu sein, sollte man auch bei einer geerbten Immobilie einhalten. Nur so kann man vernünftig entscheiden, ob sie zur eigenen Wohnung werden soll oder besser nicht.

Gefühl und Verstand

Einen wichtigen Unterschied gibt es natürlich zwischen dem Kauf eines fremden Wohnungseigentums und dem Erben einer Liegenschaft – möglicherweise von einem nahen Verwandten: die emotionale Aufladung eines „Familienerbstücks". Mag es noch so ein alter Kasten sein – war es etwa die elterliche Wohnung, in der man groß geworden ist, hat man, ob man will oder nicht, eine besondere emotionale Bindung an die Immobilie, fühlt man eine besondere Verpflichtung, sich der Wohnung anzunehmen und vielleicht sogar finanzielle Belastungen auf sich zu laden.

Entscheidungen in Immobilienangelegenheiten trifft man nicht aus dem Bauch heraus – jedenfalls sollte man das nicht tun. Aber die Entscheidung für oder gegen eine selbst genutzte Immobilie wird niemals frei von Emotionen sein. Schließlich will man in dieser Wohnung wohnen und vielleicht auch arbeiten – und zum Leben gehören Gefühle ebenso wie der Verstand. Mag der Verstand auch die Entscheidung für oder gegen eine Immobilie bestimmen, wenn man sich in einer Wohnung nicht wohlfühlt, kann der Verstand das Unbehagen nicht schöndenken. Manchmal kann es durchaus nützlich sein, dem sogenannten Bauchgefühl zu vertrauen – vor allem dann, wenn es rät, den Verstand kritisch zu schärfen. Gefühl und Verstand haben beim Erwerb einer gebrauchten Wohnung immer nebeneinander ihren Platz. Gut ist es, wenn sie nicht gegeneinander antreten, sondern miteinander arbeiten. Mit anderen Worten: Die Vernunft erwirbt eine Immobilie, das Gefühl kauft eine Wohnung.

Der dritte Fall

Geerbt oder gekauft – das liegt schon einige Zeit zurück und die Immobilie befindet sich bereits in Ihrem Besitz. Jetzt wohnen Sie in Ihrer Wohnung, und nach und nach stellt sich heraus, da und dort stimmt etwas nicht. Das Gefühl beschleicht sie, dass umso mehr Unangenehmes ans Licht tritt, je tiefer Sie bohren. Und das kann ganz wörtlich gemeint sein: Das einzelne Bohrloch bringt die erste Fliese zu Fall. Wenn dann die zweite fällt, stellen Sie fest, dass hinter den Fliesen ein Fleck ist, der dort nicht hin gehört, dass die Wand nicht so aussieht, wie sie aussehen sollte, und dass der Fleck, sobald sie an ihm kratzen, etwas offenbart, was Ihnen ganz und gar nicht gefällt. Es handelt sich um die sprichwörtliche Leiche im Keller – sie kann Ihnen in Gestalt des Echten Hausschwamms begegnen oder in anderer Furcht einflößender Gestalt. Die Bausünden der Väter straft Hephaistos, der Gott des Feuers, der Schmiede- und Baukunst, bis ins vierte Glied.

Sitzen Sie nun in der Falle? Ist alles gelaufen? Können Sie gar nichts mehr tun? Im Gegenteil. Auch für den Fall, dass Probleme auftreten, wenn Ihnen die Immobilie bereits gehört, gibt es einen Weg der Problemlösung. Er unterscheidet sich nicht wesentlich von dem Weg, den der potenzielle Käufer oder Erbe gehen wird, nur dass die Zeitverläufe geringfügig verschoben sind und der Besitzer einer Bestandsimmobilie einiges nacharbeiten muss, was der potenzielle Käufer vernünftigerweise als Vorarbeit erledigt. In jedem Fall steht am Beginn eine ehrliche und sachliche – man kann ruhig sagen schonungslose – Bestandsaufnahme.

DER FAHRPLAN

Wer eine eigene Wohnung besitzen will, verbindet damit Wünsche und Ziele. Für manchen potenziellen Immobilienkäufer sind diese Wünsche und Ziele noch so unbestimmt, dass er sie gar nicht so recht zu formulieren weiß. Oft sind es Träume und Visionen, vage Vorstellungen, ja reine Luftschlösser. Und Luftschlösser sind bekanntlich die Immobilien mit den höchsten Nebenkosten und dem geringsten Verkehrswert. Die Redewendung „ein Schloss in der Luft bauen" stammt schon aus dem 16. Jahrhundert und bedeutete seinerzeit so viel wie auf dem Dachboden sitzen und träumen. Eine Betätigung, die schon damals den Spott der Zeitgenossen auf sich zog, weil sie nichts Nützliches schuf, vielmehr notwendiges Handeln verhinderte. Das ist heute nicht anders. Wer sich mit dem Gedanken trägt, eine Immobilie zu erwerben, wird möglichst viele seiner persönlichen Wünsche und Vorstellungen verwirklichen wollen – am besten natürlich alle. Da kommen viele Ideen zusammen, werden Träume gesponnen, Visionen entwickelt, Luftschlösser gebaut. Sie alle lassen sich in den seltensten Fällen im Rahmen der eigenen finanziellen Möglichkeiten vollständig realisieren. Es ist nicht schlimm, wenn man gelegentlich einmal Luftschlösser baut. Man muss nur akzeptieren, nicht in ihnen wohnen zu können. Wenn Sie also schon einmal so weit gekommen sind, dass Sie auf dem Dachboden des Hauses sitzen, zu dem Ihre künftige Traumwohnung gehört, dann

unterbrechen Sie das Träumen für einen Augenblick und schauen sich bei dieser Gelegenheit die Beschaffenheit des Daches an. Doch das sind bereits Einzelheiten, auf die später noch einmal ausführlicher eingegangen wird.

Warum alt und nicht neu?

Warum verliebt man sich in ein altes Gebäude? Es mag dafür viele unterschiedliche Gründe geben – dabei bilden alle Gründe, die man benennen kann, niemals vollständig alle Motive ab, die dem Erwerber eine Wohnung in einem ganz bestimmten Haus attraktiv machen.

Gebrauchtimmobilien drücken immer auch den Charakter, den Geschmack und die Lebensweise der vorherigen Bewohner aus. Das hat einen ganz besonderen Reiz. So kann man etwa eine modern ausgestattete Wohnung in einem alten Haus finden. Je nach Alter des Hauses, in dem sich die Wohnung befindet, kann den Erwerber durchaus der „Atem der Geschichte" anwehen. Aber dieser Odem kann auch etwas abgestanden duften und man möchte als künftiger Besitzer doch schon wissen, was man da – im wörtlichen wie übertragenen Sinn – einatmet.

Schwächen aufdecken

Wenn Sie sich mit dem Gedanken tragen, eine gebrauchte Immobilie zu erwerben, werden Sie sich wahrscheinlich schon die Frage gestellt haben, was Sie als Erstes tun müssen. Die Wohnung besichtigen? Oder das ganze Haus? Mit der Bank wegen der Finanzierung sprechen? Einen Gutachter beauftragen? Einen Energieberater konsultieren?

Glauben Sie nicht, Sie könnten alles allein, schließlich sind Sie kein Experte für gebrauchte Immobilien. Wären Sie es, brauchten Sie dieses Buch nicht. Sie werden auch nach der Lektüre dieses Buches kein Experte sein, doch werden Sie wissen, wo man Experten findet, wozu man sie einsetzt und was Sie von Ihnen erwarten, ja verlangen dürfen.

Der Erwerb einer gebrauchten Wohnung, insbesondere in einer Altbauimmobilie, muss kein Risiko darstellen, wenn man die ersten wichtigen Schritte in der richtigen Reihenfolge durchläuft. Dabei geht es vor allem um das Erkennen und Benennen von Schwächen, aber auch um das Herausarbeiten von besonderen Stärken und Chancen, die in der Immobilie stecken.

Die ehrliche Bestandsaufnahme beginnt aber nicht beim Gebäude, sondern beim Erwerber oder Besitzer. Das größte Risiko beim Erwerb einer Gebrauchtimmobilie ist nämlich nicht die Wohnung, ist nicht das Haus, in dem sie sich befindet, sondern der Käufer.

Der Musterfahrplan

Gibt es einen idealen Fahrplan zum wunschlos glücklichen Leben in der eigenen Wohnung? Nein, natürlich nicht. Aber es gibt typische Beispiele, die Ihnen helfen, sich in der jeweils konkreten Situation zurechtzufinden.

So finden sich charakteristische Merkmale am Gebäude, die auf gleich oder ähnlich gelagerte Probleme hinweisen. Und es treten auch immer wiederkehrende Verhaltensmuster bei Ihren Partnern auf der Baustelle auf, im Maklerbüro oder in der Bankfiliale, die Sie kennen müssen, damit Sie nicht in die Irre laufen.

Betrachten Sie die Beispiele in diesem Buch gleich Verkehrsschildern im Straßenverkehr. Deren Symbole können niemals die konkrete Verkehrs- oder Gefahrensituation abbilden, aber sie machen dort, wo sie stehen, auf eine besondere Verkehrs- oder Gefahrensituation aufmerksam. Richtig reagieren und situationsadäquat handeln müssen Sie selbst.

Am besten ist es, wenn Sie nach einem **MUSTERFAHRPLAN** vorgehen, der sich in den verschiedensten praktischen Fällen bereits bewährt hat. An dieser Stelle sei Ihnen empfohlen, Ihren Weg zur gebrauchten Wohnung mit den folgenden elf Schritten zu gehen:

- Schritt 1: Erstellen Sie ein Bauherrenprofil.
- Schritt 2: Nehmen Sie eine Vermögensanalyse vor und stellen Sie ein Finanzierungskonzept auf.
- Schritt 3: Finden Sie einen Altbauexperten, Ihren „Hausarzt".
- Schritt 4: Nehmen Sie eine Gebäudediagnose mit den folgenden Optionen vor:
  Grunddiagnose,
  Grobkosteneinschätzung,
  Energiegutachten,
  Thermografieaufnahmen,
  Maßnahmekonzept.
- Schritt 5: Beginnen Sie mit der Planung und nehmen Sie den Abgleich mit den Bestandsplänen vor. Klären Sie, welche Genehmigungen eingeholt werden müssen.
- Schritt 6: Klären Sie, ob und welche fachlich Beteiligten noch eingeschaltet werden können und müssen, zum Beispiel Statiker, Holzschutzgutachter, Vermesser usw.
- Schritt 7: Erstellen Sie eine Maßnahmen- und Leistungsbeschreibung.
- Schritt 8: Holen Sie Angebote ein. Die Ausschreibung sollte ein Fachmann vornehmen.
- Schritt 9: Vergeben Sie die erforderlichen Arbeiten.
- Schritt 10: Sorgen Sie für professionelle Bauleitung und Qualitätssicherung.
- Schritt 11: Vor dem Ziel steht die Abnahme und Dokumentation der Arbeiten.

Zu diesen elf Schritten – nennen wir sie ruhig die „Elf Gebote für die Bestandsimmobilie" – werden wir auf den folgenden Seiten immer wieder zurückkehren. Keiner dieser elf Schritte ist unwichtig, und je disziplinierter Sie sich an die Elf Gebote halten, desto eher werden Sie auf der sicheren Seite sein. Außerdem sollte keiner dieser elf Schritte ausschließlich auf Ihr Sondereigentum beschränkt bleiben, sondern das gesamte Gebäude betreffen, in dem sich Ihre Wohnung befindet.

Steht die Reihenfolge der Schritte fest?

Das ist ein bisschen wie bei der Huhn-oder-Ei-Frage. Unterschiedlicher Auffassung kann man bei den ersten drei Schritten sein:

- Sollte man sich nicht über die eigene Finanzlage im Klaren sein, bevor man überhaupt daran denkt, eine Wohnung zu erwerben?
- Sollte man nicht besser gleich zu Beginn einen Berater hinzuziehen, bevor man sich eine konkrete Wohnung anschaut und die eigenen Finanzen überprüft?
- Oder sollte man erst dann Geld für einen „Hausarzt" ausgeben, wenn man sich über seine eigenen Wünsche und Vorstellungen klar geworden ist und seine Finanzlage überblickt?

Viel hängt hier von Ihrem Zeithorizont und von Ihrem Temperament ab. Um kurz abzuschweifen: So wie es grundverschiedene Typen von Urlaubern gibt, so gibt es auch unterschiedliche Arten von Wohnungskäufern. Der eine Urlauber-Typus überprüft sein Budget und legt für sich fest, dass er nur 1000 Euro ausgeben will (oder kann); dann holt er Angebote ein, was man mit 1000 Euro alles anstellen kann, und greift schließlich zu dem Angebot, das am günstigsten ist oder innerhalb des Budgets am meisten zu versprechen scheint. Seine einzige Bedingung ist, dass er von zu Hause weg ist. Der andere Typus Urlauber hat einen bestimmten Ort oder ein sogenanntes Traumziel vor Augen, setzt das Traumziel in Beziehung zu seinen finanziellen Möglichkeiten und sucht dann nach einem Angebot, das es ihm erlaubt, sein Traumziel zu erreichen. Unter Umständen ist er bereit – und hier kommt der Zeithorizont ins Spiel –, mehrere Jahre lang auf Urlaub und auf manche andere Annehmlichkeit zu verzichten, um sich schließlich seinen Traum zu erfüllen.

Ähnlich verhält es sich mit den Immobilienkäufern. Auch hier ist es zunächst eine Temperamentfrage, ob die Wohnimmobilie als Gebrauchsgegenstand betrachtet wird, der praktikabel und möglichst preiswert sein soll, oder ob man sich mit der eigenen Wohnung einen Lebenstraum erfüllen will. Beim ersten Typus wird wahrscheinlich das Budget im Vordergrund stehen und der Käufer sich nach den Maßgaben des Budgets eine praktikable Wohnung aussuchen. Seine einzige Bedingung ist, dass man darin vernünftig wohnen kann. Der andere Typus hingegen wird für ein bestimmtes Objekt entflammt sein, das seinem Traum von einer Wohnung am nächsten kommt. Diesem Traumziel wird er sein Budget zuordnen, seine finanziellen Anstrengungen werden sich auf dieses ganz bestimmte Objekt konzentrieren und unter Umständen – und auch hier kommt wieder der persönliche Zeithorizont ins Spiel – wird er bereit sein, ein paar Jahre zu warten, bis er sich seinen Traum erfüllen kann.

Wer seine Wohnung etwa als vorübergehendes Domizil kauft, weil er weiß, dass ihn seine Berufslaufbahn in ein paar Jahren an einen anderen Ort verschlagen wird, der wird möglicherweise nicht allzu viel Kraft darauf verschwenden, seine Traumwohnung zu finden. Für ihn spielt die Wiederverkäuflichkeit der Wohnimmobilie eine viel größere Rolle als für einen Käufer, der sich auf Lebenszeit in der Wohnung einrichten will.

Freilich, die hier geschilderten Typen sind lediglich Archetypen, in lupenreiner Gestalt kommen sie im wirklichen Leben natürlich nicht vor. In jedem von uns steckt etwas vom Potenzial des einen oder des anderen Typs. Das eben macht ja das Wesen der Huhn-oder-Ei-Frage aus – sie lässt sich nicht beantworten. Muss man seine Vorstellungen von der eigenen Wohnung von vornherein am Budget orientieren, oder muss das Budget der Traumwohnung folgen, ihr gleichsam hinterherwachsen?

Schließlich stellt sich zusätzlich die Frage: Schaffen Sie das überhaupt allein und ohne fachmännische Hilfe, Budget und Wohnung in ein annäherndes Gleichgewicht zu bringen? Trauen Sie sich wirklich zu, alle Kostenfaktoren, die mit dem Erwerb einer gebrauchten Immobilie verbunden sind, realistisch abzuschätzen? Glauben Sie wirklich, dass Sie alle finanziellen Reserven, Hilfsquellen und Fördermöglichkeiten allein finden und mobilisieren können?

Bei den finanziellen Größenordnungen, um die es bei einem Wohnungskauf geht, sind Daumenpeilungen bei der Finanzierung ebenso gefährlich wie Daumenpeilungen bei der Beurteilung der Gebäudesubstanz oder auf der Baustelle bei möglicherweise erforderlichen Umbau- und Sanierungsarbeiten. Darum finden Sie bei den ersten drei Schritten auch den dringenden Rat, sich einen „Hausarzt" zu suchen, einen neutralen Experten, der nicht die Interessen eines Immobilienverkäufers oder Maklers, nicht die Interessen eines Immobilienfinanzierers und auch nicht die Interessen eines Baustoffhändlers vertritt, sondern Ihre eigenen Interessen.

Entscheidend ist also nicht, welchen der drei Schritte Sie an erster, zweiter oder dritter Stelle unternehmen, entscheidend ist, dass Sie keinen dieser ersten drei Schritte auslassen.

SCHRITT 1: DAS BAUHERRENPROFIL

Im ersten Schritt erstellen Sie bitte ein ausführliches und qualifiziertes Bauherrenprofil.

Wozu ist ein Bauherrenprofil notwendig? Das Gebäude mit Ihrer Wohnung steht doch schon und soll nicht neu gebaut werden. Dieses Argument, mit dem noch viel zu oft auf ein strukturiertes Bauherrenprofil verzichtet wird, ist ein Scheinargument.

Zum einen wissen Sie noch gar nicht, ob und wie viel in Ihrer Wohnung noch gebaut oder umgebaut werden muss. So können Sie nach dem äußeren Anschein auch noch gar nicht abschätzen, ob mit dem Gebäude in seiner Gesamtheit alles in Ordnung ist oder ob in nächster Zeit Sanierungen anstehen, die Sie als Miteigentümer erheblich belasten können.

Und zum anderen soll die Immobilie ja nicht abstrakt beurteilt werden. Also geht es nicht darum, welche Qualitäten die Wohnung an und für sich hat, sondern ob sie zu Ihnen passt – also welche Qualitäten sie für Sie hat.

Wenn Sie sich die kleine Mühe machen, Ihre eigenen Wünsche und Vorstellungen, Vorlieben und Abneigungen, Ihre finanziellen Möglichkeiten und Ihre vielleicht noch nicht erschlossenen Reserven in einem qualifizierten Bauherrenprofil abzubilden, kommen Sie am sichersten zum ersten Teilziel. Dieses Teilziel besteht schlicht gesagt darin, dass der Bauherr (der selbstverständlich auch eine Bauherrin sein kann, ohne dass das im Folgenden immer wieder erwähnt werden muss), genau weiß, wer er/sie ist und was er/sie will.

Mit einem Bauherrenprofil können nicht nur viele Fragen bereits in einem ersten Arbeitsschritt beantwortet werden. Weitere hinzukommende Fragen werden Sie auch zum ersten Mal überhaupt exakt formulieren.

Ein vollständiges Bauherrenprofil, wie es sich in der Praxis seit Jahren bewährt hat, finden Sie auf den Seiten 194 bis 203. Sie können sich diese Seiten als Vorlage kopieren oder sich unter der Adresse www.test.de/shop/bauen-finanzieren ein Formular herunterladen. Es ist in Ihrem ureigenen Interesse, wenn Sie alle Fragen so genau wie möglich beantworten und alle Rubriken ausfüllen, selbst wenn Sie Ihnen vielleicht im ersten Moment überflüssig erscheinen.

Auch wenn es dabei schon manchmal ans Eingemachte geht: Mit diesen Basisfragen werden grundsätzliche Entscheidungen vorbereitet. Besonders die ersten fünf Abschnitte des Bauherrenprofils sind von ausschlaggebender Bedeutung, können Fehlentscheidungen hier doch besonders schwerwiegende – nicht zuletzt finanzielle – Folgen haben.

Die eigenen Wünsche erkennen

Das Bauherrenprofil, wie es hier vorgeschlagen wird, gliedert sich in acht Abschnitte:

- 1. Bauherr:

Angaben zu Personen und Nutzern
Angaben zu Objekt und Grundstück

- 2. Nutzung:

Wer soll die Wohnung nutzen?
Welche Art von Nutzung ist geplant?
Welche Nutzungsart kommt infrage?
Für wie viele Personen ist die Wohnung gedacht?
Welche Nutzungsdauer ist ins Auge gefasst?
Was ist Ihnen besonders wichtig/unwichtig?
Welche Rolle spielen Architektur, Ambiente, Material?
Welche Technik wird gewünscht?
Wie sollen Klima-, Heiz- und Lüftungsanlage aussehen?

- 3. Baustoffe, Materialwelt und Form:

Welche Baustoffe bevorzugen Sie beziehungsweise lehnen Sie ab?
Welche Farben und Formen bevorzugen Sie?
Welche Grundrisslösung wünschen Sie?

- 4. Finanzen:

Wie hoch sind die Investitionskosten?
Welche finanziellen Mittel stehen zur Verfügung?
Sollen öffentliche Mittel genutzt werden?
Sind steuerliche Aspekte zu beachten?
Sind Eigenleistungen geplant?

- 5. Zeitrahmen:

Wollen Sie sofort einziehen?
Gibt es einen Zeitrahmen zwischen Planung und Einzug?

- 6. Wie möchten Sie bauen?
- 7. Wie schätzen Sie den Zustand des Gebäudes als Ganzes und der Wohnung selbst ein?
- 8. Erforderliche Unterlagen

Und was die Schrittfolge in der Reihe unserer Elf Gebote betrifft, so sind wir an dieser Stelle zwar erst bei Schritt 1, was aber nicht bedeutet, dass Sie sich nicht schon jetzt einmal einen Vorgriff auf Schritt 2 erlauben können. Es ist also durchaus angezeigt, das Bauherrenprofil zusammen mit einem Architekten oder Bauingenieur ihres Vertrauens durchzugehen.

Das eigene Raumprogramm

Wichtig für Ihre eigene Disposition ist das Raumprogramm, das Ihnen vorschwebt. Dieses wiederum hängt mit der Art der Nutzung zusammen. Dabei können beispielsweise folgende Fragen auftauchen:

- Soll die Wohnung ausschließlich Wohnzwecken dienen?
- Soll in der Wohnung auch ein Gewerbe ausgeübt oder eine Praxis eingerichtet werden? Wenn ja, welchen Raumbedarf hat dieses Projekt?
- Sind Kinderzimmer vorzusehen? Wenn ja, wie viele?
- Spielt Barrierefreiheit eine Rolle?
- Muss eine Sammlung untergebracht werden?

- Sind Haustiere erlaubt? Sind besondere Anforderungen an die Haltung von Haustieren zu berücksichtigen?
- Wünschen die Bewohner spezielle, ihrem Beruf entsprechende Arbeitsräume?
- Sind separierbare Gästezimmer erforderlich?

Auch diese Fragen stehen nur beispielhaft für eine Fülle tatsächlicher und sehr konkreter Fragen, die Sie sich selbst stellen müssen, bevor Sie an den Kauf einer gebrauchten Wohnung denken. Beschränkungen, welche die Gemeinschaftsordnung setzt, sind nur schwer zu ändern.

CHECKLISTE RAUMPROGRAMM

	Üblich qm	Mindestens	Mittel qm	Maximal	Hinweise
Küche	12				
Essen	12				
Wohnen	28				
Wohnküche			32		spart Platz
Balkon			10		
Kind 1	14		18		für 2 Kinder
Kind 2	14				
Kind 3	14		14		
Gäste	14				
Schlafen	16		18		
Arbeiten	14		12		
Hobby	16		12		
Diele	8		6		
Bad/WC	10		8		
Zw.-Summe	**172**		**130**		
Keller	26				
Speicher /Dach					
Garten					
Garage/Stellplatz					
Grundstücksanteil					

Denn es wäre schließlich keine sehr gute Idee, sich zuerst eine Wohnung zu kaufen, um anschließend festzustellen, das Schlafzimmer ist zu klein für den Kleiderschrank, und demzufolge wird noch ein zusätzliches Ankleidezimmer gebraucht. Oder die Sammlung alter Mikroskope können Sie nun doch nicht unterbringen, oder die Gemeinschaftsordnung der Wohnungseigentümergemeinschaft, der Sie beiträten, schließt das Halten von Haustieren grundsätzlich aus, und Sie dürften mit Ihrer Katze gar nicht einziehen.

Die **CHECKLISTE RAUMPROGRAMM** (siehe Seite 37) soll Ihnen dabei helfen, sich über den eigenen Raumbedarf klar zu werden.

- In der ersten Spalte finden Sie die am häufigsten beanspruchten Raum- und Nutzungsarten.
- In der zweiten Spalte finden Sie Quadratmeterzahlen, wie sie üblicherweise bei Wohnimmobilien veranschlagt werden.
- In die dritte Spalte können Sie die Quadratmeterzahl eintragen, die Sie mindestens benötigen, damit Sie die von Ihnen gewünschte Lebensqualität erreichen.
- In der vierten Spalte stehen bereits Alternativvorschläge für eine mittlere Quadratmeterzahl,
- und in der fünften Spalte können Sie die Flächen in der maximalen Größe definieren, die Ihrem Wohn- und Lebensgefühl entspricht.
- In der letzten Spalte ist Raum für Hinweise und Bemerkungen, welche die Besonderheiten eines Raumes oder einer Raumnutzung definieren.

WOZU DAS RAUMPROGRAMM GUT IST

Gehen Sie davon aus: Mit dem Raumprogramm werden Sie sich nicht nur einmal beschäftigen. Denn es ist nicht der Regelfall, dass Sie sofort eine Immobilie finden, die all Ihren Wünschen ohne Abstriche gerecht wird. Sie werden also entweder Ihr eigenes Raumprogramm den vorgefundenen Verhältnissen anpassen oder die Verhältnisse nach Ihrem Raumprogramm verändern (das heißt umbauen) müssen. In jedem Fall wird das Raumprogramm bei umfangreicheren Umbaumaßnahmen von der Planung über die Vergabe der Arbeiten bis zur Abnahme und Dokumentation eine wichtige Rolle spielen.

Gewerbe in der Wohnung?

Geht man heute durch alte Städte und betrachtet kleine Ladengeschäfte und frühere Gewerbebetriebe in den Höfen etwas genauer, fällt auf, dass die Geschäfte und Betriebe früher oft mit den Wohnungen der Geschäftsinhaber verbunden waren. Diese Verbindung von Arbeiten und Wohnen ging eine Zeit lang fast völlig verloren, zum einen weil in der Folge der Charta von Athen die „schmutzigen" Gewerbe aus den Wohngebieten entfernt wurden, zum anderen weil die Wohnbedürfnisse nach dem Zweiten Weltkrieg ein viel höheres Niveau erreicht haben als in der ersten Hälfte des 20. Jahrhunderts. Erst die wachsende Diversifizierung des Dienstleistungsgewerbes und die Revitalisierung der alten Innenstädte machte das Konzept „Wohnen und Arbeiten unter einem Dach" wieder zunehmend attraktiv. Für viele Selbstständige und Freiberufler wird die Suche nach Wohneigentum heute durch den Beruf motiviert. In der eigenen Immobilie sollen Wohnen und Berufsausübung verbunden werden. Das kann positive Effekte haben.

In der Teilungserklärung wurde bis vor Kurzem zwischen dem eigentlichen Wohnungseigentum und dem nicht zu Wohnzwecken bestimmten Teileigentum unterschieden. Das Berliner Kammergericht hält in einer Entscheidung vom 3.12.2007 eine solche Trennung nicht mehr für erforderlich. „Um verschiedene – möglichst weitgehende – Nutzungsmöglichkeiten zuzulassen, ohne dass es der im Falle nachträglicher Umwandlung von Wohnungs- in Teileigentum und umgekehrt erforderlichen Zustimmung aller Wohnungseigentümer bedarf, ist es möglich, eine Bestimmung der Nutzungsart in der Teilungserklärung beziehungsweise der Gemeinschaftsordnung zu unterlassen", heißt es in dem Beschluss. Dementsprechend kann die Auslegung der Zweckbestimmung einer Sondereigentumseinheit als „Gewerbewohnung" die Nutzung sowohl als Wohnung als auch die Nutzung zu gewerblichen Zwecken zulassen.

Ist die Nutzungsart in der Teilungserklärung beziehungsweise der Gemeinschaftsordnung ausdrücklich auf Wohnzwecke beschränkt, muss die Wohnungseigentümergemeinschaft der Nutzungsänderung zustimmen.

Das Gebäude

Ihre Wohnung schwebt nicht im luftleeren Raum, sondern befindet sich in einem konkreten Gebäude. Der Bauzustand des Gebäudes sagt zwar nicht alles über die innere Beschaffenheit der Wohnung aus, kann aber durchaus Probleme bereiten, die man aus der Innenperspektive einer modern ausgestatteten, frisch renovierten Wohnung nicht ohne Weiteres bemerkt.

Um welche Art von Gebäude handelt es sich eigentlich? Der Gebäudetyp, auf den Sie bei der Suche nach Ihrer Wohnung gestoßen sind, wird den Kaufpreis wesentlich mitbestimmen. Mehr noch: Auch der Wiederherstellungsaufwand, der unter Umständen bei einem sehr alten oder wenig gepflegten Haus beträchtlich sein kann, und der künftige Unterhaltungsaufwand werden von Art und Alter des Gebäudes beeinflusst. Man sollte also schon sehr genau wissen, auf welche Art von Architektur und Alter der Gebäude man sich einlassen will, bevor man auf die Suche geht.

Konstruktion und Material

Man kann die verschiedenen Typen von Gebäuden nach unterschiedlichen Kriterien sortieren. Eine mögliche Typologie kann nach Art der Konstruktion und verwendetem Material aufgestellt werden.

LEHMBAU Die traditionelle Technik des Lehmbaus ist sowohl bei alten Fachwerkbauten als auch bei – selteneren – Stampflehmbauten anzutreffen. Am Fachwerkbau findet sich Lehm entweder bei der Ausfachung mit luftgetrockneten Lehmziegeln

BILD 1

BILD 2

BILD 3

BILD 1–3 Lehm, Holz und Stahlbeton bereiten sehr unterschiedliche Probleme.

oder als Bewurf von Holzgeflecht in den Gefachen. Lehm vermag Wärme und Feuchtigkeit gut zu speichern und sorgt bauklimatisch für Temperaturausgleich und stabile Luftfeuchtigkeit, sodass sich in Lehmbauten ein für den Menschen angenehmes und gesundes Raumklima einstellt.

HOLZBAUTEN Holz gehört zu den ältesten Baustoffen der Menschheitsgeschichte. Neben Vollholz – wie beispielsweise bei traditionellen Blockhäusern – werden auch verschiedene Holzwerkstoffe für den Holzbau eingesetzt. Holz findet sich oft in Verbindung mit anderen Bautechniken an ein und demselben Gebäude, häufig zum Beispiel auf massiv gemauerten Untergeschossen in Form von Obergeschossen in Holzbauweise. Fertighäuser werden oft aus Holz, beispielsweise in Holztafelbauweise, gefertigt. Auch große mehrgeschossige Stadthäuser sind in moderner Holzbauweise errichtet worden.

MAUERWERKSBAUTEN Zu den traditionellen Massivbauten gehören die aus Mauerwerk errichteten Häuser. Typisch für Mauerwerksbauten ist die Verwendung von einzelnen, druckfesten Elementen, beispielsweise Mauerziegeln, Werksteinen und Betonformsteinen, die in einem bestimmten Mauerwerksverband miteinander verbunden sind. Mauerwerksbauten haben eine landschaftlich sehr unterschiedliche Ausprägung erfahren. In den werksteinarmen Regionen Norddeutschlands dominiert bis heute der Ziegelbau, während in Süddeutschland Mauerwerksbauten aus Werksteinen häufiger anzutreffen sind, wobei auch hier das verwendete Material – Sandstein, Porphyr, Kalkstein … – je nach den lokalen Angeboten schwankt.

STAHLBETONBAU Beim Stahlbetonbau wird Beton als druckfestes Material verwendet. Da Beton zwar äußerst druckfest, dafür aber recht zugschwach ist, wird Bewehrungsstahl zur Aufnahme der Zugkräfte eingesetzt; daher spricht man vom Stahlbetonbau. An Problembereichen (korrosionsgefährdete oder besonders stark beanspruchte Zonen) werden Bewehrungsstäbe aus Edelstahl oder – neuerdings – glasfaserverstärkten Kunststoffen eingesetzt. Durch Einbringen gespannter Stahleinlagen kann die Festigkeit des Stahlbetons erhöht und das Bauen mit größeren Stützweiten mittels Spannbeton erreicht werden. Risse sind beim Stahlbeton unvermeidlich und, sofern sie in der Norm bleiben, kein Mangel; sie sind Folge des Tragverhaltens, wenn beispielsweise das Eigengewicht eines Bauteils den Bewehrungsstahl in den Zugzonen aktiviert.

STAHL UND GLAS Reiner Stahlbau, das heißt die Montage der tragenden Bauteile aus

BILD 4 Traditioneller Klinkerbau **BILD 5** Umgebindehaus aus der Lausitz

Stahl, ist bei Wohnimmobilien selten anzutreffen, häufiger indes beim Industrie- und Brückenbau. Bei Wohn- und Bürohäusern – namentlich bei Hochhäusern – findet man den Stahlskelettbau, der es erlaubt, Decken und Zwischenwände aus Fertigteilen einzufügen. Fassadenelemente bestehen häufig aus Glas – die gläserne Hochhausfassade wird nachgerade als Symbol moderner, aber auch oft als unpersönlich empfundener Architektur angesehen.

MISCHKONSTRUKTIONEN Oft wird man die eine oder die andere Bauweise nicht in ihrer reinen Form antreffen, schließlich kann niemand einen Bauherrn oder Architekten auf eine bestimmte Materialreinheit verpflichten. Landschaftlich typisch sind seit alters Mischformen wie das Lausitzer Umgebindehaus, das sowohl Elemente des Holzbaus und des Mauerwerkbaus als auch des Fachwerkbaus vereinigt.

Bauepochen

Oft kann man verschiedenen Bauepochen bestimmte Bauweisen und die bevorzugte Verwendung bestimmter Materialien zuordnen. Auch hierbei gibt es beträchtliche regionale Unterschiede, da die natürlichen Vorkommen an Baumaterial in Nord- und Süddeutschland sehr ungleich verteilt waren. Ohne an dieser Stelle eine vollständige Bau- und Stilgeschichte darstellen zu wollen, seien zur Orientierungshilfe einige Beispiele genannt.

MITTELALTER (ca. 500–1525) – Vorherrschend Mauerwerk (Ziegel oder Werkstein), teils in Verbindung mit Fachwerk; relativ wenige Zeugnisse im originalen Bauzustand erhalten.

RENAISSANCE (ca. 1500–1600) – Bevorzugt klare geometrische Grundrisse, Aufnahme antiker Formelemente wie Säule, Pilaster, Kapitell und Dreiecksgiebel; klar gegliederte Fassaden, überwiegend Mauerwerksbau mit teilweise reichen Ornamentierungen. In der Innenarchitektur teils schlichte, teils aufwendig gestaltete Holzarbeiten wie Wandtäfelungen und Kassettendecken.

BAROCK (ca. 1600–1770) – Überwiegend Mauerwerksbauten, gelegentlich in Verbindung mit aufwendigen Stuckarbeiten; planmäßige Stadterneuerung mit einheitlichen Traufhöhen und Fassadenordnungen.

KLASSIZISMUS und **HISTORISMUS** (ca. 1770–1900) – Wiederaufnahme klassischer Architekturformen, zum Beispiel durch Säulenordnungen und Dreiecksgiebel, beim Übergang zum Historismus oft scheinbar wahllose Vermischung unterschiedlicher historischer Stilelemente wie romanischer Rundbögen, spätgotischer Vorhangbogenfenster, pseudomittelalterlicher Türmchen und klassizistischer Giebel an ein

BILD 1 Barockbauten in der Dresdner Neustadt
BILD 2 Um 1900 wurden historische Stilvorbilder verwendet.
BILD 3 Saniert und wieder begehrt: Bergarbeitersiedlung aus dem frühen 20. Jahrhundert
BILD 4 Neue Sachlichkeit prägte den Stil in den Zwanzigerjahren.

und demselben Gebäude; palaisartige Villenarchitektur; neogotische Industriebauten, neobarocke Fassadengestaltung an Wohn- und Geschäftshäusern.

GRÜNDERZEIT und **JUGENDSTIL** (ca. 1870–1915) Bevorzugt Mauerwerk in Verbindung mit Holzkonstruktionen, Kellerwände oft aus Bruchsteinmauerwerk; stadtbildprägende Neubebauungen in großen und mittleren Städten; Villenarchitektur mit Rückgriffen auf den Formenvorrat des Historismus. Beim Übergang zum Jugendstil starker Gestaltungswille an reich ornamentierten Fassaden, aber auch in Treppenhäusern und bei Glasfenstern. Häuser der Baujahre bis 1920 weisen oft viele kunsthandwerkliche Details auf, was der damaligen Baugesinnung entsprach. Neben aufwendig gestalteten Villen und Stadtpalais trifft man aber auch viele einfache Gebäude an, wie Handwerker- und Bauernhäuser mit äußerst sparsamer Ausstattung. Als problematisch könnte sich bei Häusern aus dieser Zeit die oft mangelhafte Sensibilität für bauphysikalische Probleme darstellen: Wärmeisolation, Schallschutz und Kellerdichtung haben praktisch kaum Eingang in die Gebäude gefunden. Einfach verglaste Holzfenster sind allgemein verbreitet. Die Haustechnik – sollte sie überhaupt noch im ursprünglichen Zustand vorhanden sein – genügt heutigen Anforderungen nicht oder besitzt (wie manche alte Aufzüge in mehrstöckigen Gebäuden) Wert lediglich als Antiquität oder technisches Denkmal.

ZWANZIGER- und **DREISSIGERJAHRE** Oft Mischung zwischen Ziegelmauerwerk und Holzkonstruktion; wenig oder keine Schmuckelemente; Siedlungsbau; weite Verbreitung von Flachdächern, die nicht selten Probleme bereiten. Im Zuge des sozialen Wohnungsbaus entstanden Wohneinheiten mit kleineren und niedrigeren Räumen. Sie lassen die Großzügigkeit der Villenarchitektur der Zeit um 1900 vermissen, aber auch die Ärmlichkeit der Ausstattung einfachster Bauern- und Handwerkerhäuser. Werkbund und Bauhaus sorgten auf ihre Weise für handwerkliche Solidität bei gleichzeitiger Bezahlbarkeit für Mittelschichten. Betonfundamente und -kellerdecken sind hier anzutreffen.

FÜNFZIGERJAHRE Schlichte Bauweise mit typischen Stilelementen der Zeit; Konstruktionen aus Mauerwerk, Beton und Holz; Mauerwerk auch aus Bims und Ziegelsplitt; im Osten Deutschlands politisch motivierte Aufnahme historisierender Stilelemente (Berlin: Stalin-Allee, heute Karl-Marx-Allee; Dresden: Altmarkt; Rostock: Lange Straße). In der Wiederaufbauzeit wurden oft minderwertige Materialien verbaut. Bauphysikalische Aspekte spielten erst ansatzweise eine Rolle. Ende der Fünfzigerjahre wurde häufiger Beton ver-

BILD 3

BILD 4

wendet, auch beim Schallschutz und bei Heizungsanlagen wurde man sensibler.

SECHZIGERJAHRE Bevorzugung einfacher Bauweisen, meist mit wenigen oder keinerlei Zierelementen; Mauerwerk in Verbindung mit Betonkonstruktionen; im Mauerverband setzten sich Hohlblocksteine und Hochlochziegel durch. Das Flachdach und der Bungalow-Stil bestimmten den Zeittrend im Einfamilienhausbau im Westen Deutschlands. Wärmedämmung und Schallschutz erfuhren mehr Aufmerksamkeit, moderne Heizungsanlagen setzten sich durch, die Kohlefeuerung verschwand allmählich. Erste Kellerdrainagen wurden gelegt.

SIEBZIGERJAHRE Konstruktionen überwiegend in Stahlbetonbauweise ausgeführt, auch bei Einfamilienhäusern und dort bei Kellerwänden, Decken, Balkonen; im Osten Deutschlands Großtafelbauweise für den Massenwohnungsbau. Seit Mitte der Siebzigerjahre kamen verstärkt Gasheizungen auf, die Fernwärmeversorgung weitete sich aus. Die DDR wendete sich neben dem Massenwohnungsbau in Großtafelbauweise nachdrücklich dem Eigenheim- und Reihenhausbau zu, um die Eigeninitiative und die finanziellen Möglichkeiten der Bauherren für die Lösung des „Wohnungsbauprogramms" zu mobilisieren. Neben traditioneller Bauweise waren – ähnlich wie im Westen – in großem Umfang Fertighäuser und Haustypen aus Betonfertigteilen anzutreffen. Als problematisch können sich bei Bauten der Sechziger- und Siebzigerjahre der Einbau von asbesthaltigen Werkstoffen und von Dämmmaterialien aus Mineralwolle mit lungengängigen Faserstrukturen sowie die Verwendung von gesundheitsschädlichen Holzschutzmitteln erweisen.

ACHTZIGER- und **NEUNZIGERJAHRE** Mischbauweisen aus Stahlbeton, Stahl und Glas; neue Baustoffe setzten sich durch; Leichtmauerwerk wie Leichtziegel und Porenbeton. Architektonisch war die Zeit geprägt von der Postmoderne. Die Architekten und Bauherren wandten sich von den kubischen Bauten ab und bevorzugten wieder traditionelle Haustypen und Dachformen, gelegentlich mit historistischen Zitaten. Ende der Achtzigerjahre setzten gewannen Niedrigenergiebauweisen Oberwasser, und in den Neunzigerjahren wurde das sogenannte Passivhaus immer beliebter. In der DDR entstanden zwischen 1980 und 1989 circa 130 000 sogenannte Eigenheime und Reihenhäuser. Sie befanden sich nicht nur im privaten Eigentum der Bewohner, sondern unter Umständen auch im genossenschaftlichen oder staatlichen Eigentum. Sie folgten einer überschaubaren Anzahl von Bautypen.

2000 BIS HEUTE Glas, Stahl und Stahlbeton in Verbindung mit Mauerwerk, zunehmend

Berlin Kurfürstendamm/Ecke Leibnizstraße: eine der begehrtesten Lagen in der Berliner Innenstadt

hochwertige Dämmsysteme, Solarenergieelemente.

Diese Aufstellung der Gebäudearten und Bauepochen gibt nur einen sehr allgemeinen und grob schematisierten Überblick über die tatsächlichen Gebäudearten, auf die Sie stoßen können. In der gebauten Realität wird es oft Mischkonstruktionen geben. Und auch die verschiedenen Bauepochen können einander überlagern, wurde doch in der Regel bei ununterbrochener Nutzung der Gebäude immer wieder an- und umgebaut. Manches wurde vom Zahn der Zeit angefressen und musste erneuert werden, anderes fiel Kriegszerstörungen zum Opfer und wurde ganz oder teilweise neu aufgebaut.

FAZIT: Je älter ein Gebäude ist und je unübersichtlicher die verschiedenen Bauweisen und Baualter einander überlagern, desto schwieriger wird es für den Laien, die Beschaffenheit der Substanz ein- und den möglichen Sanierungs- oder Modernisierungsbedarf abzuschätzen.

Der Standort

Für die Beurteilung einer Immobilie gibt es bekanntlich drei Kriterien: erstens die Lage, zweitens die Lage und drittens die Lage. Dieses Bonmot wird sich kaum ein Makler verkneifen können, wenn er Ihnen den Preis für die Wohnung schmackhaft machen will. Wie das mit Allerweltsweisheiten oft so ist – sie haben einen unabweisbaren Wahrheitsgehalt. Denn die Immobilienpreise stehen mit der Lage der Immobilien (sonst vergleichbare Parameter vorausgesetzt) in einem sehr direkten Zusammenhang.

Wo befindet sich die Wohnung, die zum Ziel Ihrer Wünsche geworden ist? Haben Sie die Lage des Grundstücks bereits analysiert? Und wenn ja, nach welchen Kriterien?

Allgemeine Faktoren

Bevor Sie die Lage der Immobilie zu Ihren eigenen Bedürfnissen in Beziehung setzen, machen Sie sich einige der allgemeinen Einflussfaktoren bewusst, die den Wert einer Wohnlage entscheidend mitbestimmen können.

ÄUSSERE ERSCHEINUNG Das äußere Erscheinungsbild eines bebauten Grundstücks kann je nach Jahreszeit, Wetterlage und Tageszeit sehr unterschiedlich ausfallen. Maklerfotos werden ein Gebäude daher immer von seiner schönsten Seite, im Sommer, bei Sonnenlicht und am besten umgeben von blühenden Sträuchern oder wenigstens mit Blumenkästen geschmückt präsentieren. Auf dem Foto sehen die Straßen immer breiter und die Bäume immer grüner aus als in Wirklichkeit. Jahres- und Tageszeit beeinflussen zum Beispiel die mögliche Beschattung des Grundstückes, etwa durch hohen Baumbewuchs oder durch Nachbargebäude.

GEFÄHRDUNGEN Die Lage des Grundstücks kann Gefahrenpotenzial bergen. Dabei ist weniger an Chemiefabriken oder Atomkraftwerke in der Nachbarschaft gedacht. Vielmehr könnte die geografische Lage an Flussläufen möglicherweise Hochwassergefahr bedeuten. Aber auch die scheinbar sichere Lage in Innenstadtgebieten kann Ihnen feuchte Überraschungen bereiten, wenn die in Zukunft immer häufiger erwarteten Starkregen die städtische Kanalisation überfordern.

SIEDLUNGSUMFELD Das Siedlungsumfeld beeinflusst die Bewertung der Lage. Befindet sich das Grundstück in einer Großstadt, in einer Kleinstadt, im Dorf oder in einer ländlichen Region? Liegt es in einem Neubaugebiet oder in einem historisch gewachsenen Wohnviertel? Wie dicht ist das Viertel bebaut? Welche Infrastruktur können Sie in unmittelbarer Nähe nutzen? Können Sie sich ein Bild von der Sozialstruktur des Viertels machen?

ALTLASTEN Viele historische Industriegebäude wurden in den letzten Jahren zu Wohnanlagen umgebaut. In Berlin-Weißensee zum Beispiel wurde das denkmalgeschützte Gebäude einer ehemaligen Zuckerwarenfabrik in eine Wohnanlage umgebaut. Es lohnt sich auf jeden Fall, wenn Sie sich mit der Geschichte des Wohngebiets und des Grundstücks ein wenig näher befassen. Wenn in dieser Geschichte eine Umnutzung festgestellt wird, sollte man besonders aufmerksam sein. In der Berliner Zuckerwarenfabrik wurden auch zu DDR-Zeiten vom volkseigenen Betrieb (VEB) Pralina Süßwaren hergestellt. Ende der Neunzigerjahre baute man dort aber Eisenbahnsignalanlagen.

In Deutschland gibt es viele Regionen, die von der Industrialisierung zwischen 1880 und 1960 erfasst wurden. Nach dem Zweiten Weltkrieg ging der Flächenbedarf für Industrie und Gewerbe allmählich zurück und wurde überdies räumlich neu geordnet. Ganze Gewerbezweige verschwanden praktisch vollständig – darunter auch viele Betriebe, die mit umweltbelastenden Substanzen arbeiteten wie die zahlreichen Gerbereien in Idstein/Taunus. Viele aufgegebene Gewerbeflächen wurden anschließend – manchmal mit langem zeitlichen Abstand – als Bauland ausgewiesen, Wohnanlagen entstanden. Seit 1990 wird außerdem Militärgelände verstärkt wieder in zivile Nutzung genommen – ein Trend, der sich nach Aussetzung der Wehrpflicht und den nachfolgenden Standortschließungen sicher fortsetzen wird. Auch auf diesen Konversionsflächen sollte man sich mit der Frage der Altlasten nicht nur oberflächlich beschäftigen.

STÖRUNGEN Störfaktoren können die Wohnqualität beeinträchtigen: viel befahrene Durchgangsstraßen in der Nähe, Industriebetriebe und Gewerbehöfe, ein Flughafen, Baugeschehen in der Umgebung. Um Verdachtsmomente auszuschließen oder, anderenfalls, die Relevanz der Störfaktoren in Bezug auf Ihre Wohnbedürfnisse

festzustellen, empfiehlt sich ein Blick über die engere Umgebung hinaus und eine Besichtigung der Wohnanlage nicht nur am Sonntagvormittag.

Ihr persönliches Profil

Was nützt die schönste Wohnung, wenn sie sich an der falschen Stelle befindet? Doch was der falsche oder richtige Standort für Ihre Wohnung ist, können Sie nur in Bezug auf Ihre eigenen Bedürfnisse ermitteln. Es kommt also immer auf die aktuelle Lebenssituation und die eigene Lebensplanung an. Da kann ein Makler noch so oft sein Sprüchlein von der Lage wiederholen, wenn dem Standort der Wohnung Eigenschaften fehlen, die für Ihr Leben unabdingbar sind, wenn diese Eigenschaften K.o.-Kriterien sind, dann hat sie – für Sie – keine gute Lage.

Diese Standortfragen sind auch dann relevant, wenn Sie die Wohnung gerade geerbt haben oder schon einige Zeit besitzen. Erfüllt sie die Standortbedingungen, die zu Ihrer Lebensplanung passen? Wer sich beruflich oder familiär bedingt einen anderen Lebensmittelpunkt wählen muss, wird fast zwangsläufig auch über eine andere Immobilie nachdenken. Lohnen sich Investitionen für Sie, wenn Sie vielleicht schon daran denken, diesen Standort früher oder später zu verlassen? Bei dieser Frage stehen Immobilienerben, -käufer und -besitzer am gleichen Ausgangspunkt.

Was das Raumprogramm für die „inneren Werte" der Wohnung ist, das ist das Standortprofil für die Außenbeziehungen der Immobilie: das gegebene Instrument, um sich über die eigenen Anforderungen an den Standort, der Ihr Lebensmittelpunkt werden soll, ein möglichst klares Bild zu machen. Für das Standortprofil nutzen Sie die Methodik, welche die sogenannte Nutzwertanalyse zur Verfügung stellt. Dazu kann man eine einfache Tabelle zusammenstellen, bei der man auf der Y-Achse die unterschiedlichen Kriterien untereinander schreibt, während man auf der X-Achse die Möglichkeit hat, bestimmte Gewichtungen vorzunehmen.

Zur Illustration dieses Verfahrens sollen die folgenden Beispiele dienen. Als Fallbeispiele konstruieren wir die Wohnbedürfnisse einer jungen Familie, eines Paares der Altersgruppe 50+ und einer Familie, die sich das Wohnen in der Innenstadt als Lebensziel gesetzt hat.

Die unmittelbare Nähe von Flughäfen und Stadtautobahnen könnte sich als Standortproblem erweisen.

- Für jedes Kriterium kann je nach Vorhandensein und Beschaffenheit eine Punktzahl von 0 bis 10 vergeben werden.
- Kriterien der Wichtung A gehen mit dem Faktor 1,5 in die Bewertung ein, Kriterien der Wichtung B mit dem Faktor 1,0, Kriterien der Wichtung C mit dem Faktor 0,5 – D-Faktoren sind im gegebenen Zusammenhang so gering gewichtet, dass sie praktisch vernachlässigt werden können und in die Gesamtbewertung des Standorts keinen Eingang finden.

Fallbeispiel 1: Junge Familie

Eine junge Familie mit zwei Kindern hat bestimme Anforderungen an den Standort einer Wohnimmobilie. Bei der Suche nach einer geeigneten Wohnung sollten zunächst die K.o.-Kriterien definiert werden. Dazu könnte zum Beispiel die Anbindung an den öffentlichen Nahverkehr gehören, damit für die Kinder die Schule und für die Eltern der Arbeitsplatz auch ohne privates Kraftfahrzeug erreichbar ist. Wird der öffentliche Nahverkehr zum K.o.-Kriterium erhoben, heißt das: Eine unzureichende Anbindung an das öffentliche Verkehrsnetz führt zum Ausschluss der Immobilie aus dem Wettbewerb. Eine solche Entscheidung spart Ihnen zumindest viel Zeit bei der Untersuchung weiterer Standortfaktoren und bei der späteren Gebäudeanalyse. Auch die Abwesenheit einer geeigneten Schule für die Kinder könnte zu einem K.o.-Kriterium werden.

Vergeben Sie für die aufgeführten Kriterien Punkte nach Ihrer eigenen Einschätzung. Wenn Ihnen Kriterien in der Tabelle auf Seite 48 fehlen, die Ihnen wesentlich erscheinen, ergänzen Sie diese in der Tabelle. Wichtig ist nur, dass Sie an alle Standorte, die Sie sich anschauen, den gleichen Maßstab anlegen.

Multiplizieren Sie die vergebenen Punktzahlen dann mit dem jeweiligen Faktor, der die Gewichtung ausdrückt, und addieren Sie am Ende die Ergebnisse zu einer Gesamtbewertungszahl. So erhalten Sie, wenn Sie sich mehrere Objekte an verschiedenartigen Standorten anschauen, eine numerische Bewertung, welche von der augenblicklichen Stimmung oder der Sympathie, die bei der Besichtigung einer Wohnung das Urteil beeinflusst, abstrahiert.

Sollen Wohnen und Arbeiten unter einem Dach (oder jedenfalls in unmittelbarer Nähe) vereint werden, können unter Umständen Standortkonflikte auftreten. Einerseits könnten auch Objekte in Gewerbe- und Industriegebieten berücksichtigt werden; sie bieten gegenüber guten Wohnlagen sicher einen Preisvorteil, werden aber möglicherweise K.o.-Kriterien wie Nähe zu Schulen und Ähnliches nicht erfüllen. Andererseits können sich bei bestimmten Berufen Spitzenlagen für Büros als nötig erweisen; das Preisniveau dort könnte wiederum den Finanzrahmen für die verbundene Wohnimmobilie sprengen. Und schließlich: Wird der Standort, der jetzt für die Verbindung von Arbeiten und Wohnen ideal scheint, auch dann noch befriedigen, wenn Sie die Berufstätigkeit eines Tages aufgeben werden?

STANDORTPROFIL: JUNGE FAMILIE								
Wichtung	Punkte max.	Faktor	Kriterium	schlecht	neutral	gut	Punkte SOLL	Punkte IST
			Gesamtwertungszahl				**150**	
A	10	1,5	Umfeld Architektur				15	
A	10	1,5	Öffentlicher Verkehr				15	
A	10	1,5	Infrastruktur Versorgung				15	
A	10	1,5	Soziale Einrichtungen				15	
A	10	1,5	Schulen				15	
A	10	1,5	Arbeitsplatz				15	
B	10	1	Krankenhaus, Klinik				10	
B	10	1	Umfeld Landschaft				10	
B	10	1	Erschließung Verkehr, Straße				10	
B	10	1	Bäume, Pflanzen				10	
C	10	0,5	Umfeld Bewohner/Menschen				5	
C	10	0,5	Ausrichtung/Himmelsrichtung				5	
C	10	0,5	Aussichten/Einsichten				5	
C	10	0,5	Umfeld Geräusche				5	
D	10	0	Restaurant, Kneipe				0	

Fallbeispiel 2: Seniorenehepaar

Für ein Seniorenehepaar ergeben sich einige andere Anforderungen an den Standort einer Immobilie als für eine junge Familie. Das ist nicht überraschend. Unter den Kriterien mit der Wichtung A finden sich die Nähe der Schule und die Erreichbarkeit des Arbeitsplatzes verständlicherweise nicht. Hingegen spielen medizinische Einrichtungen und die Möglichkeiten der klinischen Versorgung im Alter naturgemäß eine stärkere Rolle. Das Fehlen solcher Einrichtungen könnte ein K.o.-Kriterium sein. Auch der öffentliche Nahverkehr könnte, wenn man das eigene Auto nicht mehr benutzen will oder kann, zu einem solchen Ausschlusskriterium bei der Immobilienauswahl werden.

STANDORTPROFIL: SENIOREN								
Wichtung	Punkte max.	Faktor	Kriterium	schlecht	neutral	gut	Punkte SOLL	Punkte IST
			Gesamtwertungszahl				**140**	
A	10	1,5	Umfeld Architektur				15	
A	10	1,5	Öffentlicher Verkehr				15	
A	10	1,5	Infrastruktur Versorgung				15	
A	10	1,5	Soziale Einrichtungen				15	
A	10	1,5	Krankenhaus, Klinik				15	
B	10	1	Umfeld Landschaft				10	
B	10	1	Umfeld Geräusche				10	
B	10	1	Erschließung Verkehr, Straße				10	
B	10	1	Bäume, Pflanzen				10	
B	10	1	Restaurant, Kneipe				10	
C	10	0,5	Umfeld Bewohner/Menschen				5	
C	10	0,5	Ausrichtung/Himmelsrichtung				5	
C	10	0,5	Aussichten/Einsichten				5	
D	10	0	Schulen				0	
D	10	0	Arbeitsplatz				0	

Fallbeispiel 3: Leben in der Innenstadt

Wer sich entschließt, das „Häuschen im Grünen" auf- und sich dem pulsierenden Leben der Großstadt hinzugeben, verzichtet damit bewusst auf bestimmte Annehmlichkeiten der ländlichen Ruhe, der Naturnähe und auf den Charme ländlich geprägter Siedlungsräume. Dafür sucht er großstädtische Infrastruktur, urbanes Lebensgefühl und das „Grundrauschen" eines städtischen Ballungszentrums. Womöglich nimmt er sogar eine Reihe störender Standortfaktoren billigend in Kauf. Das Kriterium „Infrastruktur, Versorgung" hat einen hohen Stellenwert, bedeutet es doch kurze Wege und Zeitersparnis im Alltag. Und das Kriterium „Erschließung, Verkehr, Straße" prägen im

STANDORTPROFIL: URBANITÄT

Wichtung	Punkte max.	Faktor	Kriterium	schlecht	neutral	gut	Punkte SOLL	Punkte IST
			Gesamtwertungszahl				**140**	
A	10	1,5	Infrastruktur Versorgung				15	
A	10	1,5	Erschließung Verkehr, Straße				15	
A	10	1,5	Öffentlicher Verkehr				15	
A	10	1,5	Umfeld Bewohner/Menschen				15	
A	10	1,5	Umfeld Architektur				15	
B	10	1	Arbeitsplatz				10	
B	10	1	Soziale/kulturelle Einrichtungen				10	
B	10	1	Schulen				10	
B	10	1	Umfeld Geräusche				10	
B	10	1	Restaurant, Kneipe				10	
C	10	0,5	Krankenhaus, Klinik				5	
C	10	0,5	Aussichten/Einsichten				5	
C	10	0,5	Ausrichtung/Himmelsrichtung				5	
D	10	0	Bäume, Pflanzen				0	
D	10	0	Umfeld Landschaft				0	

Zentrum der Großstadt andere Aspekte als am Stadtrand oder in einer ländlichen Siedlung: Gibt es Parkraum in der Nähe, oder muss ich jeden Abend eine halbe Stunde nach einem – am Ende halblegalen – Parkplatz suchen? Muss ich überhaupt immer das Auto benutzen, oder sind ausreichend Fahrradwege vorhanden? Dabei wird auch dem Kriterium Öffentlicher Verkehr eine höhere Bedeutung zugemessen als beim Leben auf dem Land.

Das landschaftliche Umfeld, die Abwesenheit von Bäumen und Pflanzungen werden zu D-Kriterien. Aussichten und Einsichten und die Ausrichtung können zwar die Qualität einer Stadtwohnung mitbestimmen, fallen aber in der Gewichtung hinter anderen Faktoren zurück, die den Wunsch, in einem urbanen Umfeld zu leben, wesentlich stärker determinieren. Die Geräuschkulisse in einer Großstadt wird nie den niedrigen Pegel ländlicher Idylle erreichen; ein wichtiges Standortkriterium ist das dennoch. Das Kriterium „Öffentlicher Verkehr" könnte zu einem K.o.-Kriterium werden.

In die Zukunft denken

Es ist schwer, die Zukunft vorwegzunehmen, aber man sollte es wenigstens versuchen, schließlich ist die Investition in eine Wohnung keine Kleinigkeit. Wer an einen Wohnungskauf denkt, muss seinen eigenen Zeithorizont abschätzen. Und wenn eine Familie in eine Wohnung einzieht, müssen sehr unterschiedliche Standortanforderungen unter einen Hut gebracht werden. Sind mehrere Personen betroffen, muss man die ureigenen Interessen aller gegeneinander abwägen.

Wie werden sich die Wohnungseigentümer fühlen, wenn ihre Kinder erwachsen sind und sich zum Studium oder zur Arbeit in alle vier Himmelsrichtungen zerstreut haben? Welche Anforderungen an Barrierefreiheit müssten erfüllt sein, wenn die Eigentümer das Seniorenalter erreichen? Ist das Leben in der Großstadt dann immer noch die bessere Option, oder würde man dann eher ländliche Ruhe bevorzugen? Haben Sie umgekehrt die Entscheidung, in die Stadt zu ziehen, vielleicht in Ihren „besten Jahren" schon im Hinblick auf den kommenden Ruhestand getroffen? Wenn Sie aus beruflichen Gründen in die Stadt gezogen sind, fragen Sie sich: Bietet der Standort selbst dann noch die Vorteile, wenn Sie Ihre berufliche Laufbahn beendet haben?

ZEITLICHE PERSPEKTIVE

Standortentscheidungen haben immer eine zeitliche Perspektive. Der Standort – wie schon der Begriff sagt – bleibt, aber die persönlichen Anforderungen an ihn ändern sich mit der Zeit. Legen Sie daher für Ihr persönliches Standortprofil auch einen Zeitrahmen fest. Konsultieren Sie am besten so zeitig wie möglich einen Architekten, der Ihnen sagen kann, ob und wie Ihre Traumwohnung mit Ihnen mitwachsen kann. Wie können Sie unter den Beschränkungen, denen Sie als Wohnungseigentümer unterworfen sind, das Optimale aus einem Grundriss herausholen? Und wie kompensieren Sie künftige Standortnachteile, in die sich die heutigen Standortvorteile in 30 Jahren vielleicht verwandelt haben werden?

Kassensturz

Kennen Sie Ihre finanziellen Möglichkeiten?

Die Frage ist nicht so banal, wie sie anmutet, denn die meisten Menschen verwalten ihr eigenes Geld oder ihr Familienbudget nicht nach strengen betriebswirtschaftlichen Maßgaben, sondern eher nach Augenmaß. Mancher hat bessere Augen, mancher schlechtere. Fragt man einmal willkürlich ausgewählte Probanden nach der Höhe ihrer Ausgaben für ihre Lebenshaltung, wird man meist Angaben erhalten, die von den tatsächlichen Lebenshaltungskosten mehr oder weniger stark abweichen. Nicht einmal von ihren monatlich wiederkehrenden fixen Ausgaben – etwa für Versicherungen, Ratenkredite, Beiträge – haben die meisten Menschen ein exaktes Bild. Da wird hier und dort einmal im Jahr etwas abgebucht, vielleicht 98 Euro für die Internationale Flugambulanz oder der Mitgliedsbeitrag für einen Förderverein, von dem man längst schon nicht mehr genau weiß, was man mit ihm eigentlich fördert.

Im Alltag ist das eine lässliche Leichtfertigkeit, die in der Regel folgenlos bleibt, solange man nicht allzu tief in den Dispo hineinrutscht. Hingegen kann eine solche Leichtfertigkeit in einer kompletten finanziellen Katastrophe enden, wenn man sich im Rahmen einer großen Immobilieninvestition blauäugig verhält. Zumindest einen groben Überblick sollten Sie sich schon im ersten Schritt zur gebrauchten Wohnung verschaffen, nämlich in der Phase des Bauherrenprofils.

- Über welche Eigenmittel verfügen Sie, und wie sind sie derzeit angelegt?
- Welche zusätzlichen Eigenmittel oder eigenkapitalähnlichen Mittel (wie beispielsweise Verwandtendarlehen) können Sie einsetzen?
- Welche Eigenleistungen, die den Bedarf an Fremdkapital mindern, trauen Sie sich zu?
- Wie hoch ist Ihre Belastungsquote, das heißt die positive Differenz zwischen Einkommen und laufenden Ausgaben?
- Welche zusätzlichen finanziellen Belastungen (etwa durch Ausbildung der Kinder) können Sie bereits absehen?

Der erste Überblick ist zwar noch lange kein Finanzierungskonzept, aber er kann Ihnen wenigstens etwas über die Größenordnungen sagen, in denen Sie disponieren können. Wer 50 000 Euro Eigenkapital aufbringt, wird es schwer haben, ein Objekt für 5 Millionen Euro zu finanzieren. Umgekehrt könnte sich aber auch herausstellen, dass Ihre Spielräume und Reserven größer sind, als Sie ursprünglich annahmen, Sie gar nicht allzu bescheiden sein müssen, wenn es darum geht, Ihre Wohnträume wahr werden zu lassen.

Wie viel Zeit haben Sie?

Vom ersten Moment an, da Sie erkennen lassen, dass Sie eine Bestandsimmobilie in Form einer Wohnung erwerben wollen, wird man versuchen, Sie unter Zeitdruck zu setzen: Der Makler wird Sie drängen, möglichst schnell abzuschließen, weil er ein derart passendes und günstiges Angebot so bald angeblich nicht wieder hereinbekommt. Die Hausbank wird Ihnen ein Kreditangebot machen und nicht versäumen darauf hinzuweisen, dass die angebotenen Konditionen nur wenige Wochen garantiert werden können. Die Bausparkasse – so Sie einen Bausparvertrag haben – wird Ihnen eine Zwischenfinanzierung bis zur Zuteilungsreife Ihres Bauspar-

vertrags anbieten. Und wenn Sie bei Ihrem Lebensversicherer nachfragen, wie Sie Ihren Vertrag eventuell für eine Immobilienfinanzierung einsetzen können, wird auch der Sie mit fürsorglicher Freundlichkeit überschütten und vielleicht mit einem Wunschterminplan zur Eile mahnen. Und schließlich werden Sie sich selbst unter Druck setzen, wollen Sie doch möglichst bald die Miete Ihrer bisherigen Wohnung sparen, weil Sie glauben, das Geld sinnvoller für die Finanzierung der eigenen vier Wände einsetzen zu können.

So verständlich diese von allen Seiten vorgelegte Betriebsamkeit auch ist, lassen Sie sich nicht unter Termindruck setzen! Und setzen Sie sich nicht selbst unter Druck. Vor allem: Lassen Sie sich nicht vorab zu finanziellen Leistungen drängen, bevor Sie einen genauen Überblick über den Zustand des Hauses, in dem sich Ihre Wohnung befindet, über den Zustand der Wohnung selbst und über die möglichen Sanierungs-, Renovierungs- oder Modernisierungskosten haben.

Und nicht zuletzt müssen Sie Ihren eigenen finanziellen Status im Blick haben. Halten Sie sich so eng wie möglich an die Schrittfolge, die Ihnen dieses Buch vorschlägt. Halten Sie sich an die eiserne Regel: Keinen Cent bezahlen, bevor Sie nicht Schritt 4 (Gebäudediagnose) erfolgreich gegangen sind!

KEINE VOLLMACHT GEBEN

Manche Makler überraschen Ihre Kunden damit, dass sie bereits mit dem Entwurf eines Kaufvertrags, den der Notar ausgefertigt hat, und einem Notartermin winken, bevor sich der Kunde überhaupt zum Kauf entschlossen hat. Und manche Kunden fühlen sich dann zum Kauf gedrängt, weil sie annehmen, sie müssten die Notarkosten bezahlen, auch wenn der Vertrag nicht zustande kommt. Richtig ist, dass ein Notar auch für einen Entwurf, den er anfertigt, eine Vergütung verlangen darf. Damit nicht Sie als Kunde diese Vergütung bezahlen müssen, vermeiden Sie alles, was nach einer Vollmacht oder einer Beauftragung aussieht. Lassen Sie sich nicht verlocken, „den Vertrag schon mal in Ruhe zu lesen“. Geben Sie weder dem Notar einen entsprechenden Auftrag noch dem Makler eine Vollmacht, in Ihrem Namen einen Entwurf zu beauftragen.

Realistische Umzugsplanung

Welchen Zeitplan Sie konkret aufstellen, hängt nicht zuletzt von der eigenen Lebensplanung und einer Reihe äußerer Umstände ab. Nicht immer bestimmen ausschließlich Sie selbst die Zeitabläufe. Es gibt ein ganzes Netz von Abhängigkeiten, in dem Sie sich bewegen – das ist nicht unbedingt negativ, ein solches Netz bietet auch Sicherheit, zum Beispiel durch festgelegte

Vertragslaufzeiten und Kündigungsfristen. Auch Ihre Finanzplanung kann von unterschiedlichen Zeitabläufen geprägt werden. Denn unter Umständen liegen Vermögenswerte für Ihr potenzielles Eigenkapital in Anlageformen fest, die Sie nicht sofort auflösen können oder wollen, um mögliche finanzielle Verluste zu vermeiden.

Ebenso beeinflussen Ihre familiäre Situation und Ihre Arbeitsverhältnisse die Zeitplanung. Sind Einschulungstermine zu berücksichtigen? Nötigt eine Scheidung Sie zum Umzug? Müssen Sie zu einem bestimmten Zeitpunkt eine neue Arbeit antreten?

All diese Einflussfaktoren bedeuten nicht, dass Sie sich äußeren Zwängen unbedingt beugen müssen. Sie müssen Sie nur kennen und in Ihrer Planung berücksichtigen, um gegebenenfalls Lösungen bei Terminkonflikten zu finden. Zum Bauherrenprofil gehört also auch ein realistischer Zeitplan, der Ihnen die Möglichkeit gibt, Unwägbarkeiten des Umbaugeschehens – und sogar eigentlich für unmöglich Gehaltenes – notfalls noch abpuffern zu können.

SCHRITT 2: VERMÖGENSANALYSE

Von Ihrer Wohnung wünschen Sie sich, dass die Bausubstanz in Ordnung ist, dass die Statik stimmt und dass Sie Ihnen, solange Sie darin wohnen, ein sicheres Heim bietet. Genau den gleichen Ansprüchen muss auch Ihre Finanzierung genügen. Sie muss tragfähig sein, aus den richtigen Bauelementen bestehen und sich für einen langen Zeitraum als sicher erweisen. Grundlage für einen soliden Finanzaufbau muss daher eine präzise Analyse Ihrer finanziellen Möglichkeiten sein.

Wer sich mit dem Gedanken trägt, eine Immobilie zu erwerben, sollte sich möglichst früh darüber klar werden, in welchem finanziellen Rahmen er sich bewegen will oder überhaupt bewegen kann. Um rein spekulative Planungen auszuschließen, müssen drei Grundfragen beantwortet werden:

- Was wird benötigt? Um diese Frage zu beantworten, wurde das Raumprogramm entworfen (siehe Seite 37).
- Wie kann man die Lage beurteilen und welche Lage wird gewünscht? Um diese Frage zu klären, wurde eine qualifizierte Standortanalyse vorgenommen (siehe Seiten 44 bis 46).

BILD 1 Ist die Wohnung zum Antrittstermin bei Ihrer neuen Arbeitsstelle noch nicht einzugsbereit? Dann kommt vielleicht erst einmal ein provisorischer Umzug mit leichtem Gepäck als Zwischenlösung infrage.

- Was darf die Wohnung kosten? Um dieser Frage auf den Grund zu kommen, muss jetzt eine Vermögensanalyse folgen.

Strategische Analyse

Eine Vermögensanalyse ist mehr als nur eine Momentaufnahme Ihrer augenblicklichen finanziellen Situation. Sie muss vielmehr eine strategische Orientierung geben. Wichtig zu wissen ist also:

- Wie viel Geld können Sie momentan flüssig machen?
- Welche Reserven lassen sich aktivieren?
- Werden Sie voraussichtlich mittel- oder langfristig Vermögenszuwächse erzielen?
- Welche weiteren – gegebenenfalls alternativen – Finanzierungsquellen können Ihnen erschlossen werden?

Da in vielen Fällen das Eigenkapital, das ein Bauherr aufbringen kann, für den Kauf einer Wohnung nicht ausreicht, muss ein beträchtlicher Teil des Kaufpreises regelmäßig fremdfinanziert werden. In diesem Zusammenhang steht Ihre finanzielle Belastbarkeit auf dem Prüfstand.

Wenn Sie kein Finanz- und Baufachmann sind, werden Sie auf viele Unsicherheiten stoßen. Beispielsweise ist es fast unmöglich, den Sanierungs-, Renovierungs- oder Umbaubedarf „freihändig" abzuschätzen. Hier kann der erste Augenschein bei einer Besichtigung allenfalls Anhaltspunkte geben. Wenn zum Beispiel an der Fassade der Putz bereits großflächig fehlt, können Sie mit ziemlicher Sicherheit davon ausgehen, dass in näherer Zeit eine Fassadensanierung ansteht. Und nach geltender Rechtslage müssen Fassadensanierungen, wenn sie mehr als 10 Prozent eines Bauteils betreffen, nach den Vorschriften der Energieeinsparverordnung vorgenommen werden. Als Miteigentümer werden Sie dann ebenfalls finanziell belastet. Umgekehrt aber: Wenn die Eindeckung des Daches dem Augenschein nach intakt ist, heißt das noch lange nicht, dass die Dachsteine tatsächlich weiterhin jedem Wetter standhalten werden. Ein Dach aus gebrannten Dachpfannen hält bis zu 80 Jahre. Flachdächer sind weniger dauerhaft und können noch größere Probleme bereiten. Wenn es in den zurückliegenden 50 Jahren keine Neueindeckung gegeben hat, muss der Wohnungskäufer damit rechnen, dass Reparaturen am Dach vorgenommen werden müssen und vielleicht sogar eine komplette Neueindeckung ansteht. Welche Lebensdauern man bei bestimmten Bauteilen durchschnittlich veranschlagt, finden Sie in der Übersicht auf Seite 104/105.

Diese Maßnahmen betreffen auch den einzelnen Wohnungseigentümer als Miteigentümer des Gemeinschaftseigentums. Zur ordnungsgemäßen Verwaltung des Wohneigentums gehört laut Gesetz auch die Bildung einer angemessenen Instandhaltungsrücklage. Der von der Wohnungseigentümergemeinschaft beauftragte Verwalter oder der Verwaltungsbeirat der Eigentümer muss über die Instandhaltungsrücklage auskunftsfähig sein.

IST DIE INSTANDHALTUNGS-RÜCKLAGE ANGEMESSEN?

Ob eine Instandhaltungsrücklage angemessen ist, kann nach verschiedenen Methoden berechnet werden. Der Fachverband für Wohnungseigentumsverwalter hält 0,8 bis 1 Prozent des Kaufpreises zum Zeitpunkt der Fertigstellung als jährliche Rücklage für angemessen. Die Instandhaltungsrücklage soll für die Instandhaltung und Instandsetzung am Gemeinschaftseigentum finanziell vorsorgen. Erfahrungsgemäß entfallen darauf 70 Prozent der Kosten. Für die übrigen 30 Prozent, die für vergleichbare Maßnahmen am Sondereigentum anfallen, muss der Eigentümer selbst vorsorgen. Die Instandhaltungsrücklage ist Verwaltungsvermögen. Sie wird dem Verkäufer beim Verkauf des Wohneigentums nicht ausgezahlt. Indes kann der Anteil der Instandhaltungsrücklage, der auf die Wohneinheit und den entsprechenden Miteigentumsanteil entfällt, in den Kaufpreis einfließen: allerdings nur in der tatsächlich vorhandenen Höhe (Einzahlungen minus Entnahmen). Der Experte muss prüfen, ob die Risiken eines eventuellen Sanierungsstaus die Rücklagen übersteigen.

Der Finanzbedarf

Die ersten drei Schritte auf dem Weg zur eigenen Wohnung stehen in einem sehr engen Verhältnis zueinander. War es bei Schritt 1, dem Bauherrenprofil, noch relativ leicht möglich, die eigenen Bedürfnisse, Wünsche und Vorstellungen zu präzisieren, wird es bei der Finanzanalyse schon schwieriger. Hier gibt es nämlich einen besonders unwägbaren Posten – und das sind die Sanierungs-, Renovierungs- und Modernisierungskosten. An diesem Punkt ist es wirklich empfehlenswert, einen unabhängigen Experten hinzuzuziehen, denn hier können grobe Schätzungen ernsthaft ins Auge gehen. Der Makler wird dieser unabhängige Experte in der Regel nicht sein, denn sein ureigenes Interesse ist es, den Verkauf der Immobilie zu vermitteln. Die finanzierende Bank kann auch nicht unbedingt als neutrale Instanz angesehen werden, schließlich will sie an dem Darlehensvertrag verdienen, den sie Ihnen anbietet – und den Sie natürlich nur abschließen, wenn Sie die Immobilie auch kaufen. Der Einzige, der unabhängig von Ihrer Kaufentscheidung honoriert wird, ist ein Bausachverständiger, also ein Architekt oder Bauingenieur, der Ihren Immobilienerwerb vom frühestmöglichen Zeitpunkt an als „Hausarzt" begleiten sollte.

Verschaffen Sie sich zunächst einen Überblick über den Kaufpreis und die Kaufnebenkosten. Die nachfolgende Checkliste enthält bereits eine Beispielrechnung; in die offenen Felder der rechten Spalte können Sie die Werte eintragen, die auf Ihr Wohneigentum zutreffen. Als Beispiel dient hier ein hypothetisches Objekt, eine Etagenwohnung in einer niedersächsischen Großstadt, in der ersten Etage einer Stadtvilla, Baujahr 1900: mit gehobener bis luxuriöser Ausstattung, in ruhiger Wohnlage eines zentrumsnah gelegenen,

AUFSTELLUNG DES FINANZBEDARFS

A Kosten für den Wohnungskauf			
	Kaufpreis	440 000 Euro	
	Grunderwerbssteuer	19 800 Euro	
	Maklercourtage	26 180 Euro	
	Notarkosten für Kauf	2 365 Euro	
	Grundbuchgebühren für Eigentumsübertragung	1 320 Euro	
	Kosten für Sanierung, Renovierung, Modernisierung	20 000 Euro	
Zwischensumme A			**509 665 Euro**
B Kosten der Finanzierung			
	Notargebühren für Sicherheitenbestellung	1 020 Euro	
	Grundbuchgebühren für Sicherheitenbestellung	480 Euro	
	Schätzkosten	800 Euro	
Zwischensumme B			**2 300 Euro**
C Sonstige Kosten			
	Gutachten	4 000 Euro	
	Zusätzliche Anschaffungen	20 000 Euro	
	Umzugskosten	4 000 Euro	
	Beiträge zur Berufsgenossenschaft	400 Euro	
	Sonstiges	600 Euro	
Zwischensumme C			**29 000 Euro**
Gesamtkosten			**540 965 Euro**

urbanen Wohngebiets mit hervorragender Verkehrsanbindung, 132 Quadratmeter Wohnfläche zuzüglich 16 Quadratmeter Nutzfläche. Die Wohneinheit ist frisch renoviert. Der Kaufpreis beträgt 440 000 Euro, ohne Kaufnebenkosten. Für die Beispielrechnung wurde davon ausgegangen, dass 300 000 Euro des Gesamtpreises fremdfinanziert werden müssen.

In der Checkliste Gesamtkosten sind die Kosten näherungsweise erfasst, die beim Kauf unmittelbar anfallen und die berücksichtigt werden müssen, damit Sie die Wohnung bestimmungsgemäß nutzen können – also die Kosten für das Wohnungseigentum selbst. Nicht erfasst sind hier die laufenden Zinszahlungen für Fremdkapital, das Sie aufnehmen – also die Kosten für das Geld. Neben dem eigentlichen Kaufpreis für das Wohneigentum fallen aber in erheblichem Maß Kaufnebenkosten an. Das Bundesamt für Bauwesen und Raumordnung hat festgestellt, dass wir Deutschen höhere Kaufnebenkosten zu zahlen haben als die meisten unserer europäischen Nachbarn. Bis zu 12,4 Prozent, in den Ländern mit den höchsten Steuersätzen und Courtagen sogar bis zu 13,4 Prozent über den eigentlichen Kaufpreis hinaus müssen Immobilienkäufer für den Traum von den eigenen vier Wänden aufbringen.

Auf den Erwerb dieser Immobile fällt zunächst Grunderwerbssteuer an. Das ist eine Rechtsverkehrssteuer, die den Bundesländern zufließt. Sie ist bundeseinheitlich auf 3,5 Prozent festgesetzt. Jedoch haben die Bundesländer seit 2006 das Recht, die Grunderwerbssteuer nach eigenem Ermessen festzusetzen, um ihren Finanzbedarf zu decken. Die Mehrzahl der Länder hat bereits davon Gebrauch gemacht und die Steuer zum Teil kräftig erhöht. Sie beträgt im Saarland 4 Prozent, in Berlin, Bremen, Hamburg, Niedersachsen und Sachsen-Anhalt 4,5 Prozent, in Baden-Württemberg, Brandenburg, Nordrhein-Westfalen, Rheinland-Pfalz (ab 1.3.2012), Schleswig Holstein (ab 1.1.2012) und in Thüringen 5 Prozent. Mit weiteren Änderungen muss in Zukunft gerechnet werden.

KAUFPREIS ANALYSIEREN

Beim Kauf einer gebrauchten Immobilie lohnt es sich, den Kaufpreis des Gesamtobjekts genauer zu analysieren und alle Bestandteile herauszurechnen, die dem Gesetz nach nicht zum Grundstück selbst gehören. Das betrifft sowohl materielle Werte, wie verschiedene vom Gesetz als Zubehör definierte Gegenstände, als auch Vermögenswerte, wie beispielsweise eine Instandhaltungsrücklage, die vom Vorbesitzer der Wohnung gebildet worden ist und vom Käufer abgelöst wird. Die herausgerechneten Zubehörteile sollten zusammengenommen 15 Prozent des Gebäude- beziehungsweise Wohnungswerts nicht überschreiten. Gegebenenfalls wird das Finanzamt Kaufbelege für diese Gegenstände sehen wollen. Zubehör und Ablösung von Rücklagen müssen im Kaufvertrag separat aufgeführt werden.

BEISPIEL FÜR DIE SPLITTUNG DES KAUFPREISES		
Gesamtkaufpreis		**440 000 Euro**
Abzüglich:		
Einbauküche	22 000 Euro	
Markisen	2 000 Euro	
Zubehör Hobbykeller	1 200 Euro	
Einbaukamin	4 000 Euro	
Instandhaltungsrücklage	24 800 Euro	
Summe Zubehör		**54 000 Euro**
Nettokaufpreis = Bemessungsgrundlage für Grunderwerbssteuer		**386 000 Euro**
Ersparnis bei 4,5 % Grunderwerbssteuer	**2 430 Euro**	

Wurde beim Kauf ein **Makler** eingeschaltet, fällt für dessen Dienstleistung eine Gebühr, die sogenannte **Courtage**, an. Sie ist in den einzelnen Bundesländern unterschiedlich hoch und reicht von 4,57 Prozent in Rheinland-Pfalz bis zu einem Spitzenwert von 7,14 Prozent in Berlin. In Bayern und Baden-Württemberg ist es üblich, dass sich Käufer und Verkäufer die Maklergebühr teilen. Ferner fallen für die Beurkundung und die Kaufabwicklung **Notarkosten** an. Auch das **Grundbuchamt** wird für die Eintragung des Eigentumsübergangs Gebühren erheben.

Einen weiteren Kostenblock bilden die **Finanzierungskosten**. Das sind aber noch immer nicht die Kosten für das Geld, die Sie für die Aufnahme von Fremdkapital zu zahlen haben, sondern die Kosten für die Vorbereitung und Absicherung der Kreditaufnahme, auf denen die Kreditinstitute praktisch ausnahmslos bestehen. Diese Ausgaben fallen für die Bestellung einer Grundschuld und deren Eintragung ins Grundbuch an. Derlei Finanzierungskosten beziehen sich lediglich auf das Fremdkapital, das Sie aufnehmen, nicht auf den Objektwert. Gelegentlich lassen sich Baufinanzierer auch die Kosten für die Berechnung und Überprüfung des Objektwerts von ihren Kunden erstatten. Obwohl dieser Vorgang nur ihrer eigenen Sicherheit dient und dem Bankkunden damit keine Leistung erbracht wird, sind Schätzkosten immer noch üblich, wenn auch immer mehr Finanzinstitute inzwischen darauf verzichten.

Den größten Unsicherheitsfaktor stellen in der Kostenaufstellung die Sanierungs-, Modernisierungs- und Renovierungskosten dar. In der Musterrechnung sind sie gering angesetzt worden, weil die Beispielwohnung frisch renoviert übergeben wird. Zumindest was das Sondereigentum betrifft, dürften die Kosten in so einem Fall überschaubar bleiben. Wenn sich in einer frisch erworbenen gebrauchten Wohnung aber mehrere große „Baustellen" gleichzeitig auftun – klassische Regelfälle sind die Erneuerung der Sanitärtechnik, der Einbau neuer Fenster (sofern davon nicht Gemeinschaftseigentum berührt ist), Einbau einer Küche, Einbau und Inbetriebnahme eines Kamins, Dämmungsmaßnahmen innen (das heißt im Sondereigentum selbst) –, kann dieser Kostenfaktor sehr schnell außer Kontrolle geraten.

Der dritte Kostenblock sind die sogenannten sonstigen Kosten, die leider zu oft vergessen werden, die aber die Eigenschaft haben, alsbald nachdrücklich auf sich aufmerksam zu machen. Denken Sie also besser von vornherein daran, dass auch der Umzug in das neue Heim etwas kostet, dass eventuell neue Möbel und Einrichtungsgegenstände erforderlich sind, unter Umständen eine neue Küche eingebaut werden muss. Sollten Sie Ihre Modernisierungs- und Umbaumaßnahmen in Eigenleistung und mit der Hilfe von Freunden und Bekannten machen, beachten Sie bitte, dass Sie die freiwilligen Helfer auf Ihrer Baustelle der Berufsgenossenschaft melden müssen, die Träger der Unfallversicherung für Ihre Baustelle ist. Ihre Helfer sind zwar per Gesetz automatisch unfallversichert, aber Sie müssen die Beiträge – etwa 1,50 bis 2 Euro pro geleistete Arbeitsstunde – unbedingt zahlen.

Unter Sonstiges fallen auch die Kosten für Gutachten – hierunter könnte man aber auch die Zahlungen für Leistungen von Architekten oder Bauingenieuren subsumieren, für das Einholen von Baugenehmigungen, für die Überprüfung der Baustatik. Lassen Sie nicht nur das Sondereigentum begutachten, sondern auch das Gemeinschaftseigentum. Schließlich sollen (und müssen) Sie ja als Miteigentümer in die Wohnungseigentümergemeinschaft eintreten und haften auch finanziell für alle Sanierungsfälle, die am Gemeinschaftseigentum auftreten sollten. Die Gutachterkosten sind in der Beispielrechnung hier vergleichsweise niedrig angesetzt, können aber auch wesentlich höher ausfallen. Es ist die wahrscheinlich schlechteste Idee, wenn Sie ausgerechnet in diesem Kostensegment Geld sparen wollen. Haben Sie schon einmal versucht, Zeit zu sparen, indem Sie die Uhr anhalten? Wenn Sie die Hälfte der hier veranschlagten Gutachterkosten sparen – und das ist sicher möglich –, gewinnen Sie weniger als 0,5 Prozent bezogen auf die Objektkosten. Dafür gehen Sie das Risiko ein, ein paar Jahre später mit vielfach höheren Sanierungskosten konfrontiert zu werden, die Ihr Budget sprengen und möglicherweise Ihre gesamte Finanzplanung über den Haufen werfen. Wollen Sie das?

Und selbst wenn Sie 4000 Euro für die Erkenntnis ausgeben, dass Sie von dieser Wohnung in diesem Haus besser die Finger lassen, haben Sie immer noch den Gewinn davon, dass Sie nicht mehr als eine halbe Million Euro in das falsche Objekt investiert haben.

Als Mieter hat man in der Regel eine Haftpflichtversicherung und eine Hausratversicherung – oft in einem verbundenen Vertrag. Das deckt die Haftpflichtrisiken und die gewöhnlichen Schadensfälle am Hausrat hinreichend. Die Gebäudeversicherung schließt man als Mieter nicht selbst ab, sie ist Sache des Eigentümers. Mieter finden sie gewöhnlich nur als Posten in der Neben- und Betriebskostenabrechnung. Als Miteigentümer wird nun auch die Wohngebäudeversicherung und Hausbesitzerhaftpflichtversicherung in Ihrer Abrechnung auftauchen; die Prämien sind anteilig von der Wohnungseigentümergemeinschaft zu tragen. Die Tarifunterschiede sind, bei sonst gleichen Voraussetzungen, bei den einzelnen Versicherern erheblich. Informieren Sie sich daher bei der Verwaltung der Wohnung über die Konditionen. Für die Hausratversicherung, die ausschließlich für das Sondereigentum gilt, muss der einzelne Eigentümer natürlich weiterhin selbst zahlen.

VERSICHERUNGSKONDITIONEN IM VERGLEICH

Die Stiftung Warentest untersucht und vergleicht regelmäßig Versicherungsgesellschaften. Auch über die günstigsten und für Sie zweckmäßigen Angebote für eine Wohngebäudeversicherung können Sie sich auf der Seite www.test.de/themen/versicherung-vorsorge/test in der Rubrik „Themenpaket Gebäudeversicherungen" einen Überblick verschaffen.

Konstruktionselemente der Finanzierung

Ist der Finanzbedarf für den Hauskauf erst einmal ermittelt, muss eine stimmige Finanzierung konstruiert werden. Bevor Sie ans Rechnen und Konstruieren gehen, vergewissern Sie sich am besten, welche Partner Sie schon haben und welche Partner Sie noch brauchen. Mit dieser Bestandsaufnahme ist noch nicht geklärt, ob Sie die Kontakte zu Finanzinstituten, die Sie bereits haben, für Ihre Finanzierung überhaupt benötigen, oder ob es für Ihren Fall die richtigen Kontakte sind. Zu Anfang ist es immer nützlich, jeden potenziellen Finanzierungspartner in Betracht zu ziehen.

Die Stiftung Warentest nimmt regelmäßig Finanzdienstleister und Finanzprodukte unter die Lupe. Die Zeitschrift Finanztest gibt Ihnen regelmäßig einen Gesamtüberblick; in jeder Ausgabe finden Sie eine Rubrik „Bauen und Wohnen", und in den Themenheften können Sie für Ihren Finanzbedarf gezielt nach den günstigsten Produkten und den verbraucherfreund-

FINANZIERUNGSPARTNER				
	Nein	Noch nicht	Ja	Bemerkungen
Steuerberater				
Finanzberater der Hausbank				
Berater eines Finanzdienstleisters				
Berater der Bausparkasse				
Versicherungsmakler				
Weitere Bank				
Weitere Bank				

lichsten Anbietern suchen. Die Website www.test.de informiert Sie aktuell über Trends und Testergebnisse. Hier finden Sie auch pdf-Versionen ausgewählter Artikel und weiterführende Links. Aktualität ist ein entscheidender Faktor, denn ein Urteil, das gestern noch zutreffend war, kann heute von der Marktentwicklung bereits überholt sein.

Eigenkapital

Jede Baufinanzierung – ob für ein Neubauvorhaben oder für eine gebrauchte Immobilie – wird mit den gleichen Konstruktionselementen ausgeführt. Sie beginnt mit dem Eigenkapital, gleichsam dem Fundament Ihres Finanzgebäudes. Ohne dieses Fundament steht jede Finanzierung auf wackeligen Pfeilern. Dabei muss man bedenken, dass man seine Immobilie quasi zweimal bezahlt: Zunächst bezahlt man den Preis, den die Wohnung tatsächlich einschließlich aller Nebenkosten und Gebühren kostet, anschließend bezahlt man den Preis, den das Geld kostet, das man sich geliehen hat, um die Immobilie zu erwerben. Die Darlehenszinsen, die Sie bezahlen, sind nichts anderes als die Kosten des Geldes, das Sie ausleihen. Dass Sie umso weniger Geldkosten bezahlen müssen, je weniger Geld sie leihen, liegt in der Natur der Sache.

Wenn Sie sich einen Überblick über Ihr Eigenkapital verschaffen, werden Sie feststellen, dass es gar nicht so einfach ist, alles auf einmal zu einem bestimmten Zeitpunkt flüssig zu machen. Denn normalerweise hat man sein Erspartes nicht im Strumpf, den man nur auszuschütten brauchte. Sicher auch nicht auf dem Girokonto, wo man am schnellsten an sein Geld herankommt, wo es aber auch nichts

bringt. Eher schon dürfte der klassische Bestseller, das Sparbuch, in deutschen Haushalten verbreitet sein. Sparguthaben und Termingelder müssen rechtzeitig gekündigt werden, um mögliche Zinsverluste zu vermeiden – allerdings sind die Zinsen bei diesen Anlageformen derzeit nicht so hoch, dass Zinsverluste sonderlich schwer ins Gewicht fielen.

Leicht verfügbar sind Anteile an Geldmarktfonds – seit vielen Jahren eine Alternative für risikoscheue Anleger mit einem kurzen Anlagehorizont; sie lassen sich im Regelfall innerhalb weniger Tage verlustfrei liquidieren. Hingegen sind Rentenpapiere (festverzinsliche Anleihen) mit einer Laufzeit versehen und unter Umständen verliert man Geld, wenn man sie vor Ablauf ihrer Laufzeit veräußern muss.

Noch komplizierter kann es sich mit Aktien oder Investmentanteilen an Aktienfonds verhalten: Kursschwankungen in den Börsennotierungen können zu erheblichen Verlusten führen, wenn man seine Aktien oder Anteile zur Unzeit verkaufen muss. In Zeiten starker Kursausschläge können wenige Tage Unterschied im Verkaufstermin Tausende Euro Gewinn oder Verlust bedeuten. Möglicherweise ist es besser, zunächst über eine höhere Kreditsumme nachzudenken und mit dem Kreditinstitut eine Sondertilgung zu vereinbaren: Sie verkaufen die Aktien dann erst zu einem späteren Zeitpunkt, wenn sich die Kurse stabilisiert haben.

Haben Sie einen angesparten Bausparvertrag? Haben Sie eine kapitalbildende Lebensversicherung, die Sie schon seit einer Reihe von Jahren bedienen und mit deren aktuellem Rückkaufswert sich für die Finanzierung vielleicht etwas anfangen lässt? Oder haben Sie in Zeiten, da Aktien teuer und Edelmetalle billig waren, ein paar Goldmünzen gekauft und beiseite gelegt, die Ihnen in Zeiten eines hohen Goldpreises einige Tausend Euro zusätzlich bringen? Möglicherweise haben Sie auch Beteiligungen an Unternehmen, die Sie zwischenzeitlich aus den Augen verloren haben? Beteiligungen – beispielsweise an einem geschlossenen Fond – lassen sich nicht einfach flüssig machen. Aber ob und unter welchen Umständen das möglich ist, sollten Sie erst einmal überprüfen, bevor Sie diese Möglichkeit ganz außer Acht lassen. Ist die Rendite einer Beteiligung höher als der Darlehenszins Ihrer Baufinanzierung, halten Sie die Beteiligung und erfassen die Renditen auf der Einkünfteseite. Wirft die Beteiligung weniger ab, als Sie für eine vergleichbare Darlehenssumme an Zinsen zu zahlen hätten, sollten Sie über eine Veräußerung nachdenken. Einzelheiten sollten Sie mit einem seriösen Finanzberater besprechen oder von Ihrer Hausbank ausrechnen lassen. Und was weitere veräußerbare Sachwerte betrifft: Es kann durchaus sinnvoll sein, einen Zweitwagen zu verkaufen und mit dem Verkaufserlös das Eigenkapital zu stärken.

FINANZPLANUNG LÄNGERFRISTIG DENKEN

Befinden sich in Ihrem persönlichen Portfolio Kapitalanlagen, die nicht sofort verfügbar sind, sollten sie dennoch in die Betrachtung einbezogen werden. Steht zum Beispiel die Fälligkeit einer kapitalbildenden Lebensversicherung in wenigen Jahren bevor, ist es wahrscheinlich nicht sinnvoll, sie vorzeitig aufzulösen und den Rückkaufwert, der deutlich unter der voraussichtlichen Ablaufleistung liegt, sofort dem Eigenkapitalanteil zuzuschlagen. Vielmehr bietet sich hier an, eine Sondertilgung des Baudarlehens auszuhandeln und die Erlebensfallsumme des Versicherungsvertrages später einzusetzen.

Am Ende sollten Sie eine Übersicht haben, wie viel Kapital Sie sofort flüssig machen können. Von diesem Eigenkapital ziehen Sie eine Liquiditätsreserve wieder ab, die Sie als „Notgroschen" für unvorhergesehene Ausgaben unbedingt zurückhalten sollten. Kapital, das Ihnen erst zu einem späteren Zeitpunkt zur Verfügung steht, führen Sie gesondert auf.

VERFÜGBARES EIGENKAPITAL

	Sofort verfügbar	Später verfügbar
Barmittel (Giro- und Tagesgeldkonten)		
+ Sparguthaben und Termingelder		
+ Wertpapiere (Aktien, Anleihen)		
+ Investmentzertifikate		
+ Unternehmensanteile, Beteiligungen		
+ Edelmetalle		
+ Bausparguthaben		
+ Guthaben aus Lebensversicherungen		
+ Veräußerbare Sachwerte		
– Sicherheitsreserve		
= Verfügbares Eigenkapital		

Geld vom Arbeitgeber, von der Familie und vom Staat

Gibt es Geld, das man nicht selbst besitzt, Geld, das man sich aber trotzdem nicht von der Bank leihen muss? Das gibt es, aber nicht jeder hat die Möglichkeit, darüber zu verfügen.

Manche Arbeitgeber reichen Arbeitgeberdarlehen an ihre Mitarbeiter aus. Sie sind meist zinsgünstiger als Bankdarlehen, müssen aber im Falle einer Kündigung regelmäßig sofort zurückgezahlt werden.

Sogenannte Verwandtendarlehen sind oft noch günstiger. Wenn Verwandte, Freunde oder gute Bekannte Darlehen ausreichen, verzichten sie oft ganz auf Zinsen und auf Sicherheiten. Auch ein möglicher Zahlungsverzug hat nicht sofort derart einschneidende Konsequenzen wie bei einem Bankdarlehen. Ein Verwandtendarlehen wird immer dann gern genutzt, wenn der Immobilienkäufer beim Eigenkapital etwas „schwach auf der Brust" ist oder wenn ein Übergangszeitraum bis zur Fälligkeit einer Lebensversicherung überbrückt werden soll. Gegenüber der finanzierenden Bank tritt das Verwandtendarlehen lediglich als Geldsumme auf, deren Herkunft den Geldscheinen niemand ablesen kann – es wird also wie Eigenkapital eingesetzt, weswegen man auch von eigenkapitalähnlichen Darlehen spricht.

VERFÜGBARES EIGENKAPITAL (BEISPIEL)

	Sofort verfügbar	**Später verfügbar**
Barmittel (Giro- und Tagesgeldkonten)	35 000 Euro	
+ Sparguthaben und Termingelder	48 000 Euro	
+ Wertpapiere (Aktien, Anleihen)	25 000 Euro	
+ Investmentzertifikate	40 000 Euro	
+ Unternehmensanteile, Beteiligungen	10 000 Euro	
+ Edelmetalle	24 365 Euro	
+ Bausparguthaben	30 000 Euro	
+ Guthaben aus Lebensversicherungen		60 000 Euro
+ Veräußerbare Sachwerte	13 600 Euro	
– Sicherheitsreserve	20 000 Euro	
= Verfügbares Eigenkapital	**= 205 965 Euro**	

Als weitere große Hilfe kann sich Geld vom Staat erweisen. Der Staat tritt dem Immobilienkäufer in Gestalt einer Fülle unterschiedlicher Förderprogramme gegenüber, die auf den jeweiligen Ebenen – von der Europäischen Union bis hinunter auf Länder- und Gemeindeebene – das Erhalten, Sanieren, Modernisieren, Wiederbeleben und Umbauen von Bestandsimmobilien unter bestimmten Bedingungen finanziell unterstützen. Für den Nichtexperten ist es fast unmöglich zu durchschauen, welche Fördermittel es wofür und auf welchen Ebenen gibt und was bei deren Beantragung beachtet werden muss. Seit 2008 können unter bestimmten Voraussetzungen auch sogenannte Riester-Verträge für die Baufinanzierung eingesetzt werden, ohne dass die staatliche Förderung dadurch verloren geht. Schon allein um das Dickicht der Förderrichtlinien zu durchdringen, hinter dem ja möglicherweise Milch und Honig auf den finanziell ausgedörrten Hauskäufer warten, lohnt der Gang zum „Hausarzt", zu einem unabhängigen Experten, der die richtigen Werkzeuge und Wege kennt, um an Fördermittel heranzukommen – eben weil es sein Job ist.

Die Musterrechnung geht davon aus, dass der Wohnungskäufer ein zinsloses Verwandtendarlehen aufgenommen hat, um die Eigenkapitalbasis zu stärken. Es kann in einigen Jahren, wenn die Lebensversicherung ausgezahlt wird, in einer Rate getilgt werden; die Ausgestaltung dieses Darlehens ist keiner Vorschrift unterworfen.

FINANZIERUNGSBEDARF	
Gesamtkosten Hauskauf	**540 965 Euro**
Eigenkapital	205 965 Euro
Eigenkapitalähnliches Darlehen	35 000 Euro
Finanzierungsbedarf	**300 000 Euro**

Wenn Sie von den Gesamtkosten für den Wohnungskauf (siehe Seite 57) das verfügbare Eigenkapital (aus Checkliste Seite 65) abziehen, ermitteln Sie die Höhe Ihres Finanzierungsbedarfs.

Mit einer Eigenkapitalquote von 38 Prozent, zusätzlich gestützt durch ein eigenkapitalähnliches Darlehen, steht die Finanzierung des Musterbauherrn in unserer Beispielrechnung auf einem durchaus soliden Fundament.

Wie hoch ist Ihre Belastbarkeit?

Wenn Sie den Weg zur eigenen Wohnung beschreiten wollen, müssen Sie wissen, welche laufenden finanziellen Belastungen Sie tragen können. Um die eigene Belastbarkeit festzustellen, ermitteln Sie die Differenz zwischen Einnahmen und Ausgaben. Berücksichtigen Sie dabei auf der Einnahmen- wie auf der Ausgabenseite nicht nur die monatlich anfallenden Beträge (wie beispielsweise Nettogehälter oder laufende Ausgaben für Lebenshaltung), sondern legen Sie auch jährlich anfallende Einnahmen (beispielsweise Tantiemen) oder Belastungen (beispielsweise jährlich fällige Versicherungsprämien) auf Monats-

AUFSTELLUNG DER MONATLICHEN EINNAHMEN

Familien-Nettoeinkommen	**pro Monat**
Nettogehalt Hauptverdiener	
+ Nettogehalt Partner*	
+ Einnahmen aus Nebentätigkeiten**	
+ Einkünfte aus Gewerbebetrieb**	
+ Tantiemen, Prämien	
+ Kindergeld	
+ Unterhaltsleistungen	
+ Renten	
+ Mieteinnahmen	
+ Zinserträge***	
+ Weitere Einkünfte	
= Verfügbares Familien-Nettoeinkommen	

* nicht ansetzen, wenn Aufgabe beruflicher Tätigkeit wahrscheinlich
** aus mehrjährigem Durchschnitt errechnen, falls stark schwankend
*** nur auf Restkapital nach Einsatz der Eigenmittel

Ausgaben der Familie	**pro Monat**
Gebühren, Beiträge	
+ Verkehrsmittel (Monatskarte)	
+ Bauspar- und Versicherungsbeiträge	
+ Sonstige Sparraten	
+ Kreditraten	
+ Unterhaltszahlungen	
+ Wohnnebenkosten	
+ Lebenshaltungskosten	
= Familienausgaben	

raten um. Ferner müssen Sie neben den fixen Kosten, die sich leicht nachvollziehen lassen, auch die veränderlichen Kosten (das sind die eigentlichen Lebenshaltungskosten) für Einkäufe, kulturelle Aktivitäten, Bildung und Unterhaltung usw. berücksichtigen. Sie schwanken von Monat zu Monat etwas, berechnen Sie den Durchschnitt lieber etwas großzügiger. Auch Kosten für Anschaffungen, die nicht regelmäßig anfallen – Garderobe, Ersatz technischer Geräte, Autoreparaturen – erfassen Sie und legen diese ebenfalls auf Monatsbeträge um. Der nützliche Nebeneffekt einer solchen Einnahme/Ausgabe-Rechnung ist: Man analysiert bei dieser Gelegenheit, was für die eigene Lebensführung wirklich nötig ist und was sich im Lauf der Jahre als überflüssiger Ballast angesammelt hat, den man quasi versehentlich mitfinanziert.

Vielleicht kündigt man ja ein überflüssiges Zeitschriftenabonnement, trennt sich von einem seiner Mobiltelefone, wählt eine günstigere Sachversicherung. Vielleicht verliert die fördernde Mitgliedschaft in einem Verein, der einem doch nicht so stark am Herzen liegt, angesichts der Immobilienfinanzierung ihre Bedeutung. Und wenn, wie in unserer Beispielrechnung, ein Zweitwagen veräußert wird, um die Eigenkapitalbasis zu stärken, entfallen natürlich auch die laufenden Kosten für dieses Fahrzeug.

Die kritische Analyse des Kostenblocks hilft, den einen oder anderen Euro zu sparen, und schnell sind auf diesem Weg 100 Euro Ersparnis zusammengekommen. Was allein schon 100 Euro mehr Spielraum für das Kreditvolumen bedeuten können, sehen Sie in der Musterrechnung auf Seite 69.

MIETE ENTFÄLLT

Aus der Kostenberechnung fällt die Kaltmiete, die Sie möglicherweise jetzt noch für Ihre Mietwohnung bezahlen, weg – vorausgesetzt Sie können das Haus auch schon bewohnen und umgehend beziehen. Die Wohnnebenkosten fallen allerdings nicht weg. Im Gegenteil: Sie können sogar um einiges höher ausfallen als in Ihrem bisherigen Domizil.

DIE MONATLICHE BELASTUNG errechnet sich nach einer einfachen Faustformel:

Finanzierungsbedarf in Euro
x Annuität in Prozent
÷ 12 (Monate)

Die Annuität ist dabei die jährliche Rate, gebildet aus Zinssatz und anfänglichem Tilgungssatz, dargestellt in Prozent vom aufgenommenen Kapital.

Bei unserem Rechenbeispiel ergibt sich daher – einen Zinssatz von 4 Prozent und eine anfängliche Tilgung von 1 Prozent vorausgesetzt – die folgende monatliche Belastung:

300 000 Euro x 5 %
÷ 12
= 1250 Euro

Der Bauherr, der für den Kauf seiner Wohnung 300 000 Euro finanzieren muss, hat also grob gerechnet eine monatliche Belastung von 1250 Euro zu tragen. Diese 1250 Euro sind also das minimale Ergebnis, das beim Vergleich der Einkünfte mit den Ausgaben herauskommen muss.

Schönrechnen bringt nichts! Höchstens eine finanzielle Katastrophe. Kreditinstitute legen für den Selbstbehalt, den der Bauherr für seine normale Lebensführung übrig behalten muss, Erfahrungswerte an:

- 750 Euro für eine Einzelperson
- 1000 Euro für ein Paar (Ehepaar, Lebenspartner)
- 250 Euro zusätzlich für jedes Kind

Diese Selbstbehalte sind sehr knapp gefasst, große Sprünge oder teure Urlaubsreisen sind nicht enthalten. Im Einzelfall wird Ihre persönliche Analyse möglicherweise ergeben, dass Sie erheblich über diesen Werten liegen.

Ihren Finanzierungsspielraum können Sie auch auf dem umgekehrten Rechenweg ermitteln. Angenommen, sie hätten es tatsächlich geschafft, durch Einsparungen Ihren Spielraum zwischen Einkünften und Ausgaben um 100 Euro zu erweitern, ergäbe sich jetzt die folgende finanzierbare Kreditsumme:

1350 Euro x 12
÷ 5 % (Annuität)
= 324 000 Euro

100 Euro mehr Spielraum in Ihrer persönlichen Bilanz sind also für 24 000 Euro zusätzliche Kreditsumme gut. Aber auch bei der Berechnung der laufenden Einnahmen und Ausgaben sollte man immer eine Sicherheitsreserve von ungefähr 200 Euro einplanen, um Unwägbarkeiten und unvermeidliche Unregelmäßigkeiten der Lebensführung ausgleichen zu können. Auch die Belastungsquote, die dauerhaft getragen werden muss, sollte möglichst nicht über 30 Prozent ansteigen. Für unsere Bauherren in der Musterrechnung bedeutet das: Erst bei einem monatlichen Nettoeinkommen der Familie von 4200 Euro liegt die Belastung durch Kapitaldienst unter der Quote von 30 Prozent.

Finanzierungsinstrumente

Für die Finanzierung Ihres Traums vom Wohneigentum stellen verschiedene Geldinstitute unterschiedliche Instrumente zur Verfügung. Nicht alle sind in gleicher Weise gut geeignet.

Hypothekendarlehen

Das Finanzierungsmittel der ersten Wahl wird fast immer ein Hypothekendarlehen sein. Hypothekendarlehen werden zum Zweck der privaten Immobilienfinanzierung von Banken, Bausparkassen, Landesförderinstituten, der Kreditanstalt für Wiederaufbau (KfW) und von Versicherungsgesellschaften vergeben.

Banken und Sparkassen finanzieren Hypothekendarlehen überwiegend durch die Spareinlagen ihrer Kunden und die Ausgabe von Sparbriefen. Hypothekenbanken, die über keine Spareinlagen ihrer Kunden

verfügen, refinanzieren die ausgereichten Darlehen am Kapitalmarkt, etwa indem sie Pfandbriefe an Kapitalanleger verkaufen. Das hat Auswirkungen auf die Zinshöhe und auf die Zinsbindungsfristen, die man bei den unterschiedlichen Kreditinstituten aushandeln kann. Während sich Banken und Sparkassen schwertun, Zinsbindungen von mehr als zehn Jahren zu vereinbaren (Sparbriefe, eines der Refinanzierungsinstrumente, haben eine maximal zehnjährige Laufzeit), kann man bei einer Hypothekenbank deutliche längere Zinsbindungen – unter Umständen sogar über die gesamte Laufzeit – aushandeln.

Hypothekendarlehen der Banken, Hypothekenbanken und Sparkassen sind meistens als Annuitätendarlehen gestaltet. Das bedeutet, dass ein Nominalzins und eine anfängliche Tilgungsrate festgelegt werden. (Dass der Nominalzins sich wegen zusätzlicher Kosten und Gebühren zum sogenannten Effektivzins immer noch einmal leicht erhöht, spielt für die Konstruktion dieser Darlehensform keine Rolle.) Die Summe aus anfänglicher Tilgung und Zinszahlung bildet die sogenannte Annuität – den Jahresbetrag. Sie wird für den Zinsbindungszeitraum oder für die gesamte Laufzeit festgeschrieben. Innerhalb der Annuität verändert sich das Verhältnis zwischen Zins und Tilgung aber mit jeder Rate, die der Schuldner leistet. Denn Zinsen fallen immer nur auf die verbleibende Restschuld an. Mit jeder Rate vermindert sich daher der Zinsanteil innerhalb der Annuität, während sich der Tilgungsanteil im gleichen Maße erhöht. In den ersten Jahren des Vertrags geschieht das nur ganz langsam – und dem Darlehensnehmer kommen möglicherweise manchmal Zweifel, ob er das richtige Finanzierungsinstrument gewählt hat. Richtig Freude machen die Kontoauszüge in den letzten Jahren der Vertragslaufzeit, wenn die Summe der Tilgungen die der Zinszahlungen immer mehr übersteigt und die Restschuld zu schwinden scheint wie Schnee in der Frühlingssonne.

Irritierend ist für viele das finanzmathematische Phänomen, dass ein Darlehen umso schneller zurückgezahlt ist, je teurer es ist. Eine gleiche, einprozentige anfängliche Tilgung vorausgesetzt, braucht ein mit 6 Prozent verzinsliches Darlehen rund 33 Jahre, bis es getilgt ist. Ein mit 8 Prozent verzinsliches Darlehen dagegen ist bereits nach rund 28 Jahren getilgt. Der Unterschied rührt daher, dass die insgesamt höhere Annuität am Ende der Kreditlaufzeit (wenn der Tilgungsanteil den Zinsanteil übersteigt) eine vergleichsweise schnellere Tilgung erlaubt. Doch wer auf diese Weise schneller tilgt, hat keinen Vorteil. Für die um fünf Jahre schnellere Tilgung bezahlt der Kunde mit einem Zinssatz von 8 Prozent am Ende über 20 000 Euro mehr an Gesamtkosten. Zwar könnte der Darlehensnehmer bei niedrigen Zinsen relativ leicht auch eine höhere Tilgung leisten. Doch das macht wiederum der Bank nicht immer Freude, will Sie doch an Ihnen verdienen, gern auch über einen langen Zeitraum.

Es geht aber auch genau anders herum. Wenn die Banken – wie gegenwärtig – selbst verunsichert sind, bieten Sie sogenannte Volltilgerdarlehen mit einem außerordentlich attraktiven Zinsrabatt an. Ein solches Darlehen muss am Ende der Zinsbindungsfrist – zehn oder 15 Jahre – vollständig getilgt sein. Das bedeutet aber zugleich, dass der Darlehensnehmer von Anfang an eine außerordentlich hohe Tilgungsleistung aufbringen muss. Für ein Darlehen mit zehnjähriger Zinsbindung beispielsweise eine anfängliche Tilgung von über 8 Prozent. Der Preis, seine Immobilie nach zehn Jahren schuldenfrei zu besitzen, könnte die Überlegung lohnen, sich dieser „Tilgungstortur" auszusetzen.

SPEKULATION AUFS KÜNFTIGE ZINSNIVEAU

Das Zinsniveau für Hypothekendarlehen war 1995 wesentlich höher als 2005. Und 2010 waren die Zinsen noch niedriger als fünf Jahre zuvor. Auf welcher Höhe sie sich 2015 oder 2020 bewegen werden, kann im Augenblick niemand voraussagen. Engen Sie Ihren Blick nicht auf die erste Zinsbindungsphase ein. Besonders dann nicht, wenn Sie den Darlehensvertrag in einer Niedrigzinsphase geschlossen haben. Denn steigende Zinsen können nach dem Ende der ersten Zinsbindung zu erheblichen Mehrbelastungen führen. Lassen Sie sich von Ihrem Finanzberater oder Ihrer Hausbank immer mehrere Modelle rechnen. Kalkulieren Sie nüchtern, ob Sie gegebenenfalls auch erheblich höhere Zinslasten tragen könnten, wenn Ihre Zinsbindungszeit ausläuft.

Bauspardarlehen

Das Bauspardarlehen hat gegenüber dem klassischen Annuitätendarlehen der Bank mehrere Vorteile: Es hat einen günstigen Zinssatz (der freilich mit dem Nachteil einer niedrigen Guthabenverzinsung während der Ansparphase bezahlt wird): Es wird aufgrund der hohen Tilgungsrate regelmäßig sehr schnell getilgt. Wer mehr Geld übrig hat, als er ursprünglich erwartete, kann ohne Weiteres Sondertilgungen leisten; das kann man bei einem banküblichen Hypothekendarlehen nicht ohne Weiteres. Und die Bausparkasse begnügt sich im Normalfall mit einer nachrangigen Sicherheit im Grundbuch oder verzichtet, bei relativ kleinen Kreditsummen, ganz auf eine Eintragung.

Der Zinsvorteil der Bausparkasse ist in Niedrigzinsphasen relativ gering; Baugeld ist in solchen Zeiten auch von anderen Kreditinstituten zu günstigen Konditionen zu haben. Ein Vorteil der Bausparfinanzierung kann sich in einen Nachteil verwandeln, wenn man seine eigene Belastbarkeit überschätzt. Die vergleichsweise hohen Tilgungsraten (4 Prozent und mehr) bringen eine hohe monatliche Belastung für den Darlehensnehmer mit sich. Ein weiterer Nachteil ist die Unsicherheit über den Zuteilungszeitpunkt des Bauspardarlehens. Sie erfolgt aufgrund einer Bewertungszahl, die zu bestimmten Bewertungsstichtagen aufgrund des Sparguthabens, der erwirtschafteten Guthabenzinsen und des Regelsparbeitrags errechnet wird.

Bausparkassen bieten zur Sofortfinanzierung daher eine Kombilösung an, das heißt ein Vorausdarlehen in Höhe der Bausparsumme. Der Bausparvertrag wird gewissermaßen nachbespart und löst das Vorausdarlehen ab, wenn der Bausparvertrag zuteilungsreif wird. Dieses Modell ist im Regelfall teurer als das klassische Annuitätendarlehen. Es lohnt sich nur, wenn einerseits in einer Niedrigzinsphase die Zinsen für das Vorausdarlehen besonders niedrig sind und der Darlehensnehmer andererseits mittels Sparzulagen, Wohnungsbauprämie und gegebenenfalls auch Riester-Förderung seine Guthabenrendite deutlich aufbessern kann.

Der Bausparvertrag ist also nicht die erste Wahl für Kurzentschlossene. Hingegen ist er für den Käufer einer gebrauchten Wohnung ein hilfreiches Instrument, wenn er an die Modernisierung seiner Immobilie denkt. Wenn die Modernisierungsmaßnahmen nicht Bedingung für den Einzug sind, sondern mittelfristig eingeplant werden können, kann mit relativ klein dimensionierten Bausparverträgen auch bereits nach kurzer Zeit ein Zuteilungsanspruch auf ein günstiges Bauspardarlehen erworben werden. Außerdem besteht keine Verpflichtung, ein zuteilungsreifes Darlehen auch sofort tatsächlich aufzunehmen. Wer mehr Zeit hat, kann auch einfach die Bausparsumme aufstocken, den Vertrag weiter besparen und auf den nächsten Zuteilungszeitpunkt warten.

Geld von der Lebensversicherung

Auch Lebensversicherer sind bereit, Baudarlehen auszureichen. Das Geschäftsmodell besteht in der Regel aus der Kombination einer kapitalbildenden Lebensversicherung mit einem endfälligen Darlehen. Aus der Ablaufleistung wird das Darlehen am Ende der Vertragslaufzeit in einer Rate getilgt (daher der Name).

Dieses Modell ist aber für Eigennutzer einer Wohnimmobilie in der Regel ungeeignet, weil die Zinsen bis zum Ende der Laufzeit für die gesamte Darlehenssumme anfallen, aber vom Eigennutzer anders als beim Eigentümer einer vermieteten Wohnimmobilie nicht als Werbungskosten angerechnet werden können. Ein zusätzliches Risiko entsteht aus den Unwägbarkeiten des Kapitalmarkts, auf dem auch Versicherungsgesellschaften ihr Geld anlegen. Sinken die Zinsen dauerhaft, werden Darlehen zwar billiger, aber der Zinsverfall vermindert auch den Anlageerfolg einer Lebensversicherungspolice, mit der am Ende der Laufzeit ein endfälliges Darlehen getilgt werden soll: Entspricht die Ablaufleistung nicht dem Wert, der für die Tilgung erforderlich ist, steht der Darlehensnehmer vor einer Deckungslücke, die erheblich sein kann.

Finanzieren ohne Geld?

Das Stichwort lautet „Muskelhypothek". Das ist eine schöne Umschreibung für Eigenleistungen am Bau. Vorsicht, Vorsicht und nochmals Vorsicht!

Das erste „Vorsicht" gilt der Wohnung, die Sie gekauft oder geerbt haben oder gerade zu kaufen beabsichtigen. Im Interesse der Gebäudesubstanz ist zu hoffen, dass nicht allzu viel an Ihrem Wohneigentum über Muskelhypotheken finanziert worden ist, denn die Eigenleistungen der Vergangenheit sind leider oft die Sanierungskosten der Zukunft.

Das zweite „Vorsicht" gilt Ihrer eigenen möglichen Selbstüberschätzung. Lassen Sie bei Ihren Eigenleistungen die Finger von allem, wozu man eine Fachausbildung braucht, die Sie nicht haben. Lassen Sie sich von Ihrem „Hausarzt" erklären, welche Art von „Therapie" Sie bei Sanierungs- und Modernisierungsarbeiten am Haus durchführen können, ohne anderen „Fachärzten" im Weg zu stehen oder gar das „Leiden" des Hauses zu verschlimmern. Und beachten Sie schließlich, dass Ihnen die besondere Rechtskonstruktion des Wohneigentums bestimmte Grenzen setzt. Lassen Sie die Finger von allem, was das Gemeinschaftseigentum berühren könnte.

Das dritte „Vorsicht" gilt der Darstellung Ihrer Eigenleistungen gegenüber der finanzierenden Bank. Wenn Sie für Umbaumaßnahmen forsch Eigenleistungen für 20 000 Euro anbieten, ohne sie auch konkret darstellen zu können, wird das vermutlich Fragen nach sich ziehen. Eine genaue Spezifizierung der Eigenleistungen und ihre Darstellung in Gestalt eingesparter Eurobeträge ist eigentlich erst in der Phase der Ausschreibung und Vergabe möglich, wenn klar ist, welche konkreten Tätigkeiten (zum Beispiel Reinigungsarbeiten) Sie in Eigenleistung übernehmen und welchen Preis sie kosten würden, wenn ein Fachbetrieb sie erledigte. Auch darum ist es nötig, bereits bei Schritt 2, der Vermögensanalyse, möglichst eng mit dem „Hausarzt" zusammenzuarbeiten.

Wer fördert was?

Wohnungsbau wird auf unterschiedlichen Ebenen der Länder, des Bundes und der Europäischen Union gefördert. Oft sind die verschiedenen Programme schwer durchschaubar. Welche Förderung kommt für Sie konkret infrage? Welche Programme sind gegebenenfalls miteinander kombinierbar? Für nahezu alle Förderprogramme gilt: Es besteht kein Rechtsanspruch auf Inanspruchnahme: Wenn der Fördertopf leer ist, dann ist er eben leer und es gibt keine Zuschüsse oder zinsvergünstigte Darlehen mehr. Der Antragsteller muss dann bis zum nächsten Haushaltsjahr oder so lange warten, bis ein neues Förderprogramm aufgelegt wird.

Die grundlegenden Instrumente der Förderung sind:

- Zuschüsse als nicht zurückzuzahlende Geldbeträge,
- im Vergleich zum Kapitalmarkt zinsvergünstigte Darlehen,
- Eigenkapitalhilfen in Form von Ausfallbürgschaften (in der Regel durch Landesbanken oder die KfW-Bankengruppe),
- immobilienbezogene Altersvorsorgeprodukte.

Die Ziele der Wohnbauförderung, die auch für den Erwerber einer gebrauchten Immobilie interessant sein können, sind:

- bessere Wärmedämmung und weitere Maßnahmen zur Senkung des Energieverbrauchs,
- Belebung von Ortsteilen und Erhaltung historisch gewachsener Siedlungsräume,
- Versorgung bestimmter Bevölkerungsgruppen (zum Beispiel Alleinerziehender oder Familien mit Kindern) mit Wohnraum,
- altersgerechter Umbau von Bestandsimmobilien (Erlangen weitgehender Barrierefreiheit).

Förderprogramme der Bundesländer

Die Wohnungsbauförderung der Länder ist aufgrund der angespannten Haushaltlage stark zurückgefahren worden. Berlin hat bereits 2004 und Bremen 2007 die Wohnungsbauförderung aus Landesmitteln „bis auf Weiteres" eingestellt. In den meisten Ländern bestehen aber durchaus noch Chancen, in den Genuss der Wohnungsbauförderung zu kommen. Die Fördermittel der Länder unterstützen vornehmlich Alleinerziehende und Familien mit Kindern.

Anders als früher wird nicht mehr nur der Neubau gefördert, sondern auch der Erwerb und/oder die Modernisierung von bestehendem Wohnraum. Auch hierin zeigt sich eine stärkere Gewichtung der Bestandsimmobilien gegenüber dem Neubau. So fördert selbst das finanzschwache Mecklenburg-Vorpommern „Maßnahmen an Wohngebäuden, die vor dem 1. Januar 1970 fertiggestellt wurden und max. vier Wohnungen haben und sich in Gemeinden mit mehr als 5000 Einwohnern befinden, wenn zum antragstellenden Haushalt mindestens ein Kind gehört" (www.lfi-mv.de). Gefördert werden kann danach zum Beispiel der nachträgliche Anbau beziehungsweise der Ersatz von maroden Balkonen an Bestandsimmobilien.

Über die Förderprogramme der einzelnen Bundesländer informieren Sie sich am besten auf der Website der Verbraucherzentrale. Hier können Sie feststellen, ob Sie in Ihrem Land überhaupt zum Kreis der Geförderten gehören, welche Maßnahmen konkret gefördert werden und wie die Förderung beantragt werden muss. Auf dieser Seite finden Sie auch einen Förderrechner, der Ihnen aufgrund Ihrer Angaben zu Familien- und Einkommensverhältnissen darstellt, welche Förderprogramme in dem jeweiligen Bundesland für Sie infrage kommen und Ihnen erste Anhaltspunkte gibt. Dabei werden nicht nur die Förderungen der Länder, sondern auch die Förderinstrumente der bundeseigenen Kreditanstalt für Wiederaufbau berücksichtigt.

Wohnungsbauförderung des Bundes

Da der Wohnungsbau im Wesentlichen Ländersache ist, tritt der Bund als Förderer nicht besonders auffällig in Erscheinung. Er unterstützt jedoch den Bau und den Kauf selbst genutzter Wohnimmobilien mit den Instrumenten der Riester-Förderung, der Wohnungsbauprämien für Bausparverträge und der Arbeitnehmersparzulage.

Darüber hinaus kann möglicherweise die KfW im Rahmen ihrer Inlandsförderung helfen. Ihre Programme greifen auch da, wo Landesmittel für die Wohnbauförderung nicht mehr oder nur unzureichend zur Verfügung stehen.

KfW-Kredite werden von der Kreditanstalt für Wiederaufbau nicht direkt an den Antragsteller ausgereicht, sondern über die Banken und Sparkassen. Dafür erhalten diese Kreditinstitute nur eine geringe Mittlerprovision, weshalb die meisten Banken und Sparkassen nur selten motiviert sind, KfW-Mittel aktiv anzubieten. In erster Linie wollen sie ihre eigenen Finanzprodukte an den Bauherrn bringen und kümmern sich um die KfW-Förderung oft nur, wenn sie Ihnen zugleich eine Bankfinanzierung „verkaufen" können. Hier ist hartnäckiges Nachfragen und selbstbewusstes Verhandeln angesagt.

Auf den ersten Blick mögen die Zinskonditionen der KfW nicht sonderlich attraktiv erscheinen, kann doch das Baugeld mancher Bank sogar billiger sein. Dabei ist indes zu beachten, dass die günstigen Zinskonditionen der finanzierenden Bank in der Regel nur für erstrangige Darlehen gelten. Und erstrangig besichert werden meist nur 60 Prozent des Beleihungswertes oder 50 Prozent der Anschaffungskosten der Immobilie. Für ein nachrangiges Darlehen über diesen Rahmen hinaus werden oft erheblich höhere Zinsen berechnet. Entweder erhöht die Bank den Zinssatz für das gesamte Darlehen um 0,10 bis 0,30 Prozentpunkte (je nachdem, wie weit die Darlehenssumme über den Beleihungswert hinausgeht) oder sie splittet das Darlehen auf und berechnet für ein zweites, nachrangiges Darlehen 0,20 bis 0,80 Prozentpunkte mehr als für das erstrangige Darlehen.

Die Zinskonditionen der KfW gelten hingegen auch für nachrangige Darlehen. Um die Gesamtzinsbelastung Ihrer Eigenheimfinanzierung so niedrig wie möglich zu halten, könnten Sie in den Verhandlungen mit der Bank auf ein Darlehenssplitting abzielen:

- für den erstrangigen Teil (zum Beispiel 50 Prozent der Anschaffungskosten) ein zinsgünstiges Annuitätendarlehen der Bank,
- für den nachrangigen Teil (zum Beispiel 20 Prozent der Anschaffungskosten) ein zinsgünstiges KfW-Darlehen.

Wenn Ihnen die Bank in den Verhandlungen auch für den nachrangigen Teil Konditionen anbieten, die günstiger als die KfW-Darlehen sind – umso besser! Nachrechnen lohnt sich auf jeden Fall.

Noch interessanter sind die direkten Zuschüsse, welche die KfW unter bestimmten Umständen gewährt. Diese Fördermöglichkeit ist für den Erwerb und die Modernisierung von Bestandsimmobilien besonders interessant. Diese direkten Zuschüsse können gewährt werden:

- für den Kauf eines sanierten Ein- oder Zweifamilienhauses oder einer Eigentumswohnung,
- für eine umfassende Sanierung, die Ihr Wohneigentum zum KfW-Effizienzhaus macht oder
- für die Durchführung einzelner Sanierungsmaßnahmen, die allerdings den technischen Mindestanforderungen entsprechen müssen.

Die umfassende Sanierung einer Bestandsimmobilie zum KfW-Effizienzhaus entspricht den politischen Zielen (sinkender Energieverbrauch, sinkende CO_2-Emissionen). Hier können Sie als Miteigentümer natürlich nicht allein agieren. Aber je nach Alter der Immobilie wird diese Modernisierungsmaßnahme früher oder später vor der Eigentümergemeinschaft als Ganzes stehen.

Wird die Einhaltung der Programmanforderungen der KfW nachgewiesen, können für die Sanierung Ihrer Wohnung nach KfW-Effizienzhausstandard oder den Kauf einer bereits sanierten Wohnung die folgenden Investitionszuschüsse gewährt werden:

INVESTITIONSZUSCHÜSSE DER KFW (ENERGETISCHE SANIERUNGEN)

KfW-Effizienzhaus	Anteil an förderfähigen Investitionskosten	Zuschuss max.
KfW-Effizienzhaus 55 (EnEV2009)	17,50 %	13 125 Euro
KfW-Effizienzhaus 70 (EnEV2009)	15,00 %	11 250 Euro
KfW-Effizienzhaus 85 (EnEV2009)	12,50 %	9 375 Euro
KfW-Effizienzhaus 100 (EnEV2009)	10,00 %	7 500 Euro
KfW-Effizienzhaus 115 (EnEV2009)	7,50 %	5 625 Euro

Die Maßstäbe bilden die Anforderungen hinsichtlich des Energiebedarfs, der die Energieeinsparverordnung (EnEV) in der Fassung von 2009 an einen Neubau stellt (eine Neufassung steht an). „KfW-Effizienzhaus 100" bedeutet demzufolge, dass der künftige Energiebedarf Ihrer Wohnung nach der Sanierung zu 100 Prozent dem Neubaustandard entspricht. Doch auch bei einer Überschreitung des Neubau-Normwerts um bis zu 15 Prozent können noch Fördermittel für die energetische Sanierung beantragt werden. Bis zu 7,5 Prozent der förderfähigen Investitionskosten (und maximal bis 5625 Euro) können als Zuschuss gewährt werden. In der höchsten Förderstufe (KfW-Effizienzhaus 55) kann der Zuschuss maximal 13 125 Euro betragen.

Um einen Zuschuss auf diesem Förderweg zu beantragen, müssen Sie nicht einmal Ihre finanzierende Bank bemühen. Den Antrag richten Sie direkt an die Kreditanstalt für Wiederaufbau.

ZUSCHÜSSE DER KFW VOR BAUBEGINN BEANTRAGEN

Wichtig! Zuschüsse sind unbedingt vor Beginn der Sanierung oder vor Erwerb einer bereits sanierten Immobilie an die KfW zu richten. Nicht gefördert werden: Wohneigentum, für das nach dem 1. Januar 1995 Bauantrag gestellt oder Bauanzeige erstattet wurde; bereits begonnene oder bereits abgeschlossene Vorhaben; Ferien- und Wochenendhäuser; ausschließlich gewerblich genutzte Flächen.

Für KfW-Kredite, die für die energetische Sanierung Ihrer Bestandsimmobilie in Anspruch genommen wurden, gewährt die KfW Tilgungszuschüsse. Die Höhe der Tilgungszuschüsse richtet sich, wie bei den direkten Zuschüssen, nach der Energieeffizienzklasse, die Ihre Immobilie nach der Sanierung erreicht. Sie beträgt für das

- KfW-Effizienzhaus 55: 12,50 Prozent,
- KfW-Effizienzhaus 70: 10,00 Prozent,
- KfW-Effizienzhaus 85: 7,50 Prozent,
- KfW-Effizienzhaus 100: 5,00 Prozent,
- KfW-Effizienzhaus 115: 2,50 Prozent

des jeweiligen in Anspruch genommenen Darlehensbetrags.

Wenn Sie Wohnungseigentum in einem Gebäude erwerben, das in jüngster Zeit energetisch saniert wurde und dem KfW-Effizienzhausstandard entspricht, lassen Sie auf jeden Fall die anteiligen Sanierungskosten im Kaufpreis separat ausweisen. Dann können Sie neben dem Programm 124 der KfW (Wohneigentumsprogramm) auch das Programm 151 (Energieeffizient Sanieren) beanspruchen. Sanierungskosten bis zu 75 000 Euro können mittels zinsgünstiger Darlehen gefördert werden. Komfortabel an diesen Darlehen: Je nachdem ob der Zins zum Zeitpunkt des Antrageingangs oder zum Zeitpunkt der Kreditzusage günstiger ist, wird der jeweils niedrigere Zinssatz festgeschrieben. Außerdem können Sie noch mit einem Tilgungszuschuss rechnen, dessen Höhe sich nach dem Grad des erreichten Effektivhausstandards richtet.

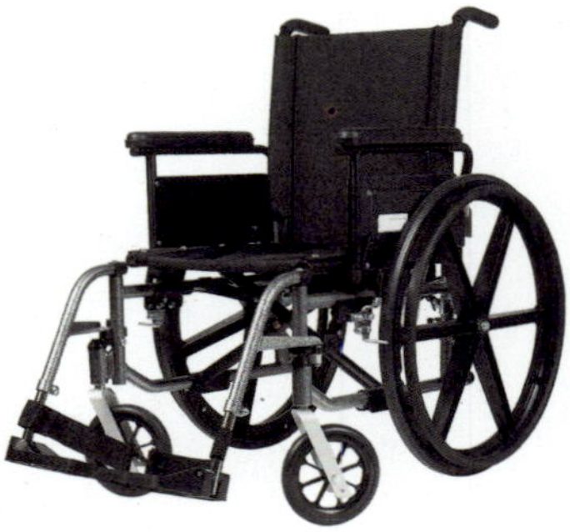

BILD 1+2 Der Umbau von Sanitärräumen im Sinne der Barrierefreiheit wird von der KfW gefördert.

BEISPIEL

Eine Immobiliengesellschaft hat ein Mehrparteienhaus erworben und in eine Wohnanlage mit Eigentumswohnungen verschiedener Größe umgestaltet. Dabei erfolgte eine Energieeffizienz-Sanierung, die die KfW-Effizienzhaus-Klasse 85 erreicht (das heißt 85 Prozent des Energiebedarfs eines Neubaus). Ein junges Ehepaar kaufte eine der Wohnungen. Im Kaufpreis von 280 000 Euro wurden 70 000 Euro anteilige Sanierungskosten ausgewiesen. Das Ehepaar kann KfW-Mittel aus den Förderprogrammen 124 und 151 beantragen. Vom Kaufpreis (ohne Sanierungskosten) können 63 000 Euro nach Programm 124 mit zinsgünstigen Darlehen gefördert werden. Die Sanierungskosten in Höhe von 70 000 Euro können über ein zinsgünstiges Darlehen aus Programm 151 finanziert werden. Dazu kommen 7,5 Prozent Tilgungszuschuss, das sind 5250 Euro, welche die Tilgung des Darlehens erleichtern. Das Ehepaar muss also Eigenmittel in Höhe von 147 000 Euro aufbringen.

Die KfW gibt sogar **Zuschüsse für die professionelle Baubetreuung** – also für Schritt 10 auf unserer „Tafel der Elf Gebote". Voraussetzung ist, dass die Programme 151 (Energieeffizient sanieren – Kredit, KfW-Effizienzhaus), 152 (Energieeffizient sanieren – Kredit, KfW-Einzelmaßnahmen oder -Maßnahmekombinationen) oder 430 (Energieeffizient sanieren – Investitionszuschuss) in Anspruch genommen werden. In diesem Fall können bis zu 2000 Euro Zuschuss zu den Kosten für die professionelle Baubegleitung gewährt werden. Der Antrag dafür wird ausnahmsweise einmal nicht vor Beginn der Sanierungsmaßnahmen, sondern bis spätestens drei Monate nach deren Abschluss eingereicht.

Die verschiedenen Förderprogramme (inklusive einer großen Anzahl Formulare, Checklisten und Online-Rechner) finden Sie auf der Internetpräsenz der **Kreditanstalt für Wiederaufbau** www.kfw.de/kfw_/kfw/de/Inlandsfoerderung/.

Fördermöglichkeiten gibt es aber nicht nur für junge Familien – unseren ersten Musterbauherrn (siehe Seiten 47/48) – sondern auch für unseren zweiten Musterfall, das Seniorenehepaar. Für den **altersgerechten Umbau von Bestandsimmobilien** stehen besondere Förderprogramme bereit. Mit ihrem Programm 155 (Altersgerecht umbauen – Kredit) fördert die Kreditanstalt für Wiederaufbau bauliche Maßnahmen, die das Wohnen im Alter angenehmer machen und ein dauerhaftes, selbstbestimmtes Leben ohne Einschränkungen ermöglichen, beispielsweise

- Anpassung von Wohnungsgrundrissen, um Bewegungsflächen zu schaffen,
- Verbreiterung von Türöffnungen,

BILD 1

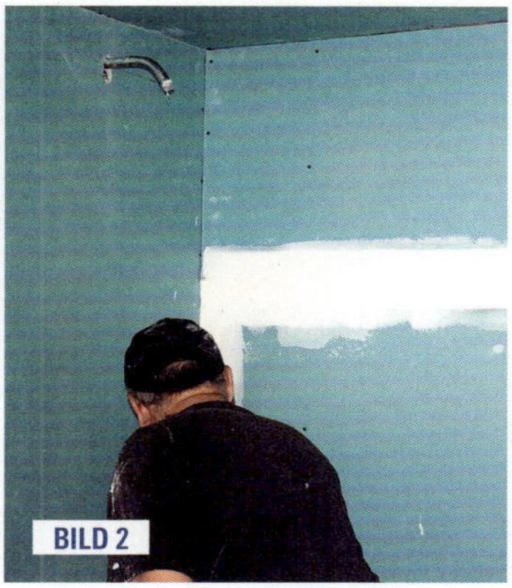

BILD 2

- Umbau von Sanitärräumen,
- verbesserte Zugänge zu Gebäuden, Wohnungen, Balkonen und Terrassen durch Überbrückung von Stufen, Unterfahrmöglichkeiten u. Ä.,
- Einbau technischer Einrichtungen wie Gegensprechanlagen, Türantrieben, Aufzügen und Treppenliften u. a. m.

Kosten, die mit dem altersgerechten Umbau verbunden sind, können zu 100 Prozent von der KfW bis zu einer maximalen Kreditsumme von 50 000 Euro finanziert werden.

In einem weiteren Programm bietet die KfW auch direkt Zuschüsse an. Für die gleichen Maßnahmen, die nach Programm 155 gefördert werden, kann ein Zuschuss von 5 Prozent der förderfähigen Kosten beantragt werden, sofern mindestens 6000 Euro investiert werden. Der Höchstbetrag liegt bei 2500 Euro Zuschuss, was einer Investitionssumme von 50 000 Euro entspricht.

Die Fördervoraussetzungen und -instrumente sind in den verschiedenen Bundesländern so unterschiedlich, dass sich eine genaue Recherche (auch mithilfe Ihres „Hausarztes") lohnt. Das Bundesministerium für Wirtschaft und Technologie hat eine Förderdatenbank zusammengestellt, in der Sie nach Fördermöglichkeiten auf den verschiedenen Ebenen und in verschiedenen Regionen recherchieren können: www.foerderdatenbank.de.

Steuerliche Förderung

Neben Wohn-Riester-Zulagen, die der Tilgung von Wohn-Riester-Darlehen dienen, der Bausparförderung durch Wohnungsbauprämien und Arbeitnehmersparzulagen fördert der Bund durch steuerliche Gestaltungsmöglichkeiten in gewissem Umfang noch Investitionen in die eigene Immobilie. So können etwa angerechnet werden:

- Handwerkerkosten (20 Prozent der anteiligen Lohnkosten auf Handwerkerrechnungen, maximal bis 1200 Euro pro Jahr) als Abzug von der Steuerschuld,
- haushaltsnahe Dienstleistungen (20 Prozent der Lohnkosten, maximal 4000 Euro pro Jahr) als Abzug von der Steuerschuld,
- Kosten von Baumaßnahmen bei denkmalgeschützten Immobilien und Gebäuden in ausgewiesenen Sanierungsgebieten (sofern sie selbst bewohnt werden) durch Abzug von steuerlich abzugsfähigen Sonderausgaben (10 Jahre lang jeweils 9 Prozent der Herstellungskosten),
- der Kostenanteil für das häusliche Arbeitszimmer, sofern kein anderer Arbeitsraum außer Haus zur Verfügung steht (bis zu 1250 Euro jährlich), auch wenn das häusliche Arbeitszimmer nicht der alleinige Mittelpunkt Ihrer Arbeitstätigkeit ist,

als Sonderausgaben; voll absetzbar sind die anteiligen Kosten für das häusliche Arbeitszimmer, wenn es den alleinigen Mittelpunkt der gesamten selbstständigen Tätigkeit darstellt.

Lastenzuschuss

Eine besondere Förderung von Wohneigentum, die von den zuständigen Kommunen geleistet wird, aber auf Bundesrecht beruht, ist der Lastenzuschuss. Er kommt Immobilienbesitzern mit geringem Einkommen zugute und ist vergleichbar mit dem Wohngeldzuschuss für Mieter. Der Lastenzuschuss kann als Zuschuss zur monatlichen Belastung für Kapitaldienst und Bewirtschaftung gewährt werden. Die Höhe des Lastenzuschusses ist abhängig vom Familieneinkommen, von der Haushaltgröße und der jeweiligen Mietenstufe der Gemeinde, in welcher der Antragsteller wohnt. Lastenzuschuss wird nur für die zu eigenen Wohnzwecken genutzten Teile des Wohneigentums gewährt, nicht für eventuell damit verbundene gewerblich genutzte Räume. Die Berechnung richtet sich nach den maßgeblichen Kosten des Wohnens, die das Wohngeldgesetz (WoGG) und die Wohngeldverordnung festlegen. Ein Nachrechnen lohnt sich, besonders in Fällen, wo vorübergehend nur ein Familienmitglied Einkommen zur Familienkasse beisteuern kann oder durch Berufswechsel vorübergehende oder auch dauerhafte Einkommenseinbußen hingenommen werden müssen. In einem „amtlichen" Rechenbeispiel (Vierpersonenhaushalt mit nur einem Verdiener, der Steuern sowie Beiträge zur Kranken- und Rentenversicherung zahlt) darf in einer Gemeinde der höchsten Mietstufe (6) – z. B. Garmisch-Partenkirchen, München, Wiesbaden oder Buchholz in der Nordheide – das monatliche Bruttoeinkommen (ohne Kindergeld) 2714 Euro betragen, um noch in den Genuss des Lastenzuschusses für die selbst genutzte Wohnimmobilie zu kommen.

Die Wohngeldverordnung einschließlich des Anhangs mit den Mietstufen aller deutschen Kommunen finden Sie unter: www.gesetze-im-internet.de/wogv/index.html.

ERST DIE FINANZIERUNG, DANN DAS PROJEKT

Geben Sie keinen Cent aus, bevor Ihre Gesamtfinanzierung steht. Unterschreiben Sie keine Verträge, Verpflichtungen, Erklärungen, selbstschuldnerische Bürgschaften oder Ähnliches. Die Finanzanalyse ist noch nicht die Finanzierung! Erst nach der Gebäudediagnose wissen Sie genauer, welche weiteren finanziellen Belastungen aufgrund von Sanierungsmaßnahmen auf Sie zukommen können.

SCHRITT 3: EXPERTENSUCHE

Finden Sie einen Altbauexperten – Ihren „Hausarzt"! Schon in den beiden vorangegangenen Schritten hat sich immer wieder herausgestellt, dass man ohne Expertenhilfe nicht weiterkommt.

Zwei Fragen harren also zunächst der Beantwortung:

- Welche Experten brauche ich?
- Wie finde ich sie?

Die richtigen Partner

Wozu wird jetzt ein Experte benötigt? Was geht nicht ohne ihn? Oder was ist ohne ihn zumindest sehr riskant?

Im günstigsten Fall erwerben Sie eine fast neue Wohnung. Das ist dann zwar auch eine gebrauchte Immobilie, aber mit ihr verhält es sich so wie mit dem Jahreswagen in der Gesamtmenge der Gebrauchtwagen. Diese „Jahreswohnung" hat noch nicht allzu viel auf dem Tacho. Und wenn es keine gravierenden Herstellungsfehler gibt, dürften sich der Sanierungs- und Modernisierungsbedarf in Grenzen halten. Aber gerade gravierende Baumängel sind bedauerlicherweise auch bei neuen Bauten nicht auszuschließen. Der Gang durch das Haus sollte also auch bei einer neueren Gebrauchtwohnung nicht ohne einen Experten angetreten werden. Vielleicht nehmen Sie sich einen Malermeister oder – wenn Sie weitergehende Wünsche zur Innenraumgestaltung haben – auch einen Innenarchitekten zur Hilfe.

Als künftigen Miteigentümer des Gemeinschaftseigentums wird Sie nicht nur das Sondereigentum interessieren, also die Wohnung selbst, sondern auch der Gesamtzustand des Hauses, in dem sich Ihre Wohnung befindet. Selbst eine anscheinend perfekt sanierte Wohnung, quasi ein Neubau im Altbau, ist schließlich mit der Substanz des Gesamtgebäudes untrennbar verbunden. Hier lauern die Gefahren – und die finanziellen Risiken. Sanierungen am Tragwerk oder am Dach, aufsteigende Feuchtigkeit im Keller oder Schwammbefall sind Sanierungsfälle, die zu Lasten der gesamten Wohnungseigentümergemeinschaft gehen.

Architekten

Einen Architekten zur Besichtigung mitzunehmen, ist nicht umsonst. Das gilt in doppelter Hinsicht. Der Stundensatz von 65 bis 95 Euro, von dem Sie üblicherweise ausgehen können, ist gut angelegtes Geld, denn selbst wenn in einem fast neuen Haus auch noch fast alles in Ordnung ist, wird Ihnen kompetenter Rat helfen, die neuralgischen Punkte der Immobilie zu finden. Auf diese Weise lernen Sie sowohl Ihre Wohnung als auch das Gemeinschaftseigentum der Wohnanlage besser kennen, als das sonst der Fall gewesen wäre.

Wenn das Haus älter als 20 Jahre ist, werden sich mit Sicherheit Bauteile und Teile der Gebäudetechnik in einem Zustand befinden, der einen Modernisierungs- und Sanierungsbedarf in naher Zukunft erwarten lässt. Risse im Mauerwerk, Schäden an der Dachhaut, Feuchtigkeitsprobleme in der Dachzone oder im Keller nehmen zu, je älter ein Haus ist. Die Beurteilung der Substanz und eine erste Abschätzung der Instandsetzungsmöglichkeiten und -kosten sollte ein Architekt vor der Kaufentscheidung vornehmen. Aber auch wenn Sie schon Eigentümer der Wohnung sind oder infolge eines Erbfalls gerade im Begriff stehen, in den Besitz einer gebrauchten Wohnung zu kommen: Verzichten Sie nicht darauf, das Gebäude zusammen mit einem Architekten zu begehen. Hängt gar Ihre Kaufentscheidung davon ab, dass bestimmte Umbauten vorgenommen werden, um Ihr Raumprogramm umzusetzen, kann Ihnen ein Architekt bei der Erstbegehung schon vor Ort sagen, ob Sie Luftschlösser bauen oder ob realistische Aussichten bestehen, Ihre Vorstellungen umzusetzen. Das gilt in besonderem Maße, wenn eingreifende Veränderungen an der Immobilie vorgenommen werden müssen, die auch das Gemeinschaftseigentum berühren oder zur Gemeinschaftsordnung, die für alle Miteigentümer gilt, in Konflikt geraten könnten. Dank der Fähigkeit, Veränderungen in der architektonischen Struktur und in der Nutzung, die vielleicht erforderlich sein werden, kreativ vorwegzunehmen, empfiehlt sich der Architekt als „Hausarzt".

Bauingenieure

Bauingenieure sind akademisch (an Universitäten oder Fachhochschulen) ausgebildete und graduierte Fachkräfte, die sich mit der Planung, Konstruktion und Berechnung, Herstellung und dem Betrieb von Bauwerken des Hoch-, Tief- und Wasserbaus beschäftigen. Bauingenieure werden in verschiedenen Spezialisierungsrichtungen ausgebildet. Im Hochbau ist der Spezialist für konstruktiven Ingenieurbau gefragt. Hier ist er für die Tragwerksplanung verantwortlich, wobei es hier wiederum Spezialisten für Massivbau, Stahlbau oder Holzbau gibt. Gestalterische und ästhetische Parameter sowie Besonderheiten der Nutzung werden dem Bauingenieur in der Regel vom Architekten vorgegeben und in Zusammenarbeit mit ihm auch umgesetzt.

Eine wichtige Spezialisierung im Bauingenieurwesen ist die Richtung „Baubetrieb und Bauleitung". Der Bauingenieur übernimmt dabei die Leitung des Projekts (oder eines Projektteils) und begleitet die Baumaßnahmen durch die einzelnen Projektphasen. Er koordiniert und kontrolliert die einzelnen Bauabläufe und Gewerke.

Daneben zählen auch die Ausschreibung, Vergabe und Bauabrechnung zu den Kompetenzfeldern dieser Spezialisierung. Er kalkuliert Baupreise und stellt Ausschreibungsunterlagen zusammen. Gerade dank dieser Befähigung, zu kalkulieren, die Bauabläufe zu koordinieren und zu kontrollieren sowie Abrechnungen zu erstellen, könnte auch einen Bauingenieur zum idealen „Hausarzt" für Sie werden.

ARCHITEKT ODER BAUINGENIEUR? Die Entscheidung, einen Architekten oder einen Bauingenieur zu suchen, muss kein Entweder–Oder sein. Genauso wie niedergelassene Ärzte nicht nur in einer Einzelpraxis agieren, sondern sich in Praxisgemeinschaften (etwa aus Allgemeinmediziner und Internist) zusammenschließen, so finden Sie auch Architekturbüros, die unterschiedliche Kompetenzen (Architektur, verschiedene Disziplinen des Bauingenieurwesens, Vermessung, Zeichnung) bündeln und Ihnen ihren gesamten Kompetenzfächer zur Verfügung stellen.

Wie finden Sie Ihren „Hausarzt"?

Wenn Sie einen „Hausarzt" für Ihre Immobilie suchen, erwarten Sie zu Recht fachlichen Sachverstand und soziale sowie menschliche Kompetenz. Es ist nützlich, sich bei der Suche nach einem Experten für Ihre gebrauchte Wohnung an ähnlichen Kriterien zu orientieren wie bei der Suche nach einem Mediziner, der sich um Ihre Gesundheit und das gesundheitliche Wohlergehen Ihrer Familie kümmert.

Sie müssen ein Vertrauensverhältnis zu Ihrem „Hausarzt" herstellen. Auf welcher Basis soll dieses Vertrauen aufgebaut werden? Selbstverständlich kann Sie dieser Ratgeber nicht zu einem Supervisor für Altbauexperten qualifizieren. Dieser Ratgeber ersetzt auch nicht das Fachwissen, über das ein Altbauexperte verfügt – anders gesagt: Das Buch macht den Experten nicht überflüssig. Vertrauen zu einem Altbauexperten kann sich nur einstellen, wenn Sie wissen, was Ihr „Hausarzt" tut, warum er es tut und wie er es tut. Transparenz herzustellen ist also die erste und entscheidende vertrauensbildende Maßnahme.

Auf den ersten Blick scheint es einfach zu sein, einen „Hausarzt" für die eigene Immobilie zu finden. Genügt nicht ein einfacher Blick in die Gelben Seiten, um einen Sachverständigen vor Ort zu finden?

Das Bauwesen – namentlich die Wertermittlung von bebauten und unbebauten Grundstücken sowie die Begutachtung von Bauschäden – gehört in Deutschland zu den klassischen Domänen des Sachverständigenwesens. Aber der Begriff „Sachverständiger" ist in Deutschland, Österreich und Liechtenstein nicht geschützt. Jeder darf sich hier Sachverständiger nennen, der sich in der Lage fühlt, „einen Nachweis der besonderen Sachkunde" zu führen. Unübersichtlich wird die Lage in Deutschland, weil es mehrere Ebenen der Anerkennung und Zertifizierung gibt und auch innerhalb dieser Ebenen zahlreiche Behörden und Verbände

miteinander konkurrieren. Man unterscheidet in Deutschland:

- **EU-zertifizierte Sachverständige** gemäß ISO 17024. Seit 1. Januar 2010 ist die Deutsche Akkreditierungsstelle (DAkkS) die einzige nationale Institution. Vorgängerinstitutionen wie der Deutsche Kalibrierdienst (DKD) oder die Trägergemeinschaft für Akkreditierung (TGA) sind in der DAkkS aufgegangen, doch gelten deren Zertifizierungen bis zu ihrem Ablauf weiter. Die von der DAkkS vorgenommenen Zertifizierungen von Personen gelten in Deutschland als die höchste erreichbare Qualifikation. EU-zertifizierte Sachverständige unterwerfen sich aufgrund privatrechtlicher Verträge der Überwachung durch eine Zertifizierungsstelle, die oft strenger ist als die öffentlich-rechtliche Überwachung.
- **Staatlich anerkannte Sachverständige.** Sie unterliegen staatlicher Aufsicht und nehmen hoheitliche Aufgaben wahr. Ihr Titel ist gesetzlich geschützt. Staatlich anerkannte Sachverständige gibt es in Deutschland zum Beispiel für Schall- und Wärmeschutz, für die Prüfung der Standsicherheit in den Fachrichtungen Massivbau, Metallbau und Holzbau, für die Prüfung des Brandschutzes, für Erd- und Grundbau.
- **Öffentlich bestellte und vereidigte Sachverständige.** Ihr Titel ist gesetzlich geschützt. Zu ihren Grundpflichten gehören Objektivität, Unparteilichkeit und Weisungsfreiheit. In Gerichtsverfahren werden im Regelfall öffentlich bestellte und vereidigte Sachverständige beauftragt. Ihre Bestellung kann durch die Kammern, zum Beispiel IHK, Handwerkskammer, eine Architekten- oder Ingenieurkammer oder durch das Regierungspräsidium eines Landes erfolgen. Hinsichtlich der Sachkunde und Eignung muss sich der öffentlich bestellte und vereidigte Sachverständige gesetzlich vorgeschriebenen Standards unterwerfen.
- **Verbandsanerkannte Sachverständige.** Sie arbeiten als freie Sachverständige und genießen die Anerkennung renommierter Berufsverbände. Dazu gehören unter anderem die Deutsche Sachverständigen Gesellschaft (DESAG), der Bundesverband deutscher Sachverständiger und Fachgutachter (BDSF) und der Berufsfachverband für das Sachverständigen- und Gutachterwesen (BSG).

- **Freie Sachverständige.** Sie verfügen entweder über eine Qualifizierung als Meister (für handwerksbezogene Gutachten) oder ein abgeschlossenes Ingenieurstudium (für technische und bautechnische Fragen) und sollten neben langjähriger Berufserfahrung auch einen fortgesetzten Praxisbezug und aktuelle Kenntnisse der geltenden Normen und technischen Standards des jeweiligen Spezialgebiets dokumentieren können.
- **Behörden,** die kraft ihrer Berechtigung, hoheitliche Aufgaben wahrzunehmen, auch in der Rolle von Sachverständigen auftreten können.

Architekten und Ingenieure, die als Sachverständige tätig werden, können in Deutschland eine Zulassungsprüfung absolvieren, die ihnen das Tragen des Titels „staatlich anerkannter Sachverständiger" erlaubt. Eine Berufsvoraussetzung, um als Sachverständiger zu arbeiten, ist diese staatliche Anerkennung allerdings nicht – und sie kann auch nicht als absolutes Qualitätsmerkmal herangezogen werden. Darüber hinaus lassen sich nicht nur einzelne Personen, sondern auch Planungs- und Ingenieurbüros zertifizieren, wodurch deren Qualifikation vergleichbaren Standards unterworfen wird.

Diese allgemeinen, formellen Qualifikationen reichen aber nicht aus, um die tatsächliche Eignung eines Experten für Ihre persönliche Traumwohnung zu gewährleisten. Wichtig ist vor allem: Besitzt der Experte eine hinreichend dokumentierte Qualifikation und Erfahrung im Altbau? Um beim Beispiel aus der Humanmedizin zu bleiben: Mit Zahnschmerzen werden Sie einen Zahnarzt aufsuchen, keinen Orthopäden, mag der Orthopäde auch ein noch so hoch qualifizierter Spezialist sein.

Eine zweite Frage ist: Reicht eine Gebäudediagnose in Form eines Sachverständigengutachtens aus? Brauchen Sie nicht vielmehr auch einen Therapievorschlag? Und – wie beim Zahnarzt bei prothetischen Leistungen üblich – einen Kostenplan, der Sie über die anstehenden finanziellen Belastungen informiert?

Die folgende Tabelle soll als eine Art Gedächtnisstütze fungieren, mit deren Hilfe Sie die Eindrücke, die Sie aus den ersten Gesprächen mit Experten gewinnen, ein wenig systematisieren können. Sie dient nicht dazu, Schulnoten zu verteilen. Ob der Architekt wirtschaftlich kompetent ist, werden Sie nicht auf die Schnelle umfassend beurteilen können; wohl aber können Sie notieren, ob Wirtschaftlichkeitsüberlegungen bei ihm eine Rolle spielen und ob seine Rechenexempel für Sie transparent werden. Welchen ästhetischen Rang Ihr „Hausarzt" als Architekt, als „Baukünstler" hat, können Sie selbst nicht umfassend beurteilen, aber ob seine architektonische Ästhetik zu Ihnen passt, können Sie in der Tabelle festhalten.

Wenn Sie auf die Suche nach Ihrem „Hausarzt" gehen, nutzen Sie am besten selbst alle Möglichkeiten der Vernetzung. Informieren Sie sich im Internet: Architekten, die sich auf Bauen im Bestand spezialisiert haben, werden mit ihrem Spezialwissen nicht hinter dem Berg halten und ihre Altbauerfahrung durch Referenzen nachweisen. Schauen Sie sich diese Referenzobjekte genauer an – nicht nur aus der Ferne am Bildschirm. Suchen Sie Kontakt zu Bewohnern, Nutzern oder Bauherren der Referenzobjekte. Es ist mit einem Architekten ganz wie mit dem Arzt oder Rechtsanwalt des Vertrauens: Wer mit ihm zufrieden ist, empfiehlt ihn auch gern weiter.

Wie wichtig die möglichst frühzeitige Einschaltung eines Altbauexperten beim Bauen im Bestand ist, hat aktuell etwa die

KOMPETENZERWARTUNG AN DEN „HAUSARZT"						
	-1 unwichtig	0 wenig wichtig	1 wichtig	3 sehr wichtig	Punkte SOLL	Punkte IST
Spezialausbildung / Berufsbild					3	
Erfahrung im Altbau					3	
Referenzen (mindestens 3)					3	
Qualifiziert als Architekt					3	
Qualifiziert als Bauingenieur					3	
Experte für Energieeffizienz					3	
Experte für Nachhaltigkeit					3	
Gebäude-Diagnosefähigkeit					3	
Soziale Kompetenz					3	
Wirtschaftliche Kompetenz					3	
Netzwerk und Mitgliedschaften					3	

Thüringer Architektenkammer dargestellt. Nach ihrer Berechnung sind fast 80 Prozent aller Folgekosten, die durch Sonderlösungen oder durch zeitlichen Verzug im Bauablauf ausgelöst werden, letztlich auf mangelnde oder unzureichende Bestandsaufnahmen vor Beginn des Umbaus oder der Sanierungsmaßnahme zurückzuführen.

GUT ANGELEGTES GELD

Beraterhonorare für einen Architekten oder Bauingenieur, der Sie bereits von der ersten Besichtigung an begleitet, sind im Regelfall schon allein deshalb gut angelegtes Geld, weil Ihnen das Expertenwissen in den Verhandlungen mit dem Verkäufer eine wesentlich festere Position gibt, als träten Sie allein als kaufinteressierter Laie auf.

Der Bundesarbeitskreis Altbauerneuerung (BAKA) unterhält auf seiner Seite www.bakaberlin.de eine Datenbank mit Architekten, die für den Umgang mit Altbauten besonders qualifiziert sind. Darüber hinaus präsentieren die Architektenkammern der Länder auf ihren Webseiten in den meisten Fällen spezielle Informationen für Bauherren. Meistens liegen diese Informationen servicefreundlich direkt an der Oberfläche der Navigation, in wenigen Fällen muss man etwas länger suchen. Oft werden auf diesen Bauherrenseiten auch Architekten- und Sachverständigenverzeichnisse vorgehalten.

Weitere Informationen und Links, die Sie bei der Suche nach dem richtigen Experten unterstützen, finden Sie im Serviceteil ab Seite 192.

TRAUMWOHNUNG – ABER WIE?

Bis zu diesem Zeitpunkt sollte noch nichts Unumkehrbares passiert sein. Denn jetzt erst kommt der entscheidende Schritt hin zur Wegscheide zwischen Ja und Nein zur gebrauchten Wohnung.

DER WICHTIGSTE SCHRITT

Diesen Schritt können Sie nicht ohne Ihren „Hausarzt" gehen. Er analysiert den Ist-Zustand der Wohnung und des Gebäudes. Er findet Stärken und auch mögliche Schwachstellen. Gesichtspunkte wie Zustand der Bausubstanz und der Tragstruktur, Funktionstüchtigkeit einzelner Bauteile und der technischen Ausrüstung gehen in seine Diagnose ein. Nur mittels dieser Diagnose ist es möglich, alle Risiken (beispielsweise die verbleibende Lebensdauer der verschiedenen Bauteile, die Belastbarkeit des Tragwerks oder eventuellen Schädlingsbefall) zu erkennen und auszuschließen. Damit nimmt er zugleich eine Bewertung der finanziellen Risiken vor, die Sie als Miteigentümer gegebenenfalls auf sich nehmen. In einer Wohneigentümergemeinschaft sind Sie als Miteigentümer eben etwas weniger frei in Ihren Entschlüssen, als Sie das als Alleineigentümer einer Immobilie wären. Der Alleineigentümer kann eine Sanierung aufschieben – es ist seine Entscheidung. Wenn eine Wohnungseigentümergemeinschaft mit doppelt qualifizierter Mehrheit eine Sanierung beschlossen hat, kann der einzelne Miteigentümer die Sanierung nicht hinauszögern, dann ist es eben nicht mehr nur seine eigene Entscheidung.

Ihr „Hausarzt" untersucht die konstruktiven und bauphysikalischen Eigenschaften der Wohnung und des Hauses und macht Ihnen und der Wohnungseigentümergemeinschaft Therapievorschläge, die auch Ideen umfassen können, wie vorhandene Konstruktionen und Bauteile sinnvoll in die Planung einbezogen und für die neue Nutzung des historischen Bestands aktiviert werden können.

Selbst wenn Sie die Wohnung schon jahrelang bewohnen: Vielleicht beschleicht Sie erst jetzt das unsichere Gefühl, dass an der Wohnung etwas „nicht stimmt" und am Gebäude „etwas gemacht" werden müsste.

SCHRITT 4: GEBÄUDEDIAGNOSE

Ein gebrauchtes Fahrzeug würden Sie wahrscheinlich auch nicht allein deshalb kaufen, weil Ihnen der Lack besonders gut gefällt. Sie würden vielmehr wenigstens einen Blick unter die Motorhaube werfen, an den kritischen Stellen nach Rost oder „verschleiernden" Reparaturen suchen, den Wagen auf eine Bühne fahren und ihn von unten betrachten und auf einer Probefahrt bestehen. Am sichersten aber fahren Sie, wenn Sie den Wagen auf dieser Probefahrt in einer Werkstatt vorstellen.

Warum sollten Sie sich beim Kauf einer gebrauchten Wohnung, die ein Vielfaches eines Gebrauchtwagens kostet, anders verhalten? Es mag immer noch Menschen geben, die eine Immobilie nach Verkaufsprospekt oder Exposé des Maklers kaufen, ohne je vor Ort gewesen zu sein und auch nur einen Blick auf das Objekt geworfen zu haben. Aber das ist bei einer Investition dieses Ausmaßes überaus fahrlässig.

Besichtigen und entscheiden?

Am Ende dieses vierten Schritts soll eine Entscheidung stehen. Damit ist klar, dass Sie sich jetzt die Kriterien erarbeiten müssen, anhand derer Sie Ihre Entscheidung fällen.

Einen Teil der Vorarbeit haben Sie schon geleistet. Sie haben ein Raumprogramm aufgestellt und den Rahmen Ihrer finanziellen Möglichkeiten gecheckt. Sie haben sich mit Ihrem persönlichen Bauherrenprofil beschäftigt und einen „Hausarzt" für Ihre gebrauchte Wohnung gefunden. Jetzt muss die Wohnung selbst sagen, ob sie zu Ihnen passt und ob sie den Anforderungen, die Sie in Ihrem Raumprogramm in Schritt 1 formuliert haben, gerecht werden kann. Jetzt muss das Gebäude sagen, ob es hält, was die Wohnung verspricht.

Vom Keller bis zum Dach

Die erste und wichtigste Grundregel für die Gebäudediagnose lautet: Fassen Sie nichts an! Das gilt besonders dann, wenn Sie die Wohnung schon besitzen und sich nachträglich zu einer Gebäudediagnose entschließen. Es ist ein Irrtum zu meinen, Sie müssten alles erst einmal schön durchputzen, bevor Sie den Gutachter ins Haus lassen. Schon das Ausfegen des Dachbodens oder die Grundreinigung Ihres Kel-

lers kann Befunde verfälschen oder verschleiern. Vielleicht sind die vermeintlichen Spinnweben, die Sie beseitigen, ja in Wirklichkeit das Myzel des Echten Hausschwamms? Lassen Sie Ihren „Hausarzt" den Patienten so sehen, wie Sie ihn selbst vorgefunden haben. Für den „Hausarzt" ist auch die konkrete Fundsituation wichtig.

Ohne eine gründliche Gebäudediagnose können Sie nicht entscheiden, ob das Objekt wirklich allen Anforderungen genügt, die Sie in Ihrem Raumprogramm gestellt haben. Sie wissen nicht, ob die Wohnung auch in den nächsten Jahrzehnten noch „treu zu Ihnen steht". Weder können Sie einen konkreten Sanierungsbedarf angeben noch eine realistische Kostenschätzung über die Sanierungskosten anstellen. Eine solche Bewertung wird zusätzlich durch die eigenartige Rechtskonstruktion des Wohnungseigentums erschwert. Sie bewohnen zwar individuell nur eine Wohnung in einer Anlage von mehreren Wohnungen. Aber als Miteigentümer gehört Ihnen auch ein definierter Anteil des Gemeinschaftseigentums, namentlich des Grundstücks und der zum Gemeinschaftseigentum gerechneten Teile der Wohnanlage beziehungsweise des Wohngebäudes als Ganzes. Es liegt also in Ihrem ureigenen Interesse, sich ein möglichst genaues Bild vom Zustand des Gemeinschaftseigentums zu machen.

NACHRECHNEN

Wenn Sie anstelle einer Neubauwohnung überwiegend aus Kostengründen eine gebrauchte Wohnung erwerben wollen, müssen Sie nach der Gebäudediagnose unbedingt noch einmal nachrechnen. Welche Sanierungs- oder Renovierungskosten fallen für Ihr eigenes Sondereigentum an? Welche Höhe hat Ihr Anteil an den Instandhaltungsrücklagen erreicht, die Sie ablösen müssen? Welche Mängel an der Bausubstanz des Gemeinschaftseigentums könnten in allernächster Zeit Sanierungsmaßnahmen zur Folge haben, deren Kosten nicht von der Instandhaltungsrücklage aufgefangen werden? Ihr Anteil an den Sanierungskosten muss auf den Quadratmeter Fläche Ihres Sonder- und Teileigentums umgelegt werden. Erst dann ist ein Kostenvergleich mit einem Neubau sinnvoll.

Eine erste Besichtigung des Gebäudes bringt keinen endgültigen Aufschluss über seine Beschaffenheit, aber sie lässt erste Hinweise darauf zu. Wenn Sie die Schrittfolge, die Ihnen dieses Buch vorschlägt, eingehalten haben, dann haben Sie bereits mithilfe einer Checkliste (unter Punkt 7) innerhalb Ihres Bauherrenprofils (siehe Seiten 200 bis 202) Vorarbeit geleistet. Sollten Sie bis jetzt noch nicht dazu gekommen sein, ist nun der richtige Zeit-

BILD 1

BILD 2

punkt herangerückt, die Checkliste bei einer Begehung zu nutzen und Ihre persönlichen Eindrücke von der Beschaffenheit des Gebäudes niederzuschreiben.

Rund um die Anlage

Die unmittelbare Umgebung der Wohnanlage und des Grundstücks formieren den ersten Eindruck, den man von einer Immobilie gewinnt. Auch die ersten genaueren Blicke gelten dem Äußeren der Anlage. Neben der Dachdeckung kommen der Zustand der Fassade, der Entwässerung, der Fenster und der Haustür sowie die Beschaffenheit des Sockels in den Blick.

- Feuchte Stellen und Ausbesserungen können auf Probleme mit der Isolierung deuten.
- Risse im Sockel treten besonders bei älteren Gebäuden auf; genauer wäre zu untersuchen, ob Setzungsrisse vorliegen.
- Allen „besonderen" Fassadenteilen (Balkon, Vordächer, Erker) und den Öffnungen (Fenster, Türen) sowie Terrassen und Anbauten (Garagen, Nebengebäude) gilt besondere Aufmerksamkeit.

Vernachlässigen Sie nicht die nähere Umgebung des Gebäudes. Auch die Außenanlagen sind Gemeinschaftseigentum. Beginnen Sie Ihre Inspektion generell mit einer Besichtigung des Grundstücks. Sofern Ihnen Pläne vorliegen, vergleichen Sie die Zeichnung mit der Wirklichkeit. Ist alles zu finden, was in den Plänen steht? Befinden sich Objekte auf dem Grundstück, die nicht auf dem Plan verzeichnet sind?

Keller

In größeren Wohngebäuden befinden sich im Keller die früher sogenannten Nebennutzflächen (Lager- und Vorratsräume, Waschküche und Ähnliches) und die technischen Funktionsflächen (zum Beispiel Heizung, Entwässerungspumpe). Für Kellerräume sind Feuchteschäden typisch. Auch wenn man nicht damit rechnen darf, einen ungeheizten Keller „wohnraumtrocken" vorzufinden, hinterlassen beispielsweise anstehende Bodenfeuchte und nicht stauendes Sickerwasser doch ebenso typische Schadensbilder (gleichmäßige oder fleckenförmige, meist bis fast zur Geländehöhe reichende Durchfeuchtung der Wand) wie von außen drückendes Wasser oder aufstauendes Sickerwasser (Feuchtigkeitsränder im Bodenbereich). Keller der meisten bis etwa 1950 gebauten Häuser haben einen Boden aus Lehm oder Stampfbeton, der weder wärmegedämmt noch gegen Erdfeuchte isoliert ist. Überall, wo Holzteile mit durchfeuchteten Bauteilen in Berührung kommen, ist besondere Aufmerksamkeit angezeigt: Hier herrschen günstige Lebensbedingungen für den Echten Hausschwamm und andere Holz zerstörende Pilze.

BILD 1–3 Feuchtigkeitsschäden an den Außen- und Innenwänden sowie an den erdberührten Bauteilen gehören zu den häufigsten Problemen bei alten Gebäuden.

Kellerfenster und Lüftungsöffnungen sind in alten Häusern oft Problemfälle. So findet man Lüftungsöffnungen verstopft, Kellerfenster hingegen als Einfallstore für Feuchtigkeit vor. Vorrangiges Augenmerk verdienen im Keller verlegte **Rohre und Kabelbäume**: einerseits hinsichtlich ihrer Beschaffenheit (Material, eventuelle Korrosionsschäden), andererseits wegen der Art der Verlegung und Isolation (Schwitzwasser).

Die einzelnen Geschosse

In den einzelnen Etagen des Hauses achtet man gewöhnlich zuerst auf den Zustand der Wände, Böden und Decken, sodann meist auf die Fenster und Türen. Hier berühren sich Sondereigentum und Gemeinschaftseigentum. Die Regelungen in den Teilungserklärungen sind nicht immer einheitlich. Fenster etwa gehören zweifellos zur Gebäudehülle; insofern sind sie dem Gemeinschaftseigentum zuzurechnen. Der innenliegende Teil der Fenster – beispielsweise bei Doppelfenstern – gehört nicht zur Gebäudehülle, kann insofern also dem Sondereigentum zugerechnet werden.

Auch bei den **Sanitäreinrichtungen** berühren sich Sondereigentum und Gemeinschaftseigentum. Alles, was im Bad Ihrer Wohnung (einschließlich der Wasserhähne) eingebaut ist, wird dem Sondereigentum zugerechnet – mit Ausnahme der Steigleitungen und der Abflussrohre, die Gemeinschaftseigentum sind. Vergleichbares lässt sich über die Elektroinstallation sagen.

Oft deutet schon der Augenschein auf einen gewissen Wartungsstau hin. Unmittelbar berührt werden Sie vom Bauzustand im Sondereigentum. Den Zustand der übrigen Geschosse werden Sie zunächst nur aus dem Treppenhaus beurteilen können.

Einfach verglaste und zudem nicht dicht schließende **Fenster** bedeuten regelmäßig einen großen Energieverlust. Lassen Sie sich einen nach der **Energieeinsparverordnung (EnEV)** in ihrer jeweils neuesten Fassung ausgestellten **Energieausweis** vorlegen.

Vor allem muss bei der Besichtigung Wachsamkeit herrschen, wenn die Wohnung noch möbliert ist. Mängel an den **Dielen** können sich unterm Teppich verbergen, ohne dass der Vorbesitzer arglistig etwas darunter gekehrt hätte. Hinter Möbeln bilden sich Schadstellen oft unbemerkt.

Stimmen die angegebenen **Raumgrößen**? Wenn Sie die Begehung gemeinsam mit Ihrem „Hausarzt" durchführen, wird er sicher ein elektronisches Messinstrument dabeihaben, das eine schnelle Überprüfung der Raumgrößen erlaubt, ohne dass

Sie umständlich Maßband oder Zollstock bemühen müssen.

Einen ersten unmittelbaren, gleichsam sinnlichen Eindruck bekommen Sie – auch ohne exakte Messungen – von den Schallverhältnissen im Gebäude. Wie laut ist die Treppe? Knarren die Dielen hörbar? Auch hier berühren sich Sonder- und Gemeinschaftseigentum wieder unmittelbar. Der Fußboden der Wohnung ist ein tragendes Bauteil, also insoweit Gemeinschaftseigentum. Der Fußbodenbelag – also Dielung oder Parkett – gehören zum Sondereigentum (nicht aber der zwischen Fußbodenbelag und tragendem Bauteil aufgebrachte Estrich, der wiederum Gemeinschaftseigentum ist). Was hört man an Geräuschen aus dem Nebenzimmer? Wie laut sind Geräusche aus der Nachbarwohnung zu vernehmen? Hören Sie Schritte der Bewohner über Ihrer Wohnung? Wenn möglichst viele Mitbewohner in ihren Wohnungen sind, können Sie abschätzen, ob die Trittschalldämmung bereits in Ordnung oder noch verbesserungsbedürftig ist.

Dachgeschoss und Dach

Das typische Dach eines unsanierten Altbaus sieht so aus, wie man es aus alten Filmen kennt, in denen Kinder auf Dachböden spielen und Geheimnisvolles entdecken. Der Dachboden wird zum Wäschetrocknen verwendet, weil er gut unterlüftet ist, und zum Lagern von allerlei Kram – in manchen Regionen heißt er darum auch Speicher. Die oberste Geschossdecke ist nicht gedämmt, ebenso wenig das Dach selbst – der einzige Vorteil des ungedämmten Daches ist, dass man Schäden in der Deckung, etwa nach heftigen Stürmen, sofort von innen bemerkt.

Die Dämmung des Daches ist ein relativ junges Kind der Baugeschichte. Beispielsweise ist das Anbringen von Kunststoffdachbahnen erst seit circa 1970 aufgekommen. Manche dieser Kunststoffbahnen sind mittlerweile verschlissen oder undicht. Bisweilen hat unsachgemäße Verarbeitung von Dämmstoffen und Folien das Sanierte bereits wieder zu einem neuen Sanierungsfall werden lassen.

Ein gedämmtes Dach gibt seine Fehler und Schwächen oft nicht dem Augenschein preis; erst recht nicht, wenn das Dachgeschoss ausgebaut und Sondereigentum geworden ist. Auf eine Diagnose des Daches sollte umso weniger verzichtet werden.

Technische Anlagen/Installationen

Die technischen Anlagen, die Sanitär- und Elektroinstallation sind oftmals gravierende Schwachpunkte in einem alten Gebäude. Selbst Modernisierungsmaßnahmen aus den Achtzigerjahren entsprechen heutigem technischen Stand meist nicht mehr. Namentlich bei den Heizungsanlagen schreitet die Technik so rasch voran, dass 20 Jahre alte Kessel heute bereits hoffnungslos veraltet sind. Im Zusammenhang mit den Heizungsanlagen entspricht der Zustand der Rohrleitungen oft nicht mehr dem heutigen Stand der Technik. Hier treten erhebliche Energieverluste ein.

Schwierig kann hier wieder die Scheidung in Sonder- und Gemeinschaftseigentum werden. So hat der Bundesgerichtshof in einem Urteil vom 8.7.2011 (Az V ZR 176/10) entschieden, dass der Beschluss einer Wohnungseigentümergemeinschaft über die Sonderumlage für eine Sanierung der Heizkörper und Anschlussleitungen in den einzelnen Wohnungen nichtig ist, weil diese Bauteile zufolge der Teilungserklärung im Sondereigentum stehen. Im gegebenen Fall sollte die Zentralheizung, die 36 Wohneinheiten versorgte, erneuert werden, und zwar sowohl die Heizzentrale mit Kessel nebst Steigleitungen als auch die horizontalen Zuleitungen zu den einzelnen Wohnungen sowie die Heizkörper. So logisch dieser Gesamtaustausch vom technischen Standpunkt auch sein mag; die von der Wohnungseigentümergemeinschaft beschlossene Sonderumlage für das Sondereigentum wurde angefochten. Mit Erfolg. Der Beschluss sei nichtig, weil es Sache des einzelnen Wohnungseigentümers sei, über die Erneuerung der Anlagenteile zu entscheiden, die in seinem Sondereigentum stünden.

Systematische Gebäudediagnose

Die systematische Gebäudediagnose beginnt mit einer detaillierten Zustandsanalyse. So viele Details wie möglich, so exakt wie möglich – dieser Grundsatz muss die Diagnose immer beherrschen. Immerhin hängt davon die Qualität möglicher Erneuerungsmaßnahmen an Altbauten entscheidend ab.

Mittels der Gebäudediagnose wird nicht nur der gegenwärtige Zustand des Gebäudes beschrieben, sondern gleichsam eine „Patientenakte" angelegt, die das Gebäude über seinen gesamten Lebenszyklus hinweg begleitet. Naturgemäß kann sich eine Gebäudediagnose nicht nur auf das einzelne Sondereigentum beschränken. Denn so wie das Sondereigentum rechtlich unselbstständig ist und nur in Zusammenhang mit einem Miteigentumsanteil existiert, so steht die einzelne Wohneinheit gebäudetechnisch nicht für sich, sondern existiert nur im Zusammenhang mit dem gesamten Gebäude. Die Gebäudediagnose errichtet also die solide, sachbezogene Grundlage für die Kauf- und Sanierungsentscheidung. Darüber hinaus macht sie es möglich, den weiteren Lebenszyklus der Immobilie strategisch zu planen und zu begleiten. Wie jeder gute Mediziner wird auch der „Hausarzt" nicht nur die akuten Beschwerden seines Patienten diagnostizieren und therapieren, sondern auch daran interessiert sein, dass sein Patient bei guter Gesundheit ein langes Leben führen kann.

Erstes Zwischenziel der qualifizierten Gebäudediagnose ist das **SCHWÄCHEN-STÄRKEN-PROFIL (SSP)**. In diesem Profil werden so unterschiedliche Gegebenheiten wie

- Schwachstellen und Bauschäden,
- besondere Risiken,
- verwendete Materialien,
- Nutzungsanforderungen,
- Erhaltenswertes und immaterielle Werte wie Qualität der Architektur

erfasst, beurteilt und gegeneinander abgewogen. Damit wird es – falls Sanierungsmaßnahmen empfohlen werden – zum Ausgangspunkt für einen konkreten Sanierungsfahrplan, der auch Eigenleistungen, Fördermittel und Energiesparpotenziale in die Strategie einbezieht.

Das Schwächen-Stärken-Profil (Abbildung Seite 102/103) widmet sich sieben unterschiedlichen Diagnosekomplexen:

- **A – Abdichtung/Feuchtigkeit:** Hier werden alle Bauteile erfasst, die gegen Feuchtigkeit geschützt und isoliert werden müssen.
- **B – Fassade/Außenhaut:** Hier wird die thermische Hülle des Gebäudes erfasst.
- **C – Konstruktion/Mauerwerk/Decken:** Hier werden tragende und nicht tragende Bauteile innerhalb der Gebäudehülle analysiert.
- **D – Gebäudetechnik** (Heizung, Sanitärtechnik, Lüftung, Elektrotechnik)**/Ausstattung:** Hier wird der Zustand der technischen Anlagen dokumentiert.
- **E – Außenanlagen:** Hier findet der Zustand von Garten und Einfriedung sowie der Grundleitungen Eingang.
- **F – Grundstück und Erschließung:** Hier werden neben der städtebaulichen Situation vor allem die Erschließung durch Straßen und Wege sowie die Erschließung durch Medien dargelegt.
- **G – Immaterielle Wertigkeit/Architektur/Raumgrößen:** Hier können Angaben zur Architektur und/oder zu gelungenen oder aufwendig künstlerisch gestalteten Bauteilen gemacht werden.

Auch der Experte wird sich zunächst auf die groben Elemente des Gebäudes beschränken. Bei einer Wohnanlage, deren Wohnungen im Sondereigentum stehen, sind normalerweise nicht alle Bauteile zum Zeitpunkt der Begehung einsehbar. Insofern kann vorerst nur das Risiko eines möglichen Schadens bewertet werden. Indem er bestimmte **Risikofaktoren** (auf Abbildung Seite 102/103 dargestellt durch ein) und **Wichtungsfaktoren** berücksichtigt, kann der Experte eine strategisch wirkende Maßnahmeplanung und erste Kostenschätzung vornehmen. Bei dieser ersten Untersuchung wird festgehalten, an welchen Bauteilen exakte Detailuntersuchungen dringend geboten erscheinen, um präzisere Aussagen zu treffen.

Das Gesamtbild sowohl positiver als auch negativer Merkmale der Immobilie wird in dem Schwächen-Stärken-Profil dargestellt. Wichtig ist es, die Schwächen und Stärken des jeweiligen Bauteils gleichzeitig zu bewerten. Denn hier beginnt die – oft kriminalistisch anmutende – Spurensuche nach Bauschäden, verdeckten Mängeln und Missständen, aber auch nach positiven Merkmalen und nach Erhaltenswertem in der vorhandenen Bausubstanz. Zweckmäßig ist es, wenn der „Hausarzt“ diese Merkmale und Befunde nicht nur verbal festhält, sondern den einzelnen Beschreibungen auch Fotos zuordnet. Dies ist umso wichtiger, als man auf diese Weise den Zustand vor und nach der Sanierung auch visuell dokumentieren kann.

Bewertung der Bauteile

Nicht immer treten Bauschäden für jeden offensichtlich zutage. Eine Besichtigung der Wohnung und des Gebäudes, die dem Augenschein nach keinen Befund ergibt, darf Sie also nicht allzu sicher machen. Hier ist das Wissen eines Experten erforderlich, der Erfahrungen mit Materialien, Handwerkstechniken und Bauweisen hat, wie sie an einem Altbau (oder einem nicht mehr ganz taufrischen Neubau) typischerweise zu finden sind. Denn fundierte Kenntnisse von Normen und Vorschriften im Umgang mit dem baulichen Bestand und die Fähigkeit, Systemlösungen anzubieten, sind unverzichtbar.

Umgekehrt aber lässt sich sagen: Wo Sie offensichtliche Bauschäden bemerken, wird auch tatsächlich ein Problem zu lösen sein, und Sie gehen sicher nicht fehl, dahinter in dem einen oder anderen Fall Folgeschäden zu vermuten. Wo vielleicht schon jahrelang Feuchtigkeit eingedrungen ist, kann nicht ausgeschlossen werden, dass sich der Echte Hausschwamm in dieser Atmosphäre im wahrsten Sinn des Wortes häuslich eingerichtet hat. Wenn man bedenkt, dass sich der Echte Hausschwamm über Sporen verbreitet und ein einziger gut ausgewachsener Fruchtkörper, der sich unter einem Stapel Altholz im Keller möglicherweise jahrelang unbemerkt ausbreiten konnte, Millionen dieser Sporen produziert und an die Umgebungsluft abgibt, dann wird deutlich, wie hoch die Infektionsgefahr für ein Haus ist. Nicht umsonst ist der Befall mit Echtem Hausschwamm in einer Reihe von Bundesländern meldepflichtig.

Mit einem ersten Besichtigungsprotokoll, mit dem Sie den Zustand der Immobilie aus Ihrer Sicht beschreiben, geben Sie dem Experten bereits wichtige Hinweise, denen er bei seiner detaillierten Gebäudediagnose nachgehen kann. Hierzu können Sie beispielsweise die Seite www.gebaeudeeinschaetzung.de aufrufen und Ihre Einschätzung in der praktischen und übersichtlichen Eingabemaske erfassen.

Nacheinander oder alles auf einmal?

Möglicherweise hat die Einschätzung Ihres „Hausarztes“ sie ernüchtert. Die therapeutischen Maßnahmen, die er Ihnen vorgeschlagen hat, sind eventuell mit höheren Ausgaben verbunden, als Sie anfangs vermutet haben. Darum stellen sich Fragen wie:

- Welche Sanierungsschritte und Umbaumaßnahmen sind in welcher Reihenfolge durchzuführen?
- Muss alles auf einmal geschehen, oder kann man die Sanierungsmaßnahmen auch über einen längeren Zeitraum verteilen?
- Reicht in dem einen oder anderen Fall nicht auch eine provisorische Reparatur?
- Was geschieht eigentlich, wenn ich den Sanierungsbedarf ignoriere?

Um mit der letzten Frage zu beginnen: Erst einmal geschieht gar nichts. Die Wohnungseigentümerversammlung wird

tagen und sich möglicherweise nicht zu einem Beschluss durchringen. Möglich ist ja folgendes Szenario: Sie haben sich entschlossen, in einer Wohnung, die Sie bereits seit geraumer Zeit bewohnen, den Fußbodenbelag zu erneuern. Beim Entfernen des alten Belags kommt Ihnen an den tragenden Balken darunter etwas nicht geheuer vor. Hierbei handelt es sich zwar bereits um Gemeinschaftseigentum, aber es ist das Gemeinschaftseigentum direkt unter ihrem Wohnzimmer, insoweit ist es nicht Ihr Sondereigentum, aber eben ein sehr besonderes Gemeinschaftseigentum. Der herbeigerufene Holzschutzexperte diagnostiziert Hausschwammbefall. Damit stehen nicht nur Sie in Ihrem Wohnzimmer vor einem offenen Fußboden, sondern die ganze Wohnungseigentümergemeinschaft vor einem offenen Problem.

Wenn man diesen Hausschwammbefall beispielsweise ignoriert, die Fruchtkörper abschneidet und über den befallenen Balken einfach mal ein Brett nagelt, damit man den Schaden nicht sieht, wird sich Ihr Wohnzimmer mit Ihnen eines schönen Tages ein Stockwerk tiefer begeben – und zwar ziemlich schlagartig. Das klingt drastisch, ist aber der wahrscheinliche Ausgang der Geschichte. Die Frage ist nicht, ob, sondern lediglich wann genau es zum finalen Schlag kommt. Diese drastischen Folgen müssen nicht nur dem einzelnen Wohnungseigentümer, sondern der gesamten Wohnungseigentümergemeinschaft vor Augen geführt werden. Ignoranz ist der Weg in den Ruin – und zur Ruine.

Neben den geschilderten drastischen Folgen für die eigene Immobilie kann das Ignorieren eines solchen Befalls aber für viele andere Menschen unangenehme Folgen haben. Ein solches Beispiel schildert Edmund Bromm, Geschäftsführer der Firma Isar Bautenschutz, Ismaning, in einem Forenbeitrag im Internet: „In den Kellerräumen einer Münchner Weingroßhandlung, in einem Altbau, wurde im Bereich der Deckenkappen sehr starker Hausschwammbefall festgestellt. Fruchtkörper bis zu einer Größe von einem Meter Durchmesser hingen an der Unterseite. Die Sporen derselben fielen auf die darunter gelagerten Weinkartons. Hunderte von diesen Pappschachteln waren mit einer roten Sporenschicht überzogen."

Als Edmund Bromm den Keller nach drei Jahren wieder besichtigte, stellte er verwundert fest, dass keine Sanierung

Echter Hausschwamm an einer stark befallenen Holzkonstruktion. Die starken Myzelstränge sind in der Lage, viele Meter holzfreier Bauteile zu überwinden, sich unter Putz auszubreiten sowie durch Mauer und sogar durch älteren Beton hindurchzuwachsen.

erfolgt war. „Das Haus sollte zunächst verkauft werden, um es dann später in einzelne Wohneinheiten aufzuteilen. Durch den Besitzerwechsel wurde die Sanierung über einen Zeitraum von mehr als drei Jahren hinausgezögert! Die Weinhandlung wurde jedoch weitergeführt, sodass bei mehrmaligem Warenumschlag innerhalb dieser Zeitspanne eine Unmenge sporenbehafteter Weinkartons in die verschiedenen Keller der Kunden gelangt ist. Ein Großteil der Keller eignet sich bei feuchten Umweltbedingungen mit Sicherheit hervorragend für die Ausbreitung des Hausschwammes." Auf diese Weise kann sich der Echte Hausschwamm wie eine Infektionskrankheit über zahlreiche weitere Gebäude ausbreiten. Experimentell hat man nachgewiesen: Befallenes Holz (zum Beispiel Kiefernsplintholz) verliert im ersten Monat des Befalls ungefähr 4 Prozent an Gewicht, nach zwei Monaten hat es bereits 27 Prozent seiner Masse verloren. Oft bleibt der Befall lange im Verborgenen. Der Schwamm ernährt sich vom Zelluloseanteil des Holzes. Befallene Holzteile erkranken an sogenannter Braunfäule. Das führt zu den charakteristischen Querrissen im Holz und schließlich zu sogenannten Würfelbrüchen.

Der Echte Hausschwamm stellt den gefährlichsten Holzzerstörer an Gebäuden dar. Er ist zugleich derjenige Schwamm, der am schwersten zu bekämpfen ist. Für den Laien kann er von anderen weniger gefährlichen Schwammarten nur schwer unterschieden werden. Daher ist bei selbst nur vermuteten Holzschäden Vorsicht geboten.

In allen Fällen einer erheblichen Schädigung, wie sie beispielsweise durch den Befall mit Echtem Hausschwamm eintreten kann, hilft keine wie auch immer geartete provisorische Maßnahme. Erst recht nicht, wenn solche Maßnahmen darin bestehen, den Fruchtkörper des Hausschwamms, den man unter einem Stapel Altholz gefunden hat, kurzerhand abzuschneiden. Gleichermaßen könnte man die Zeiger einer Uhr auch abmontieren, um damit die Zeit anzuhalten. Provisorien können allenfalls einen gewissen kurzfristigen Zeitgewinn bringen, sie lösen hingegen nicht das zugrunde liegende Problem. So kann man vielleicht mit einer Verbesserung des Raumklimas die Ausbreitung des Hausschwamms verlangsamen – beseitigt hat man ihn damit noch nicht. Und auch die Schäden, die er bereits angerichtet hat, bestehen fort. Zusammenfassend geantwortet: Provisorische Reparaturen reichen dann, wenn Sie auf Wohn- und Lebensqualität keinen Wert legen und dauerhaft in einem Übergangszustand hausen wollen.

Nicht nur in Fällen von Schwammbefall, sondern grundsätzlich gefragt: Wie sollen also die Sanierungsschritte erfolgen? Einzelmaßnahmen, die aus dem Gesamtzusammenhang des Sanierungskonzepts herausgelöst wurden, verursachen unter Umständen neue Probleme.

- Die Heizungsanlage wurde erneuert; sie arbeitet jetzt energieeffizient, ist aber zu schwach für das nicht gedämmte Gebäude.

- **Die Gebäudehülle** wurde bei der Fassadensanierung nach den Vorschriften der Energieeinsparverordnung isoliert; die alte Heizungsanlage arbeitet dafür aber viel zu verschwenderisch.
- **Die oberste Geschossdecke** wurde isoliert, doch der etwas später erfolgte Ausbau des Dachgeschosses machte diese Maßnahme hinfällig.
- **Das Dach** wurde neu gedeckt und dabei gedämmt; der nachträgliche Ausbau des Dachgeschosses und der Einbau von Dachgauben machen den teilweisen Rückbau der Dämmung erforderlich.

Geld lässt sich auf diese Weise nicht sparen. Man sollte aber auch nicht vergessen, alle Umbau- und Sanierungsmaßnahmen, die im Zuge Ihres Immobilienerwerbs erforderlich sind, auch in das Finanzierungskonzept einzubeziehen.

Das Schwächen-Stärken-Profil auf Seite 102/103 bezieht sich auf ein Wohnungseigentum im ausgebauten Dachgeschoss eines mehrstöckigen Gebäudes in einer deutschen Großstadt. Eine Kaufinteressentin gab die Gebäudediagnose in Auftrag. Das Gebäude selbst wurde im Jahr 1900 errichtet, der Dachgeschossausbau erfolgte 1990/91. Bei der Gebäudediagnose wurden sowohl das Sondereigentum der Kaufinteressentin als auch das Gemeinschaftseigentum der Wohnungseigentümergemeinschaft berücksichtigt.

Für die Einschätzung auf diesem Diagramm gilt: Je breiter der **rote Balken** verläuft, desto bedenklicher ist die Substanz der untersuchten Bauteile.

Je breiter der **blaue Balken** verläuft, desto besser ist die Substanz erhalten und desto geringer folglich der Sanierungs- und Renovierungsbedarf.

Ziel der Sanierungsmaßnahmen muss es also sein, möglichst kein Bauteil im roten Bereich zu haben und die Gewichte stattdessen möglichst weit ins Blaue zu verschieben.

Das wird sich insoweit mehr oder weniger vollständig realisieren lassen, als es sich um Baumaßnahmen im Sondereigentum der späteren Eigentümerin handelt. Die Einschätzungen zum Gemeinschaftseigentum werden nicht unverzüglich zu Sanierungsmaßnahmen führen. Sie sind für die Kaufinteressentin aber dennoch von großer Bedeutung, denn die vorgeschlagenen Maßnahmen der Werterhaltung und Sanierung müssen früher oder später durchgeführt werden, da sie im Interesse aller Eigentümer liegen. Es ist für die Kaufinteressentin wichtig, die finanziellen Dimensionen der anstehenden Maßnahmen wenigstens annähernd zu kennen, bevor sie sich für einen Kauf entscheidet.

Im Einzelnen bedeuten die Noten:
–5: Zustand mangelhaft bis katastrophal. Substanz nicht mehr verwendbar. Bauteil nicht mehr vorhanden oder nicht mehr funktionsfähig. Schadensgrad größer als 75 Prozent. Gebrauchstauglichkeit nicht mehr vorhanden. Erneuerung/Austausch einzelner Elemente oder kompletter Bau-

teile erforderlich (z. B. Installation, Leitungen, Geräte, Apparate, Fenster usw.).
–4: Zustand sehr bedenklich. Substanz größtenteils nicht mehr verwendbar. Schadensgrad bis zu 75 Prozent. Gebrauchstauglichkeit nicht mehr sichergestellt. Weitere Schäden nicht auszuschließen, Erneuerung erforderlich.
–3: Zustand bedenklich. Schadensgrad bis zu 50 Prozent. Reparatur, Erneuerung oder Sanierung erforderlich. Eventuell Teilsubstanz – unter Berücksichtigung weiterer Untersuchungen – noch verwendbar, jedoch Erneuerung beziehungsweise Teilerneuerung angeraten.
–2: Zustand mit höherem Reparaturrückstau. Bauwerksunterhaltung nicht erkennbar. Schadensgrad bis zu 25 Prozent.
–1: Zustand leicht bedenklich. Schadensgrad bis zu 10 Prozent
+: Derzeit ist eine genauere Aussage erst nach weiterer Untersuchung möglich. Wird auf eine genauere Untersuchung verzichtet, sind weitere Mängel und Schwächen nicht auszuschließen. Erhöhter Risikofaktor in der noch nicht näher untersuchten Bausubstanz.
+1: Bauteil funktionsfähig. Restlebensdauer wahrscheinlich gering. Größere Schönheitsfehler ohne Einfluss auf die Funktion des Bauteils. Abnutzungsgrad 5 bis 10 Prozent. Derzeit keine Maßnahmen erforderlich.
+2: Bauteil funktionsfähig. Lebensdauer eingeschränkt. Funktionstüchtigkeit ohne Einfluss auf die Funktion des Bauteils. Geringer Abnutzungsgrad bis zu 5 Prozent.
+3: Zustand gepflegt. Bauteil teilweise erneuert, bereits modernisiert oder auch komplett erneuert. Stand der Technik erreicht. Keinerlei Mängel. Lebenserwartung durchschnittlich. Abnutzungsgrad 0 Prozent. Mittlere Qualität ohne Einschränkung der Nutzbarkeit.
+4: Zustand gepflegt. Bauteil teilweise erneuert, bereits modernisiert oder auch komplett erneuert. Stand der Technik erreicht. Keinerlei Mängel. Lebenserwartung überdurchschnittlich. Abnutzungsgrad 0 Prozent. Gehobene Qualität ohne Einschränkung der Nutzbarkeit. Wartungsindex gering.
+5: Zustand gepflegt. Bauteil teilweise erneuert, bereits modernisiert oder auch komplett erneuert. Stand der Technik erreicht. Keinerlei Mängel. Lebenserwartung überdurchschnittlich. Abnutzungsgrad 0 Prozent. Gehobene Qualität ohne Einschränkung der Nutzbarkeit. Wartungsindex gering bis 0. Bei Abnahme nach Sanierung: Ergebnis in Qualität und Optik ohne Mangel, Ausführung von besonderer Qualität.

Wie lange hält was?

Wenn Sie verunsichert sind, was mit der neuen alten Wohnung auf Sie zukommt, finden Sie einen gewissen Anhaltspunkt, wenn Sie sich die einzelnen Bauteile etwas genauer anschauen. Jedes Bauteil und jeder Baustoff hat eine **„durchschnittliche Lebenserwartung"**. Dieser Durchschnitt wird gebildet aus jahrzehntelanger Erfahrung der Experten mit Bauteilen und

Name: S-S-P-110216

Schwächen - Stärken - Profil ®

Schwächen | Stärken

Idi-al.S-S-P

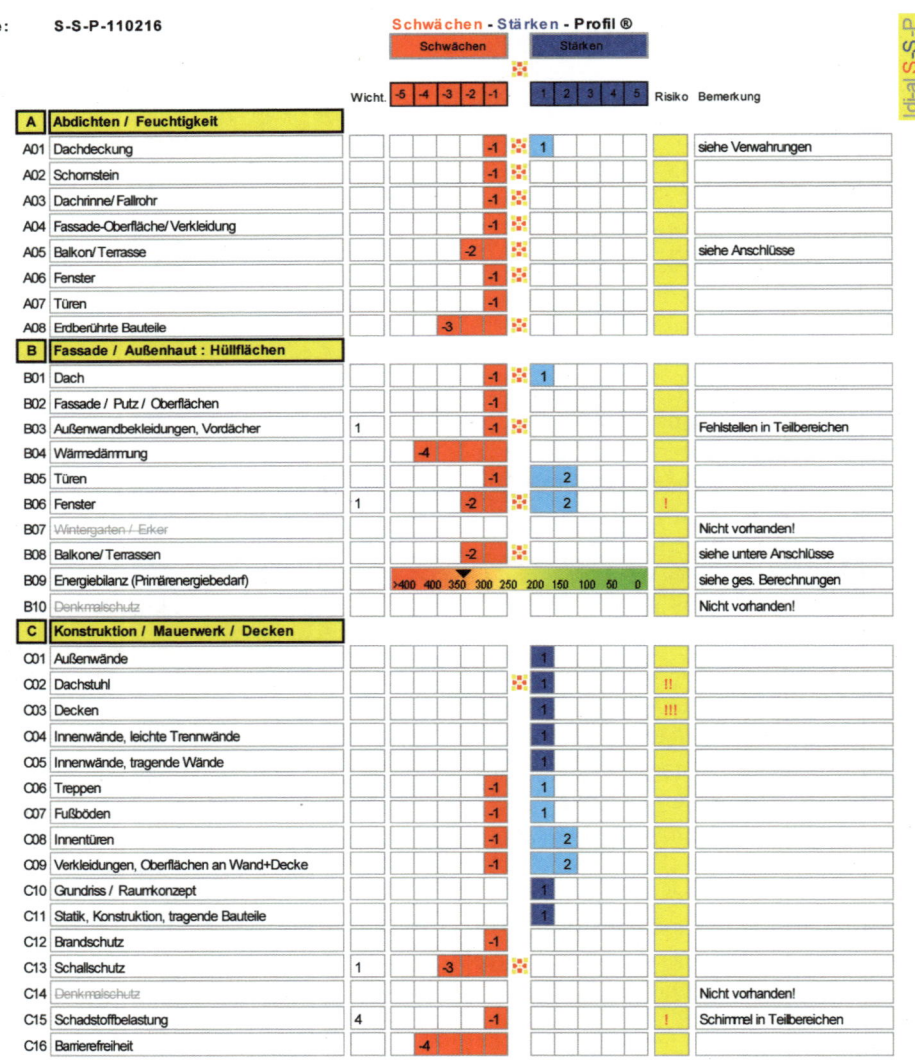

		Wicht.	-5	-4	-3	-2	-1	1	2	3	4	5	Risiko	Bemerkung
A	**Abdichten / Feuchtigkeit**													
A01	Dachdeckung						-1	1						siehe Verwahrungen
A02	Schornstein						-1							
A03	Dachrinne/ Fallrohr						-1							
A04	Fassade-Oberfläche/ Verkleidung						-1							
A05	Balkon/ Terrasse					-2								siehe Anschlüsse
A06	Fenster						-1							
A07	Türen						-1							
A08	Erdberührte Bauteile				-3									
B	**Fassade / Außenhaut : Hüllflächen**													
B01	Dach						-1	1						
B02	Fassade / Putz / Oberflächen						-1							
B03	Außenwandbekleidungen, Vordächer	1					-1							Fehlstellen in Teilbereichen
B04	Wärmedämmung			-4										
B05	Türen						-1		2					
B06	Fenster	1				-2			2				!	
B07	~~Wintergarten / Erker~~													Nicht vorhanden!
B08	Balkone/ Terrassen					-2								siehe untere Anschlüsse
B09	Energiebilanz (Primärenergiebedarf)		>400 400 350 300 250 200 150 100 50 0											siehe ges. Berechnungen
B10	~~Denkmalschutz~~													Nicht vorhanden!
C	**Konstruktion / Mauerwerk / Decken**													
C01	Außenwände							1						
C02	Dachstuhl							1					!!	
C03	Decken							1					!!!	
C04	Innenwände, leichte Trennwände							1						
C05	Innenwände, tragende Wände							1						
C06	Treppen						-1	1						
C07	Fußböden						-1	1						
C08	Innentüren						-1		2					
C09	Verkleidungen, Oberflächen an Wand+Decke						-1		2					
C10	Grundriss / Raumkonzept							1						
C11	Statik, Konstruktion, tragende Bauteile							1						
C12	Brandschutz						-1							
C13	Schallschutz	1			-3									
C14	~~Denkmalschutz~~													Nicht vorhanden!
C15	Schadstoffbelastung	4					-1						!	Schimmel in Teilbereichen
C16	Barrierefreiheit			-4										

D	**Gebäudetechnik**														
D01	Heizung	2				-2	▮	■						!	siehe Rohmetz und Heizkörper
D02	Sanitär						-1	■						!!	Überprüfung der Steigleitungen
D03	Elektro						-1		1						
D04	~~Lüftung~~														keine mech. Lüftung vorh.
D05	~~Techninsche Gebäudeausstattung~~														Nicht vorhanden!
D06	Energiebilanz (Anlagenaufwandszahl)		>2,4 2,4 2,2 2,0 1,8 1,6 ▼1,4 1,2 1,0 0,8												
D07	~~Brandschutz~~														Keine Bewertung!
E	**Außenanlagen**														
E01	Gartenanlage/ Bäume/ Pflanzen						-1		1						
E02	Einfriedung						-1		1						
E03	Grundleitungen/ Wasser/ Abwasser							■							
F	**Grundstück und Erschließung**														
F01	Städtebauliche Situation								▮	2					
F02	Lage Grundstück								▮	2					
F03	Umfeld zu Grundstück/ Gebäude								▮	2					
F04	Erschließung Straße								▮	2					
F05	Erschließung Medien								▮	2					
G	**Imaterielle Wertigkeit - Architektur**														
G01	Architektur								1						
G02	Ausstrahlung / Ambiente								▮	2					
G03	Raumklima / Behaglichkeit								1						
G04	Raumgröße / Raumhöhe								▮	2					
G05	Dach (Form, Anordnung)								▮	2					
G06	Fenster (Größe, Proportion, Aufteilung)								▮	2					
G07	Türen (Zierelemente / Ornamente)								▮	2					
G08	Wände (Zierelemente / Kunst, Stuck, Marmor)								▮	2					
G09	Decken (Zierelemente/ Kunst, Stuck, Holz))								▮	2					
G10	Schadstoffe / Immission							■	1						

■ - Weitere Untersuchungen notwendig   ! - Risikc

Baustoffen. Die tatsächliche Lebensdauer eines Bauteils wird verständlicherweise stark beeinflusst von

- der Qualität des verwendeten Materials,
- der Qualität der Verarbeitung/des Einbaus,
- der Belastung, der das Bauteil während des Gebrauchs ausgesetzt ist,
- der Pflege und Wartung, die man dem Bauteil angedeihen lässt.

Ein solider Marmorbelag, der sachgemäß (das heißt nicht mit ungeeigneten Putzmitteln) gepflegt wird, hat eine höhere Lebenserwartung als ein billiger Kunststeinboden. Manchen wird es vielleicht überraschen: Aber die Lebensdauer von Kunststofffenstern ist durchaus nicht höher anzusetzen als diejenige von Holzfenstern – eine entsprechende Pflege und Wartung natürlich vorausgesetzt.

DURCHSCHNITTLICHE LEBENSDAUERN VON BAUTEILEN		
Deckenkonstruktionen		
	Beton	80 Jahre
	Weichholz	80 Jahre
	Hartholz	80 Jahre
	Stahl	80 Jahre
	Ziegel	80 Jahre
Dach		
	Dachpfanne aus Beton	60 Jahre
	Gebrannte Dachpfanne und Ziegeldächer	80 Jahre
	Pappdach	20 Jahre
	Zinkblecheindeckungen	25 Jahre
	Kupferblechabdeckungen	80 Jahre
	Schornsteinköpfe	30 Jahre
	Tragende Dachkonstruktion	100 Jahre
Decken- und Bodenbeläge		
	Estrich, schwimmend	40–80 Jahre

	Zementestrich	80 Jahre
	Trockenestrich	40–80 Jahre
	Naturstein	80 Jahre
	Hartholz, Keramik	60 Jahre
	Weichholz	40 Jahre
	PVC	30 Jahre
	Linoleum	20 Jahre
	Textil	15 Jahre
	Laminat	20 Jahre
	Parkett	80 Jahre
	Fliesen	50 Jahre
Putze und Anstriche		
	Wärmedämmverbundsysteme (WDVS)	bis 60 Jahre
	Außenputz	50 Jahre
	Verblendmauerwerk	80 Jahre
	Außenanstrich	10 Jahre
	Innenputz	80 Jahre
	Innentüren	60 Jahre
Treppen		
	Geschosstreppen	80 Jahre
	Holztreppen	60 Jahre
	Außentreppen	60 Jahre
Fenster		
	Holzfenster	40–60 Jahre
	Kunststofffenster	40 Jahre
	Metallfenster	40 Jahre

BILD 1–5 Unterschiedlich stark geschädigte Bauteile wie Abflussrohre, Außenwände, Balkontüren, tragende Wände und Decken

BILD 1

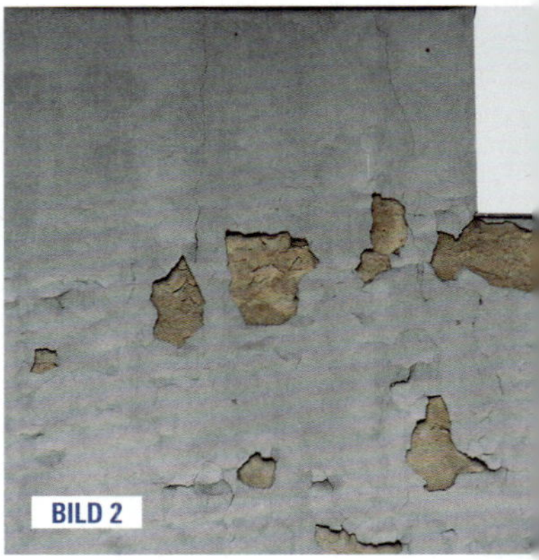
BILD 2

Von der Diagnose zur Therapie

Wenn Sie das Schwächen-Stärken-Profil als visualisierte Diagnose betrachten, dann muss daraus logischerweise ein Therapievorschlag folgen. Dieser Therapievorschlag kann Maßnahmekonzept heißen oder Kostenvoranschlag oder auch anders. Wichtig ist, dass der Therapievorschlag für Sie transparent ist, das heißt, dass Sie den Zusammenhang zwischen Gebäudediagnose und vorgeschlagenen Sanierungsmaßnahmen nachvollziehen können.

Auswertung des Schwächen-Stärken-Profils

Das auf den Seiten 102/103 abgebildete Schwächen-Stärken-Profil bezieht sich auf ein mehrgeschossiges Mehrparteienhaus als Ganzes (Baujahr 1900) und auf das Sondereigentum einer Dachgeschosswohnung (Jahr der Fertigstellung des Ausbaus 1991) als Einzelnes, das jedoch als Einfamilienhaus genutzt wird. Nach 20 Jahren ergibt sich an den sanierten beziehungsweise ausgebauten Teilen des Sondereigentums erwartungsgemäß ein vergleichsweise geringer Nachbearbeitungsbedarf.

So werden beim **DIAGNOSEKOMPLEX A** (Abdichtung/Feuchtigkeit) zum Beispiel an der Dacheindeckung nur kleine Teilbereiche nachzuarbeiten sein. Firste, Grate, Kehlen und Ähnliches werden überprüft und gegebenenfalls instand gesetzt, bei Bedarf wird Moosbewuchs von der Dachfläche entfernt.

Auch der Schornstein erfordert nur geringe Nacharbeiten: Querschnitt, Kaminkopf und Anschlüsse werden kontrolliert, Moosbildung und ähnliche eher optische Mängel beseitigt.

An den Dachrinnen und Fallrohren müssen ebenfalls nur kleine Teilbereiche wie etwa Lötstellen nachgearbeitet und womöglich einzelne Formteile ausgetauscht werden. Der Schadensgrad ist hier gering (bis 10 Prozent).

An der Außenwandbekleidung zeigt sich geringe Rissebildung, abgewitterte und verbrauchte Anstriche bestimmen das Bild, der Untergrund ist aber noch tragfähig. Fehlstellen bis 50 Prozent sind zu verzeichnen, einige Feuchteschäden sind bereits aufgetreten, teils auch Putzschäden (Schadensgrad bis 50 Prozent). Die Außenwand an einer Hofseite hinterlässt einen bereits sehr desolaten Eindruck.

Balkon beziehungsweise Dachterrasse weisen nur einen geringen Schadensgrad auf (bis 10 Prozent). Beläge und Abdichtung sind nachzuarbeiten, ebenso die Anschlüsse, Beläge sind zu reinigen und in geringem Umfang Fugen zu erneuern.

Die Fenster des Sondereigentums erweisen sich bei der Diagnose allesamt als funktionsfähig. Kleine Fehlstellen werden

BILD 3

BILD 4

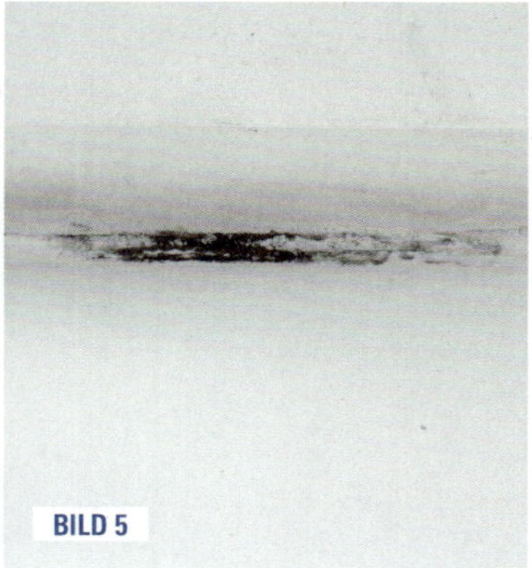

BILD 5

überarbeitet und die Beschläge gegebenenfalls nachjustiert. Eine Oberflächenerneuerung wird empfohlen. Die Fenster weisen eine sehr einfache Architektur und Gesamterscheinung auf. Verwendet wurden einfache Materialien, aufwendige Details nicht angetroffen; die Form der Fenster ist schlicht.

Auch die Haustür ist funktionstüchtig und dicht. Die Beschläge sollten überprüft und gegebenenfalls nachjustiert werden.

Bei den erdberührten Bauteilen fällt der Schadensgrad wesentlich höher aus. Die Abdichtung ist mangelhaft und offenbar in Teilbereichen unbrauchbar geworden; Feuchtigkeitsschäden sind bereits erkennbar, Wasserränder und Ausblühungen sowie Schäden an Anstrichen und Putzen an den Bauteiloberflächen innen ergeben einen Schadensgrad bis 75 Prozent.

Im **DIAGNOSEKOMPLEX B** (Fassade/Außenhaut: Hüllflächen) ergibt sich ein passabler Zustand am Dach (mit maximal 10 Prozent Reparaturbedarf). An der Fassadenoberfläche sind Fehlstellen und Schäden am Putz erkennbar. Reparaturen in vertretbarem Rahmen sind möglich.

Die Türen im Bereich des Gemeinschaftseigentums sind leicht überholungsbedürftig. Beschläge sollten überarbeitet und ergänzt und die Oberflächen behandelt werden.

Die Fenster des Sondereigentums, obgleich überwiegend funktionstüchtig, bedürfen der Verbesserung in den Falzen, Beschlägen, Dichtungen sowie den Anschlüssen zu Wand und Fensterbänken.

Balkon beziehungsweise die Dachterrasse weist einen etwas höheren Reparaturrückstau auf. Der Schadensgrad beträgt hier bis zu 25 Prozent. Die Konstruktion ist überholungsbedürftig, vereinzelt müssen Teile erneuert werden. Die Beläge sind funktionstüchtig, nur die Oberflächen sollten überarbeitet werden.

Das gravierende Problem in diesem Diagnosekomplex stellt die Wärmedämmung dar. Sie fehlt überwiegend im Gebäudekomplex als Ganzem. Diagnose: „Energetische Maßnahmen sind an diesem Gebäude nach heutigem Anforderungsprofil nicht zu erkennen." Die meisten Bauteile weisen eine sehr schlechte Wärmedämmeigenschaft auf.

Die Energiebilanz ist unbefriedigend. Der Primärenergiebedarf, der errechnet werden konnte, liegt zwischen 300 und 350 kWh pro Quadratmeter im Jahr und entspricht der Energieeffizienzklasse G. Das Gebäude insgesamt ist als energetisch unzureichend einzustufen. Es erfüllt nur in kleinen Teilbereichen die heutigen Mindestanforderungen. Die wärmetechnische Ertüchtigung der Gebäudehülle ist erforderlich.

BILD 1

BILD 2

Im **DIAGNOSEKOMPLEX C** (Konstruktion/Mauerwerk/Decken) ergibt sich ein überwiegend freundliches Bild. Die Konstruktion entspricht im Ganzen den Regeln der Technik. Die Außenwände sind in einem akzeptablen Zustand. Kleine optische Mängel sind zwar erkennbar, aber sie erfordern derzeit keine Maßnahmen der Erhaltung oder Sanierung.

Auch der Dachstuhl – das Dachgeschoss ist ausgebaut – entspricht den Regeln der Technik und ist in einem funktionsfähigen Zustand. Kleinere, die Funktion nicht beeinträchtigende Missstände sind zwar erkennbar; Reparaturmaßnahmen aber derzeit nicht erforderlich.

Die Decken sind überwiegend in gutem Zustand. Kleinere Deformationen an der Decke und optische Mängel, welche die Funktion nicht beeinträchtigen, sind erkennbar, erfordern aber keine Maßnahmen. Lediglich ein Stahlträger in der Decke des Kellers ist durchgerostet.

Auch die tragenden und nicht tragenden Innenwände im Sondereigentum sind in einem guten Zustand. Allein kleinere Risse und Abrisse zu angrenzenden Bauteilen sind vorhanden. Sie beeinträchtigen die Funktionsfähigkeit nicht und erfordern keine weiteren Maßnahmen.

Die Treppen überzeugen durch gute Konstruktion mit ansprechender Ausformung. Die wenigen bislang erforderlichen Reparaturen wurden in handwerklich guter Qualität ausgeführt. Die Treppenanlage im Gemeinschaftseigentum entspricht heutigen Anforderungen. Sie ist mängelfrei und entspricht Neubaustandard.

Der Zustand der Fußböden im Sondereigentum ist bedenklich, die Funktionsfähigkeit nur noch bedingt vorhanden, der Zustand beziehungsweise die Ausführung entspricht nicht den Regeln der Technik. An den Bodenoberflächen sind Verformungen und Rissbildungen aufgetreten. Vermutet werden kann eine negative Beeinflussung des Unterbaus: Teile des Oberbodens fehlen bereits. Beeinträchtigungen in Form und Farbe sind festzustellen und ein Schadensgrad bis zu 50 Prozent ist zu vermerken. Beim Fliesenboden im Flur sind einige Fugen schon komplett herausgefallen. Der Zustand der Abdichtung unter dem Oberboden muss weiter geprüft werden.

Die Innentüren des Sondereigentums weisen eine sehr einfache Konstruktion auf, sind schlicht ohne besondere Ausformung und Beschläge, zeigen einige Abnutzungserscheinungen und bergen Spuren von Reparaturen, die in geringer Qualität durchgeführt wurden (zum Beispiel Farb-, Struktur- und Materialunterschiede). Die Gebrauchsfähigkeit ist nicht eingeschränkt, funktionserhaltende Reparaturen sind nicht erforderlich. Einige Ver-

BILD 1 Durchrostung an einem Stahlträger der Kellerdecke
BILD 2 In geringem Umfang müssen Fußböden, besonders in den Türbereichen, aufgearbeitet werden.

besserungen sind wünschenswert, um kleine Beeinträchtigungen in Teilbereichen der Innentüren aufzuarbeiten; Dringlichkeit ist allerdings nicht geboten.

Die Innenraumverkleidungen sowie die Oberflächen an Wänden und Decken des Sondereigentums sind in einfacher Ausführung angelegt und in einem überwiegend guten Zustand. Bauteile und Materialien weisen vereinzelt Schäden auf, die auf einen Reparaturstau hindeuten. Der Schadensgrad (zum Beispiel Risse an der Decke) erreicht die Größenordnung von bis zu 10 Prozent.

Die Grundrisssituation ist zufriedenstellend, aber in kleinen Teilbereichen verbesserungswürdig. Nicht überall entspricht sie den aktuellen Normen und Anforderungen. Anpassungen oder Änderungen könnten mit wenig Aufwand und ohne konstruktive Eingriffe vorgenommen werden.

Hinsichtlich Statik, Konstruktion und tragender Bauteile in ihrer Gesamtheit ist festgehalten worden: Das Tragwerk zeigt lediglich kleinere Missstände durch äußere Einflüsse. Kleinere Reparaturen stehen an. Mit nur geringen Einschränkungen wird eine normale Tragfähigkeit dokumentiert.

Brandschutz ist eingeschränkt vorhanden, wenige Bauteile entsprechen nicht den Mindestanforderungen an den Brandschutz. Der Risikofaktor wird mit bis zu bis 10 Prozent bewertet.

Im Wesentlichen eingehalten sind die Normen des Schallschutzes. Die Bauteile entsprechen den Mindestanforderungen, jedoch nicht den Komfortansprüchen, vereinzelt kann ein Nachrüsten den Schallschutz deutlich verbessern.

Defizite im Diagnosekomplex C mussten hinsichtlich der Barrierefreiheit verzeichnet werden. Das Gebäude ist derzeit nur bis zu 25 Prozent barrierefrei. Die heute allgemein üblichen Mindestanforderungen an barrierefreies Bauen (nach DIN 18030) könnten durch bauliche Maßnahmen in einzelnen Bereichen/Geschossen mit noch vertretbarem Kostenaufwand (bis 90 000 Euro pro Maßnahme) realisiert werden. Das betrifft vor allem die Umgestaltung von Eingangsbereichen, die Überwindung von Höhenunterschieden. Die Barrierefreiheit nach DIN 18030 des Gebäudes in seiner Gesamtheit wäre nur mit hohem Aufwand herzustellen. Wäre die fehlende Barrierefreiheit des Hauses ein K.o.-Kriterium für den Nutzer des Wohneigentums, dann würde seine Entscheidung an dieser Stelle höchstwahrscheinlich gegen den Erwerb der Wohnung fallen.

Im **DIAGNOSEKOMPLEX D** (Gebäudetechnik) wurde zunächst der Zustand der Heizungsanlage beurteilt. Im Ganzen gesehen wird hier Funktionstüchtigkeit attestiert, zugleich aber auch ein Schadens- beziehungsweise Abnutzungsgrad von 25 Prozent registriert. Die Wärmeerzeugung und -verteilung muss weiter geprüft und gegebenenfalls neu eingestellt werden. Weitere Prüfung erfordert auch das Segment Hauptleitung/Verteilung im Untergeschoss. Die Heizungsinstallationen im Sondereigentum sind funktionstüchtig.

Auch die Sanitärinstallationen sind im Wesentlichen funktionstüchtig. Einzelne Sanitärobjekte können ausgetauscht werden, Erweiterungen sind in geringem Umfang erforderlich. Ein Schadens- beziehungsweise Abnutzungsgrad von 25 Prozent wird dokumentiert. Empfohlen wird eine Überprüfung respektive Spülung der Leitungsnetze. Einer weiteren Untersuchung bedürfen die Zuleitungen im Untergeschoss und die Steigleitungen.

Die Elektroinstallationen sind funktionstüchtig, aber ergänzungsbedürftig. Nur geringe Mängel und Schäden werden festgestellt und ein Schadens- beziehungsweise Abnutzungsgrad von 10 Prozent wird notiert. Eine Belüftungsanlage ist nicht vorhanden.

Die Energiebilanz des gesamten Gebäudes ist unbefriedigend. Der Primärenergiebedarf Qp ist größer 300 kWh pro Quadratmeter und Jahr (m^2a) kleiner 350 kWh/(m^2a). Die Anlagenaufwandszahl (siehe Glossar) ep liegt zwischen 2,0 und 2,2. Gebäude- und Betriebstechnik sind energetisch unzureichend, erfüllen nur in kleinen Teilbereichen die Mindestanforderung. Die Reparatur/Erneuerung aller haus- und betriebstechnischen Anlagen in einem Umfang von mehr als 30 Prozent wäre erforderlich, könnte die Energiebilanz deutlich verbessern.

Im **DIAGNOSEKOMPLEX E** (Außenanlagen) ergibt sich kein positives Bild. Die Außenanlagen sind in einem mangelhaften Zustand, der Pflanzenbestand überaltert. In Teilbereichen greift Wildwuchs um sich, und der Instandsetzungsbedarf wird mit 50 Prozent angesetzt.

Bei Grundleitungen (Wasser/Abwasser) wird ein Schadens- respektive Abnutzungsgrad von 25 Prozent festgestellt.

Die Leitungsanlagen sind teilweise mangelhaft, Nachrüstungen und Reparaturen erforderlich. Weitere Untersuchungen, wie zum Beispiel eine Kamerabefahrung wären für eine genauere Diagnose erforderlich. Wird auf eine weitere Untersuchung verzichtet, sind weitere Mängel oder Schwachstellen nicht auszuschließen.

Im **DIAGNOSEKOMPLEX F** (Grundstück und Erschließung) können überwiegend positive Noten vergeben werden. Die städtebauliche Situation ist gut und das Umfeld dem Nutzungscharakter des Gebäudes angemessen. Ebenfalls positiv fällt die Lage des Grundstücks ins Gewicht, die Anforderungen der Auftraggeberin konnten angemessen umgesetzt werden.

Auch das Umfeld zu Grundstück und Gebäude selbst tritt vorteilhaft in Erscheinung. Die Anforderungen im Zusammenhang mit der Nutzung des Gebäudes werden mit wenigen Einschränkungen erfüllt.

Art und Zustand der Erschließungsstraße sind gut, geringe Mängel vorwiegend optischer Natur und erfordern keine besonderen Maßnahmen. Das trifft auch auf den Zustand der Medienerschließung zu, der keine Mängel erkennen lässt, die eine einwandfreie Funktion beeinträchtigen könnten.

Für den gesamten **DIAGNOSEKOMPLEX G** (Immaterielle Wertigkeit/Architektur) werden ebenfalls keine Verbesserungen zwingend notwendig sein; wo sie im Einzelnen wünschenswert sind, können sie für die Zukunft ins Auge gefasst werden.

Der Gesamteindruck der Ausstrahlung und des Gebäudeambientes ist akzeptabel. Gleiches gilt für die Immobilie insgesamt, Verbesserungen sind nicht zwingend erforderlich, jedoch wünschenswert und empfohlen.

Akzeptabel bis gut fallen Raumklima und Behaglichkeit im Gebäude insgesamt sowie im Sondereigentum aus, vereinzelte Verbesserungen wären möglich und werden angeraten.

Die Raumgrößen/Raumhöhen sind hinsichtlich des Raumprogramms der Auftraggeberin und der beabsichtigten Nutzung akzeptabel. Verbesserungen sind nicht zwingend erforderlich, werden jedoch für das Sondereigentum der Auftraggeberin in bestimmtem Umfang empfohlen.

Form und Anordnung des Daches ist akzeptabel, sie entsprechen den Wünschen der Auftraggeberin, jedoch sind weitere verbessernde Maßnahmen angeraten.

Größe, Proportion und Aufteilung der Fenster des Sondereigentums sind insgesamt ohne Veränderungen akzeptabel. Bestimmte Veränderungen hinsichtlich Größe und Proportionen werden aber empfohlen.
Die Türen des Gemeinschaftseigentums beeindrucken durch gute Details und Qualität der Gestaltung. Die Türen des Sondereigentums sind von sehr schlichter Form und einfacher Ausführung.

Wände und Decken wirken hinsichtlich ihres Zustands und Architektureindrucks sowie auch hinsichtlich der verwendeten Materialien (Stuck, Marmor, Holz) akzeptabel bis gut und überzeugen durch Qualität und solide handwerkliche Ausführung des Ganzen und der Details.

Energieeffizient im Bestand – ein Ausblick

„Energiewende", „Energieeffizienz", „Energieeinsparpotenziale" – die Begriffe führt heute fast jeder im Munde, der nicht „out" sein will. Aber weiß auch jeder, was gemeint ist? Und ist jeder, der Bescheid weiß, auch bereit, etwas dafür zu tun und etwas dafür zu bezahlen?

Die Europäische Union hat bis 2020 Energiespar- und Klimaziele gesetzt, die das Bauwesen der Mitgliedstaaten erheblich unter Druck setzen. Schon die Wärmeschutzverordnung von 1995 schrieb vor: „Soweit die wärmeübertragende Umfassungsfläche durch Verschalungen oder gestoßene, überlappende sowie plattenartige Bauteile gebildet wird, ist eine luftundurchlässige Schicht über die gesamte Fläche einzubauen, falls nicht auf andere Weise eine entsprechende Dichtheit sichergestellt werden kann. (…) Die sonstigen Fugen in der wärmeübertragenden Umfassungsfläche müssen entsprechend dem Stand der Technik dauerhaft luftundurchlässig abgedichtet sein."

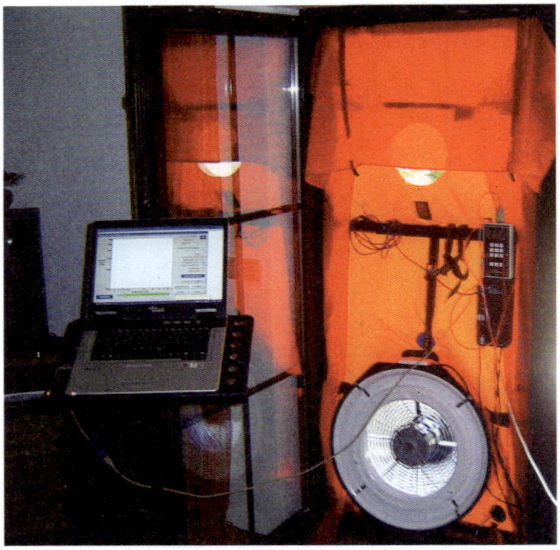

Eingebautes Blower-Door-Gerät während einer Differenzdruckmessung

Das galt seinerzeit zwar nur für Neubauten, mittlerweile geht es aber auch den Altbauten energetisch an den zugigen Kragen. Dass mit undichten Gebäudehüllen, defekten Fenstern, Bauteilen, die als Wärmebrücken wirken, Energie verschwendet wird, das weiß eigentlich jeder – und nicht erst seit gestern. Schimpfte doch schon der Großvater, wenn man zu lange das Fenster angekippt offen ließ: „Heiz ich hier den Hof, oder was?" Doch offenbar haben erst Ressourcenverknappung, Klimaerwärmung und Energiepreisexplosion das längst Bekannte zu einem Problem gemacht, um dessen Lösung man sich nun ernsthaft bemüht.

Je dichter und gedämmter die Häuser werden – und mithilfe der Blower-Door-Tests kann man praktisch jede Leckage in der Außenhülle eines Gebäudes finden und sie nahezu hermetisch abdichten –, desto größer werden die Fragezeichen hinter den Fragen: Was geschieht mit dem Raumklima, wenn sich Menschen in einem luftdichten Haus aufhalten? Wie lüftet man denn ein komplett gedämmtes und abgedichtetes Haus? Reicht es aus, zwei- oder dreimal am Tag die Fenster zu öffnen? Muss es sechsmal täglich sein? Darf man dann eigentlich noch in Urlaub fahren und arbeiten gehen? Oder entsteht hier ein ganz neuer Dienstleistungsberuf im Billiglohnsektor: der Fensterlüfter? Wird demnächst mit der Hausordnung auch ein verbindlicher Lüftungsplan Teil des Mietvertrags? Verändern sich unsere Lebensgewohnheiten? Darüber streiten sich die Parteien schon vor Gericht, und sie werden sich künftig noch häufiger darüber streiten, wie man Schimmelbildung in einem komplett gedämmten und abgedichteten Haus zu vermeiden hat.

Kontrollierte Wohnraumlüftung

Die Lösung scheint in der „Kontrollierten Wohnraumlüftung" (KWL) zu liegen. Schwarzseher meinen schon, wer morgens in seinem Schlafzimmer vom Gesang der Vögel geweckt werden will, muss sich dafür ein anderes Land suchen. Die Fenster bleiben zu! Lüften war gestern, Belüftung ist in. Zwar gibt es noch keine direkte gesetzliche Vorschrift zum Einbau einer Lüftungsanlage mit Wärmerückgewinnung, aber möglicherweise können wir die angestrebten Energieziele ohne KWL gar nicht mehr erreichen. Und das gilt auch für das Bauen im Bestand.

Wer bei der Kontrollierten Wohnraumlüftung aber nur an ständig rauschende Lüfter und die sehr spezielle Ästhetik von Röhrensystemen in Innenräumen denkt, liegt falsch. Viele scheuen sich auch vor dem Abhängen der Decken (um etwa 15 Zentimeter), die bei einem nachträglichen Einbau zentraler Lüftungsanlagen in Altbauwohnungen erforderlich ist. Derartige zentrale Lüftungsanlagen sind für eine Wohnung nicht erforderlich. Hier bieten sich vielmehr sogenannte dezentrale Abluftsysteme mit Wärmerückgewinnung an. Sie eignen sich besonders gut für den nachträglichen Einbau in Bestandsimmobilien. Derartige Systeme können für einzelne Räume passend dimensioniert werden. Besonders für Räume mit regelmäßig hoher Luftfeuchtigkeit und Geruchsbelästigung wie Bädern und Küchen (oder Räumen, in denen regelmäßig geraucht wird) empfehlen sich diese Systeme. Einen Dunstabzug in der Küche können (und sollen) sie allerdings nicht ersetzen. Sie können direkt neben dem Fenster oder im Bereich der Fensterbank eingebaut werden. Da sie auf jeden Fall sowohl das Sondereigentum als auch das Gemeinschaftseigentum berühren, wird der nachträgliche Einbau ohne Zustimmung der Wohnungseigentümergemeinschaft nicht möglich sein.

Dank der Wärmerückgewinnung arbeiten diese Lüftungen sehr energieeffizient. Hier entzieht die Anlage der Abluft einen Großteil ihrer Wärme und heizt damit gleich die ins Haus strömende Außenluft auf. Das spart Heizkosten. Dezentrale Lüftungsgeräte gibt es bereits ab ungefähr 550 Euro. Im KfW-Programm 153 (Energieeffizient bauen) sind Lüftungsanlagen mit mehr als 80 Prozent Wärmerückgewinnung förderfähig.

Fassadendämmung

Die EU-Richtlinie für energieeffiziente Gebäude schränkt zwar ein, dass die EU-Staaten nur dann Mindestnormen einhalten müssen, wenn „größere Änderungen" vorgenommen werden. Allerdings bestimmt jedes Land selbst, was es als „größere Änderung" definiert. Die deutsche Energieeinsparverordnung in der Fassung von 2009 greift bei der Modernisierung der Gebäudehülle nur dann, wenn die sanierte Bauteilfläche – Außenwand, Fester, Dach, Decke – 10 Prozent der gesamten entsprechenden Bauteilfläche des Gebäudes übersteigt und wenn die Art der Renovierung in der Anlage „Anforderung bei Änderung von Außenbauteilen" gelistet ist.

Energieausweis im Bestand

Heute hat jeder Immobilieninteressent, der ein Haus oder eine Wohnung kauft, das Recht, vom Verkäufer einen Energieausweis zu verlangen. Der Verkäufer muss dem Kaufinteressenten diesen Energieausweis umgehend zugänglich machen. Die Novelle der EU-Richtlinie von 2010 geht noch einen Schritt weiter: Künftig sollen Verkäufer (oder Vermieter) von vornherein verpflichtet sein, ihren Kunden einen Energieausweis auch ohne Aufforderung vorzulegen und auszuhändigen. Bei kommerziellen Anzeigen für Vermietung und Verkauf muss künftig der Kennwert der Gesamtenergieeffizienz und des Primärenergiewerts mitgeteilt werden. Ihre Position als Käufer eines gebrauchten Hauses wird damit auf jeden Fall weiter gestärkt werden.

Achtung, Energieausweis!

Die Erfahrungen mit und die Qualität von Energieausweisen ist sehr unterschiedlich. Das Bundesinstitut für Bau-, Stadt- und Raumforschung (BBSR) hat im Januar 2011 eine interessante Studie veröffentlicht; sie untersucht insgesamt 94 Energieausweise, die auf der Basis der Energieeinsparverordnung (Fassung 2007) ausgestellt worden sind. Auch wenn die schmale Datenbasis keine repräsentativen Aussagen erlauben, geben die einzelnen Fallstudien doch Grund zum Staunen.

Die Studie beschäftigt sich sowohl mit Energieausweisen auf Grundlage des ingenieurtechnisch errechneten Energiebedarfs als auch mit solchen auf Grundlage des gemessenen Energieverbrauchs. Nur in 29 Prozent der Fälle stimmten die ausgewiesenen Kennwerte mit dem tatsächlichen Energieverbrauch wenigstens annähernd überein. Verbrauchsausweise erreichten dabei eine signifikant höhere Trefferquote und wesentlich geringere Abweichungen als Bedarfsausweise. „Der eigentlich als höherwertiger geltende Bedarfsausweis hat in der Praxis eine unzureichende Zuverlässigkeit", resümiert die Studie. Seit 2008 ist der Energieausweis auf Grundlage des Energiebedarfs verbindlich vorgeschrieben: für Wohngebäude mit maximal vier Wohnungen, für die der Bauantrag vor dem 1. November 1977 gestellt wurde (Ausnahmen: Gebäude, die schon bei der Fertigstellung die Anforderungen der Wärmeschutzverordnung 1977 erfüllt haben oder nachträglich auf diesen Stand gebracht wurden).

Kritikwürdig sind auch die Verfahren, mittels derer die Energieausweise mitunter ausgestellt wurden. Manche Antragsteller bekamen den Energieausweis per Post, nachdem sie ein Onlineformular ausgefüllt hatten – das heißt ohne Besichtigung oder Nachfrage vor Ort.

Der vollständige Text der Studie mit dem spröden Titel „Evaluierung ausgestellter Energieausweise für Wohngebäude nach EnEV 2007" kann von der Seite www.bbsr.bund.de im Menüpunkt Veröffentlichungen als pdf-Datei heruntergeladen werden.

Der Bedarfsausweis allein ist noch kein Garant für die Zuverlässigkeit der Energieverlaufsprognose. Die Vorschriften für die Bedarfsberechnung abstrahieren vom realen Nutzerverhalten: Sie legen ein Normverhalten zugrunde, das in der Wirklichkeit praktisch niemals angetroffen wird. Was ist für Sie als potenzieller Wohnungskäufer wichtig? Prüfen Sie gemeinsam mit Ihrem „Hausarzt",

- von wem der Energieausweis ausgestellt wurde,

- wie die Datenerhebung und die Berechnung zustande kamen und
- ob die Daten, auf deren Basis der Energieausweis erstellt wurde, eingesehen werden können.

Da bei Energiebedarfsberechnungen eine Immobilie nach Aussage einiger Studien etwas schlechter abschneiden kann, als sie es nach einer Verbrauchsmessung tatsächlich wäre, rechnen Immobilienverkäufer auch schon einmal sehr großzügige Einsparpotenziale vor, um den Wert einer relativ frisch sanierten Wohnung zu erhöhen – Einsparpotenziale, die sich bei realer Nutzung des Objekts meist gar nicht realisieren lassen.

BERECHNUNGSDATEN FÜR DEN ENERGIEAUSWEIS

In den wenigsten Fällen werden zusammen mit dem Energieausweis auch die Daten, die ihm zugrunde liegen, dokumentiert und abgelegt. Das ist zwar gesetzlich auch nicht vorgeschrieben. Aber Sie sollten vom Verkäufer verlangen, dass Ihnen neben dem gestempelten Formular auch die Unterlagen und Daten, auf deren Basis der Energieausweis errechnet wurde, ausgehändigt werden. Dies kann auch in einem Konfliktfall von Bedeutung sein.

Maßnahmenkonzept und Kostenplanung

Der „Hausarzt" hat für das soeben betrachtete Gebäude von 1900 und die 1990/91 ausgebaute Dachgeschosswohnung einen Kostenrahmen für die Sanierung definiert, der sich zwischen 32 280 Euro und 80 700 Euro bewegt. Die Dringlichkeit der Sanierungsmaßnahmen wird dabei nicht in erster Linie von energiewirtschaftlichen Erwägungen diktiert, sondern von der Bauphysik. Die Trocknung würde die oberste Priorität genießen, wenn das die Wohnungseigentümergemeinschaft ebenso sähe.

Die Sanierung der Fassade wäre eigentlich – den Bauzustand allein als Maßstab angelegt – noch nicht nötig, aber sie lohnt sich! Allein die Dämmung der Außenwände könnte den derzeitigen Endenergiebedarf erheblich senken und bedeutete für die gesamte Eigentümergemeinschaft beträchtliche Einsparungen auf lange Sicht, die umso schwerer ins Gewicht fallen, als die Energiepreise mit großer Wahrscheinlichkeit in den nächsten Jahren nicht sinken werden. Auch die zinsgünstigen Kredite und die möglichen Zuschüsse der Kreditanstalt für Wiederaufbau für energetische Sanierungen könnten auf die Willensbildung der Wohnungseigentümergemeinschaft einen positiven Einfluss üben.

Von Ihrem „Hausarzt" dürfen Sie natürlich erwarten, dass er Ihnen auch die entsprechenden Förderwege aufweist, die für bestimmte Sanierungsmaßnahmen an Ihrem Wohnungseigentum zu beschreiten sind.

Gemessen an der Gesamtwohnfläche von 107 Quadratmetern verteuern die Sanierungsmaßnahmen, die in diesem Konzept vorgeschlagen werden, den Quadratmeterpreis des Hauses um rund 303 Euro.

BEISPIEL FÜR EIN MASSNAHMENKONZEPT		
Maßnahme	**Kostenvoranschlag**	**Wichtung**
Bad — Fliesen und Abdichtung	10 000 EUR	A
Fußboden, Fliesenbelag Flur/Küche	12 500 EUR	A
Dachfenster	5 000 EUR	
Sonstige Reparaturmaßnahmen	5 000 EUR	
	32 500 EUR	

Das scheint angesichts des Zugewinns an Komfort und Wohnqualität vertretbar. Ob dies für die Kaufinteressentin eine tragbare Belastung ist, muss sie selbst nachrechnen – und entscheiden. Natürlich lohnt es sich auch für sie nachzurechnen, ob für den erhöhten Quadratmeterpreis, eine Wohnung ohne Sanierungsbedarf zu bekommen ist.

Einige Positionen, die wünschenswert, aber nicht dringend erforderlich sind, stehen nicht in diesem Kostenvoranschlag. Hierunter fällt beispielsweise, da keine Lüftung vorhanden ist, die Möglichkeit, eine Kontrollierte Wohnraumlüftung mit Wärmerückgewinnung einzubauen. Der Einbau wird möglich, wenn eine zureichende Dichtigkeit des Daches und der übrigen Gebäudehülle – einschließlich der Fenster und ihrer jeweiligen Anschlüsse – gegeben ist. Dafür müssten Kosten von weiteren etwa 7000 Euro eingeplant werden. Im Gegenzug würden dann aber die Heizkosten weiter sinken.

Das Europäische Testzentrum Wohnungslüftungsgeräte (TZWL) prüft seit 1995 regelmäßig die am Markt gängigen Lüftungsanlagen und hat seither 131 Prüfungen der Wohnungslüftungsgeräte von 39 verschiedenen Herstellern durchgeführt. Im „TZWL-eBulletin" (www.tzwl.de/markt_und_verbraucherinformationen/tzwl_bulletin) werden wichtige Kenndaten der am Markt befindlichen Geräte verglichen, produzentenneutral bewertet und auch die Art und Effizienz der verwendeten Antriebe erfasst.

Nachrechnen

Gehen wir noch einmal zu unserem Rechenbeispiel aus Schritt 2 (siehe Seite 57) zurück. Dort war von einem Nettokaufpreis von 440 000 Euro (ohne Kaufnebenkosten und vorläufig kalkulierte Sanierungskosten) ausgegangen worden. Unsere Musterwohnung hatte 132 Quadratmeter Wohnfläche mit gehobener bis luxuriöser Ausstattung und zusätzlich 16 Quadratmeter Nutzfläche. Es könnte in Hannover in guter, zentrumsnaher Wohnlage stehen. Schlagen wir der Einfachheit halber die Nutzfläche der Ge-

samtfläche hinzu, erreichen wir einen Quadratmeterpreis von 2973 Euro.

Die Sanierungs- und Renovierungskosten hatten wir mit 20 000 Euro relativ niedrig angesetzt, weil wir davon ausgegangen sind, dass die Immobilie dem Raumprogramm des Kunden weitgehend entsprach und das Objekt selbst in einem topsanierten Zustand war, der dem Preis angemessen ist. Der Quadratmeterpreis erhöht sich mit den Sanierungskosten um 135 Euro auf 3108 Euro.

Mit diesem Quadratmeterpreis überschreitet man den Neubaupreis für ein Einfamilienhaus vergleichbarer Größe in mittlerer Ausstattung (inklusive Architektenkosten, Erschließungskosten usw.). Am Stadtrand von Nordhausen bietet ein Bauträger Ende 2011 Einfamilienhäuser (127 Quadratmeter Wohnfläche, zwei Vollgeschosse, Walmdach, Solaranlage zur Warmwasserbereitung, 650 Quadratmeter Grundstück) für rund 200 000 Euro (inklusive Erschließungs-, Bauneben- und Finanzierungskosten) an. Aber wer seinen Lebensmittelpunkt in Hannover hat, wer in der Großstadt leben möchte und dort eine Wohnung mit gehobener Ausstattung sucht, für den ist die Aussicht, dass er für den Kaufpreis der Wohnung zwei Einfamilienhäuser am Stadtrand von Nordhausen bauen könnte, keine relevante Information. Ein solcher Vergleich hieße nicht einmal mehr Äpfel mit Birnen vergleichen, sondern Obst mit Maschinenteilen.

Wer also allein unter dem Gesichtspunkt des günstigeren Kaufpreises nach einer gebrauchten Wohnung sucht, der muss entweder auf ein Schnäppchen (beispielsweise aus einer Zwangsversteigerung) warten, das ihm einen wesentlich günstigeren Einstiegspreis verschafft, oder stößt an dieser Stelle auf sein K.o.-Kriterium.

Immobilienportale (wie beispielsweise www.immobilienscout24.de) bieten mittlerweile Hilfsmittel an, die einen Vergleich der Preise in einer entsprechenden Lage erlauben.

Klar ist aber auch, dass viele Interessenten nicht – oder wenigstens nicht ausschließlich – unter Preisgesichtspunkten nach einer Bestandsimmobilie suchen. Schließlich gibt es auch viele Mieter, die sich nicht vorstellen können, in einem Neubau zu wohnen. Stattdessen nehmen sie höhere Kosten (etwa höhere Heizkosten für hohe Räume oder höhere Grundmieten für eine exklusive Lage) und dabei möglicherweise sogar Einbußen an Komfort (etwa das Fehlen eines Aufzugs im Mietshaus) und schlechtere Energieeffizienz in Kauf, um in einem Altbau zu leben. So gibt es auch Kaufinteressenten, die sich unter keinen Umständen dem Unternehmen Neubau aussetzen wollen.

Stadtrandlagen schrecken sie ebenso ab wie die Aussicht, in einem Neubaugebiet, dessen Immobilien schleppend verkauft werden, jahrelang zwischen halbfertigen Neubauten und Baumaschinen leben und sich auf verschlammten Wegen bewegen zu müssen. Sie suchen lieber nach einer Bestandsimmobilie, die ihrem Lebensgefühl und ihren Raumbedürfnissen gleichermaßen entspricht – selbst wenn sie dafür einen höheren Preis als für einen Neubau zahlen müssen.

Wie schon im Abschnitt „Der Fahrplan" (siehe Seiten 30ff.) erwähnt: Neben allen wirtschaftlichen Erwägungen spielen viele immaterielle Dinge eine Rolle, wenn es um die Entscheidung für oder gegen eine Immobilie geht. Da ist die Lage in einem gewachsenen Wohnumfeld, die gegenüber einem frisch erschlossenen Neubaugebiet als vorteilhaft empfunden wird. Da sind die Raumhöhen einer alten Bestandsimmobilie, die heute einfach nicht mehr gebaut werden. Da ist vielleicht die alte Holztreppe, die den Geruch von 80 Jahren Bohnerwachs verströmt … Das Leben reicht weit über die imaginäre Grenze hinaus, welche die Rationalität des Immobilienmarkts zieht. Verstand und Gefühl beziehen die Wohnung gemeinsam. Wie viel einem dieses „Darüberhinaus" wert ist, kann jeder für sich selbst entscheiden.

- Nachrechnen muss sein, damit man sich nichts vormacht.
- Nachrechnen muss sein, damit Sie sich der Risiken, die Sie eingehen, auch bewusst sind.
- Nachrechnen muss sein, damit Sie erkennen, was das Besondere, das Sie sich leisten, eigentlich wert ist.

Ohne nachzurechnen können Sie keine Entscheidung treffen. Jetzt ist der Zeitpunkt gekommen, da Sie Ja oder Nein sagen können.

Es ist so weit

Der Schlüsselmoment: Sie halten jetzt zwar noch nicht die Schlüssel Ihrer frisch rekonstruierten gebrauchten Wohnung in den Händen, aber – vielleicht noch in den Gutachten und Dokumenten zur Gebäudediagnose versteckt – den Schlüssel zu Ihrer Entscheidung: Wohnung oder keine Wohnung? Darlehen oder kein Darlehen? Behalten und einziehen oder veräußern und wegziehen? Buch auf oder Buch zu?

Erfahrungsgemäß entstehen aus den Diagnosedokumenten und Gutachten viele neue Fragen – Fragen, die Sie mit Ihrem „Hausarzt" durchgehen sollten. Nehmen Sie sich Zeit für die innere und äußere Diskussion, die von der Gebäudediagnose ausgelöst werden wird.

„Es ist so weit" heißt nicht, dass Sie jetzt zu allem Ja und Amen sagen müssen. Im Gegenteil:

- Wenn der Makler Sie drängt, weil er ein einmaliges, nie wiederkehrendes Schnäppchen extra für Sie zurückhält: Nein! Das ist nicht die einzige Wohnung, die für Sie infrage kommt. Und wenn der Makler tatsächlich nur diese eine Wohnung für Sie hat, ist er nicht der einzige Makler, der Ihnen helfen kann.

- Wenn der Verkäufer zu dem Termin, an dem Sie die Wohnung besichtigen, gleichzeitig noch zwei andere Interessenten einlädt, um seine Immobilie besonders interessant zu machen: Nein! Dieses Spielchen müssen Sie nicht mitmachen. Wenn die anderen Interessenten (sofern sie überhaupt echt sind) es mitmachen wollen, ist es deren Sache.
- Wenn die Bank Sie drängt, weil sie die wahnwitzig guten Zinskonditionen nur noch bis zum Ende der nächsten Woche aufrechterhalten kann: Nein! Es ist nicht so, dass alle Bankgeschäfte Ende der nächsten Woche eingestellt würden. Lassen Sie sich in der übernächsten Woche ein neues Angebot geben, vielleicht ist es sogar günstiger als das aktuelle – und falls nicht: Nein! Es gibt nicht nur eine Bank, die mit Ihnen gern eine Immobilie finanzieren würde.

Legen Sie also das Buch jetzt beiseite und nehmen Sie sich Zeit für Ihre Entscheidung. Überdenken Sie noch einmal alles, was Sie sich von Ihrer Immobilie wünschen.

Der Notartermin

Wenn Sie sich zum Kauf entschlossen haben, wartet auf jeden Fall ein Notartermin auf Sie. Schließlich muss ein Immobilienkaufvertrag immer vor einem Notar geschlossen werden. Grundsätzlich können Sie einen Notar Ihrer Wahl mit der Beurkundung beauftragen, doch der Verkäufer hat dieses Recht ebenso; Sie müssen sich also mit ihm einigen.

DER NOTAR VERTRITT NICHT IHRE INTERESSEN!

Achtung! Oft arbeiten Makler oder Verkäufer immer wieder mit ein und demselben Notar zusammen. Das hat für den Makler wie für den Notar Vorteile: Die Verträge, die er zu beurkunden hat, sind wesensgleich. Der Notar ist nie Partei. Er vertritt weder die Interessen der einen noch der anderen Seite, sondern beurkundet lediglich das Rechtsgeschäft. Die Vertragsgestaltung richtet sich im Grundsatz nach dem Kaufvertragsrecht des Bürgerlichen Gesetzbuchs (§§ 433–453). Er hat die Urkundsbeteiligten juristisch so zu beraten, dass er deren Willen beurkunden kann. Der Notar ist nicht zur Beratung verpflichtet, was die wirtschaftlichen Vertragskonditionen betrifft. Immer dann, wenn der Kaufvertrag ausdrücklich von Regelungen des BGB abweicht – beispielsweise wenn der Ausschluss von Sach- und Rechtsmängeln vereinbart werden soll –, ist Vorsicht geboten. Haben Sie keine Scheu, „den Betrieb aufzuhalten", wenn Ihnen eine Rechtsfrage nicht klar ist oder Ihnen ein Vertragsdetail unverständlich formuliert erscheint. Es geht um zu viel Geld. Wenn Ihnen Zweifel kommen, ziehen Sie besser einen Fachanwalt für Baurecht oder Vertragsrecht hinzu, mit dem Sie den Vertrag durchgehen.

Grundbucheinsicht

Der Notar hat zwar die Pflicht, den Inhalt des Grundbuchs festzustellen und bei der Beurkundung zu erläutern. Wenn Sie aber die Sachlage vor dem Notartermin in Ruhe studieren wollen, sollten Sie vom Verkäufer einen aktuellen, beglaubigten Grundbuchauszug verlangen. Es gibt für den Verkäufer keinen Grund, Ihnen das zu verweigern, es sei denn, er hätte unredliche Absichten. Aus dem Grundbuchauszug können Sie ersehen, ob mit dem Grundstück und der Wohnung „alles o. k." ist. Auch die finanzierende Bank wird Ihnen keinen Euro leihen, wenn sie nicht vorher den Grundbuchauszug gesehen hat. Und das hat seinen Grund (siehe Abschnitt „Rangfragen" auf Seite 122).

Man muss gar nicht allzu spitzfindig denken, um vorsichtig zu sein. So wie es viele verschiedene Motive gibt, eine gebrauchte Wohnung zu erwerben, so können beim Verkäufer auch die unterschiedlichsten Motive vorliegen, die Wohnung zu verkaufen. Da kann ein Familienstreit oder eine Erbauseinandersetzung ebenso den Hintergrund bilden wie ein Scheidungsurteil oder der Entschluss auszuwandern.

Was steht im Grundbuch?

Jedes Grundstück – und auch jede Wohnung im Sinne des Wohnungseigentumsgesetzes (WoEigG) – hat ein eigenes Dokument im Grundbuch, das sogenannte Grundbuchblatt. Die Namen stammen aus der Zeit, als die Grundbücher noch dicke, gebundene Bücher waren und die Angaben zu einem Grundstück auf einem eigenen Blatt geführt wurden. Heute werden die Grundbücher in der Regel elektronisch geführt und bei Bedarf Auszüge (auch in körperlicher, das heißt auf Papier ausgedruckter Form) erstellt.

Das Grundbuchblatt, wie es in Deutschland vorgeschrieben ist, hat vier Teile:

- Im Bestandsverzeichnis werden der Miteigentumsanteil, die Lage, die Bezeichnung, die Größe und die Nutzung des Gesamtgrundstücks sowie die genaue Bezeichnung der Wohnung, auf die sich das Grundbuchblatt bezieht, angegeben.
- In der Abteilung I findet man den oder die Eigentümer der Wohnung. Diese Eintragung ist maßgeblich für die Eigentumsverhältnisse.
- In der Abteilung II sind die Rechte aufgeführt, die an der Wohnung bestehen (außer Hypotheken, Grund- und Rentenschulden, die in Abteilung III stehen). Hier werden aber beispielsweise sogenannte Dienstbarkeiten eingetragen. Diese Abteilung verzeichnet auch vertragliche Vorkaufsrechte und Vormerkungen. Hier würde auch eine Vormerkung für den Käufer eingetragen, sobald der Kaufvertrag notariell beurkundet ist.
- Die Abteilung III verzeichnet Hypotheken, Grund- und Rentenschulden, die auf der Wohnung lasten. Sofern Sie den Kaufpreis mithilfe einer Bank teilweise finanzieren, wird hier das Grundpfandrecht zur Besicherung Ihres Darlehens eingetragen.

Welche Überraschungen und Unannehmlichkeiten könnten Ihnen im Grundbuch begegnen?

Im Bestandsverzeichnis kann eine bestimmte Veräußerungsbeschränkung eingetragen sein, die zum Beispiel festlegt, dass die Wohnungseigentümergemeinschaft einem Verkauf zustimmen muss. Die Zustimmung zu einem Verkauf kann einem Miteigentümer zwar nur aus wichtigem Grund verweigert werden, aber es kann Zeit und Geld kosten, die Verkaufsabsicht durchzusetzen und den Verkauf zu vollziehen.

In der Abteilung 1 könnte Ihnen auffallen, dass der Verkäufer der Wohnung und der eingetragene Eigentümer nicht identisch sind. Das kann ausnahmsweise vorkommen, beispielsweise wenn der eingetragene Eigentümer verstorben ist und der oder die Erben den Verkauf der Immobilie betreiben. Hier ist immerhin Vorsicht geboten, etwa wenn eine ungeteilte Erbengemeinschaft vorliegt. Spätestens der Notar muss Ihnen Auskunft über die Hintergründe geben.

In der Abteilung 2 des Grundbuchs werden „Lasten und Beschränkungen" eingetragen. So könnte dort bereits ein Vorkaufsrecht vermerkt sein: „Vormerkung zur Sicherung des Anspruchs auf Übertragung des Eigentums für die Stadt Musterstadt".

Eine Grunddienstbarkeit, die im Grundbuch eingetragen wird, ist das Wegerecht, das heißt das Recht eines anderen, sein Grundstück über Ihr Grundstück zu erreichen oder Leitungen (Strom, Wasser, Abwasser) vom öffentlichen Netz auf ein Hinterliegergrundstück zu führen.

Eingetragen werden auch persönliche Dienstbarkeiten, zum Beispiel: „Beschränkte persönliche Dienstbarkeit dahingehend: Die Stadtwerke Musterstadt sind berechtigt, auf dem Grundstück Erdkabel zu legen und zu betreiben. Gemäß Bewilligung vom ..., eingetragen am ...". Das wird zwar für nicht viele Wohneigentumsformen zutreffen, könnte aber relevant sein, wenn Ihr Wohnungseigentum in Form eines Reihenhauses besteht, also keine Etagenwohnung ist.

Auf ähnliche Weise könnte zum Beispiel auch das dauerhafte Wohnrecht der Schwiegermutter des Verkäufers im Grundbuch eingetragen sein. Das wäre in der Tat eine unangenehme Überraschung, wenn Sie in eine Wohnung einziehen wollen, in der unvermutet jemand anderes Wohnrecht genießt.

Schließlich könnte im schlimmsten Fall der sogenannte Nießbrauch eines Dritten am Grundstück eingetragen sein, der viel weiter reicht als das Wohnrecht als beschränkte persönliche Dienstbarkeit. Derjenige, dem der Nießbrauch zusteht, könnte die Immobilie nicht nur selbst bewohnen, sondern sie auch an andere vermieten.

In der Abteilung 3 könnten Sie Grundpfandrechte einer Bank vorfinden. Das ist normal, wenn der Vorbesitzer einen Teil des Kaufpreises seinerzeit selbst mithilfe einer Bank finanziert hat. Es kann der Ausnahmefall vorkommen, dass bereits eingetragene Rechte vom Käufer übernommen werden. Regelmäßig wird die Eintragung aber vor der Eigentumsumschreibung gelöscht.

Diese Einzelheiten und individuellen Bestimmungen, die Ihnen im Grundbuch begegnen können, müssen mit dem Verkäufer sauber geklärt werden. Bestimmte Rechte, zum Beispiel Wegerechte, die einheitlich auf allen Wohnungen eines Objekts lasten, müssen zwingend vom Käufer übernommen werden. Bei vielen anderen Rechten muss mit dem Verkäufer geklärt werden, ob sie gelöscht werden können. Besondere Vorsicht ist bei Nießbrauchs- und Wohnrechten geboten: Sie beruhen auf Vereinbarungen zwischen dem früheren Eigentümer und dem oder den daraus Berechtigten. Diese Vereinbarungen selbst sind aber nicht unbedingt im Grundbuch eingetragen. Darum besteht hier immer Aufklärungsbedarf!

WO LIEGT IHR GRUNDBUCH?
In 15 von 16 Bundesländern werden die Grundbücher von den zuständigen Amtsgerichten geführt. In Baden-Württemberg ist es bis 31.12.2017 noch etwas anders. Hier führen Staatliche Grundbuchämter die Bücher. Im Rechtsgebiet Badens befinden sich diese Staatlichen Grundbuchämter bei den Gemeinden. Zuständiger Grundbuchbeamter ist der Badische Amtsnotar im Landesdienst (und gegebenenfalls zusätzlich ein Rechtspfleger). In elf großen Gemeinden (Mannheim, Karlsruhe, Karlsruhe-Durlach, Freiburg i. Br., Heidelberg, Baden-Baden, Pforzheim, Konstanz, Offenburg, Lahr und Weinheim) befinden sich die Grundbuchämter direkt bei den Notariaten. Im Rechtsgebiet Württembergs führen sogenannte Bezirksnotariate die Grundbücher. Elektronische Grundbücher lösen mehr und mehr die Papierform ab. Die internetbasierte Einsicht ist möglich, die Vorschriften der Grundbuchordnung (§ 133 II 2 GBO) werden angewendet (siehe http://dejure.org/gesetze/GBO/133.html). Baden-Württemberg und Nordrhein-Westfalen planen ab 2012 die schrittweise Einführung des elektronischen Rechtsverkehrs in Grundbuchsachen.

Rangfragen

Die Bank, die Ihren Wohntraum zu Teilen finanzieren soll, wird nicht begeistert sein, wenn im Grundbuch vorrangige Rechte eingetragen sind. Rechte, die Sie übernehmen müssen, haben Folgen für Ihre eigene Finanzierung.

Kreditinstitute verlangen bei der Auseichung von Hypothekendarlehen regelmäßig die Bestellung einer Grundschuld. Sie beanspruchen für Ihre Grundschuld den sogenannten ersten Rang. Das würde aber bedeuten, dass kein bereits eingetragenes Recht der Grundschuld vorgehen darf.
Die Rechte, die Sie übernehmen müssen, genießen aber grundsätzlich Vorrang.

Jetzt gibt es zwei Lösungswege:

- Die Inhaber vorrangiger Rechte erklären einen Rangrücktritt. Das ist möglich; dazu können sie aber nicht verpflichtet werden.

- Die Bank begnügt sich mit der Eintragung einer nachrangigen Grundschuld. Dann muss die Nachrangigkeit im Darlehensvertrag ausdrücklich vermerkt werden. Sie müssen damit rechnen, dass ein nachrangiges Darlehen teurer wird. Das Kreditinstitut lässt sich das Einverständnis mit einer schlechteren Rangstelle meist nur mit einer „Risikoprämie" in Form höherer Zinsen abkaufen.

TIPP
Rangfragen zur Grundbuchbestellung sollten unbedingt vor Abschluss des notariellen Kaufvertrags geklärt sein. Verlangen Sie von Ihrer Bank gegebenenfalls eine eindeutige Finanzierungszusage, in der die Rangfrage geklärt ist. Scheitert Ihre Finanzierung nämlich nach Vertragsabschluss an der Rangfrage, könnten Sie mit hohen finanziellen Forderungen konfrontiert werden.

Auflassungsvormerkung

Nach der Beurkundung des Kaufvertrags vor einem Notar muss der **Eigentümerwechsel im Grundbuch** eingetragen werden. Das kann einige Zeit dauern. Um in der Zwischenzeit Sicherheit zu schaffen – theoretisch könnte der bisherige Eigentümer die Wohnung so lange erneut verkaufen, wie er noch als rechtmäßiger Eigentümer im Grundbuch steht –, wird unmittelbar nach der notariellen Beurkundung des Eigentümerwechsels (der seit dem Mittelalter sogenannten Auflassung) im Grundbuch regelmäßig eine Auflassungsvormerkung eingetragen. Besser müsste sie Eigentumsvormerkung heißen, denn mit ihr wird nicht die Auflassung selbst (die ja bereits vor dem Notar vollzogen ist), sondern der Eigentumswechsel als künftige Rechtsänderung gesichert.

Mit dem Eintrag in das Grundbuch ist das Rechtsgeschäft Wohnungskauf vollzogen. Glückwunsch! Sie sind nun Eigentümer der Wohnung mit allen Rechten und Pflichten und können sich umgehend an die eventuell notwendigen Umbau- und Sanierungsmaßnahmen machen.

PS: Wenn Sie sich gegen ein Objekt entschieden haben, muss ihr „Projekt gebrauchte Wohnung" deshalb nicht beendet sein. Wie beim Mensch-ärgere-dich-nicht-Spiel werden Sie warten, bis Sie wieder eine „6" würfeln, das heißt Ihnen wieder eine geeignete Immobilie ins Blickfeld gerät, und die Schrittfolge von Neuem beginnen. Sie wissen jetzt, worauf es ankommt.

SCHRITT 5: PLANUNG

Nachdem Sie die Entscheidung getroffen haben, die gebrauchte Wohnung Ihrer Wahl zu kaufen oder – wenn sie Ihnen schon gehörte – zu behalten, müssen Sie anhand Ihres Raumprogramms und der Ergebnisse der Gebäudediagnose entscheiden, was und wie viel getan werden muss. Wenn Ihre gebrauchte Wohnung tipptopp in Schuss ist und überdies ideal zu Ihrem eigenen Raumprogramm passt, können Sie beruhigt einziehen und die Housewarming-Party vorbereiten. Für alle anderen beginnt nun die Planungsphase.

Bestandspläne beschaffen

Für alle Umbau- und Sanierungsmaßnahmen sind exakte Planungsunterlagen erforderlich. Die Planung im Bestand muss aufgrund vorhandener Bestandspläne vorgenommen werden. Wenn Sie viel Glück haben, bekommen Sie bei der Übergabe Ihrer Wohnung auch die vollständigen Bestandspläne. Den meisten ist dieses Glück jedoch nicht vergönnt.

Was Sie als Bauherr tun können?

Zunächst sollten Sie sich natürlich beim Verkäufer darum bemühen, möglichst vollständige Unterlagen zu bekommen. Im Ausnahmefall bilden diese eine komplette Bauakte, in der auch alle späteren Um- oder Einbauten dokumentiert sind. Warum das die Ausnahme ist? Weil nur in Ausnahmefällen der Verkäufer einer einzelnen Wohneinheit auch der Bauherr der gesamten Anlage ist. Dieser Fall ereignet sich relativ häufig bei einer Doppelhaushälfte, die Wohnungseigentum im Sinne des WoEigG ist. Meistens ist der Verkäufer Miteigentümer und hat seine Wohnung selbst vom Bauträger gekauft oder von einem Miteigentümer, dem zuvor die Wohnung gehörte usw. In den wenigsten Fällen ist also der Vorbesitzer die richtige Adresse bei der Recherche nach Bestandsplänen, es sei denn, der Vorbesitzer Ihrer Wohnung hat selbst auch schon vor der Aufgabe gestanden, vor der Sie jetzt stehen, und sich die Dokumentation in Kopie beschafft.

Regelmäßig dürfte der Verwalter die richtige Anlaufstelle sein. Eine Verwaltung, die etwas auf sich hält, bietet einer Wohnungseigentümergemeinschaft als Dienstleistung die Aufbewahrung sämtlicher Verwaltungsunterlagen an, die zur ordnungsgemäßen Verwaltung des gemeinschaftlichen Eigentums erforderlich sind, solange die Eigentümergemeinschaft besteht: zum Beispiel die Teilungserklärung und die Gemeinschaftsordnung, ebenso Haus- und Nutzungsordnungen, Eigentümerlisten, Niederschriften über Eigentümerversammlungen (Beschluss-Sammlung) oder Ausfertigungen gerichtlicher Entscheidungen und behördlicher Verwaltungsakte, Aufteilungspläne, Bestandspläne, Schließpläne, Sicherungsscheine, Generalschlüssel, Betriebsanleitungen und Ähnliches mehr.

Jetzt hängt viel davon ab, wie lange die Eigentumswohnanlage bereits existiert, wie oft die Verwaltung gewechselt hat und wie sorgfältig sie tatsächlich gearbeitet hat. Weiter als bis 1951 braucht man nicht zurückzugehen, weil es zuvor juristisch noch kein Wohnungseigentum gab. Selbst ältere Wohngebäude aus der Zeit vor 1900 können erst seit 1951 zu Wohnungseigentum umgewandelt worden sein. Spätestens zu diesem Zeitpunkt müssen die Bestandspläne der Baubehörde vorgelegen haben, sonst hätte sie die Abgeschlossenheitsbescheinigung nicht ausgestellt. Das ist heute noch genauso. So erwartet die Bauaufsichtsbehörde für eine **Abgeschlossenheitsbescheinigung** folgende Unterlagen:

- **formlosen Antrag mit Angabe der Grundstücksdaten** (Gemarkung, Flur, Flurstück, Straße und Hausnummer) einschließlich Grundbuchblattnummer,
- **Liegenschaftsplan** mit Markierung des Gebäudes,
- **Bestandspläne** von Keller, Erdgeschoss, Obergeschoss(en), Dachgeschoss, Spitzboden,
- **Ansichten** aller Gebäude von allen Seiten,
- **Querschnitte**,
- **Wohn- und Nutzflächenberechnung**.

Es geht bei Umbaumaßnahmen in einem Wohnungseigentum ja oft nicht nur um kosmetische Korrekturen im engeren Bereich des Sondereigentums, sondern gelegentlich um Eingriffe in die konstruktive Substanz des Gebäudes, das heißt des Gemeinschaftseigentums. Auch wenn die Wohnungen selbst erst um 1980 umgebaut wurden und zu Wohnungseigentum umgewandelt worden sind, ist doch die Bausubstanz des Gebäudes oft erheblich älter. Häufig sind die erhalten gebliebenen Pläne lückenhaft – umso mehr, je älter die Immobilie ist und je häufiger die Wohnungseigentümergemeinschaft den Verwalter gewechselt hat. Dann bleibt als weitere Möglichkeit, bei der zuständigen Bauaufsichtsbehörde des Kreises oder der Kommune nach der **Bauakte** zu fragen. Zumindest was den „amtlichen" Teil der Planungsunterlagen betrifft, kann man da fündig werden. Das ist, zumal wenn Kriegseinwirkungen oder andere widrige Zeitumstände die Pläne dezimiert oder vernichtet haben, die einzige Alternative zu „gar keinem Plan".

TIPP

Wenn Sie für Ihren „Hausarzt" die Unterlagen zusammenstellen: Suchen Sie nicht nur nach Zeichnungen. Auch Handwerkerrechnungen und Lieferscheine können weiteren Aufschluss geben, beispielsweise über die Art der abgerechneten Arbeiten bei früheren Sanierungs- oder Umbaumaßnahmen, über das verbaute Material usw.

Bestandspläne prüfen

Selbst eine augenscheinlich vollständige Bauakte – gewissermaßen das Handbuch zum Haus – bietet keine absolute Sicherheit, dass alles korrekt dokumentiert ist.

Möglicherweise gab es schon während des Neubaus Änderungen gegenüber der Planung, die nicht dokumentiert wurden. Möglicherweise sind beim Umbau und bei der Umwandlung eines früheren Mietshauses in eine Eigentumswohnanlage bestimmte Abweichungen von der genehmigten Planung nicht hinreichend dokumentiert worden.

Häufig tritt auch das umgekehrte Phänomen auf: Die Bauakte ist 100-prozentig korrekt, aber das Gebäude ist es nicht. Bauteile verschlissen im Laufe der Zeit und wurden nicht mehr ersetzt. Oder sie waren überflüssig geworden, wurden irgendwann abgebaut und man vergaß, die Dokumentation entsprechend nachzuhalten. Auch solche Diskrepanzen sind für den „Hausarzt" interessant, kann doch zum Beispiel das Vorhandensein eines Vordaches in der Zeichnung, das am Gebäude aber fehlt, Hinweise auf Eingriffe an der Außenwand geben, mit der das (nicht mehr vorhandene) Vordach einstmals verbunden war.

Der Abgleich der Bestandspläne mit der Wirklichkeit führt – jedenfalls bei älteren Immobilien – in der Regel dazu, dass neue, aktuelle Planungsunterlagen erstellt werden. Das muss mittels eines professionellen Aufmaßes und einer CAD-Zeichnung (computer-aided design) erfolgen. Die technischen Möglichkeiten spezialisierter Ingenieurbüros erlauben es mittlerweile, klassische Pläne auf Papier zu digitalisieren und in die neue, digitale Bauakte zu übernehmen.

Neue Bestandspläne erstellen

Alte Bestandspläne werden mit der Wirklichkeit abgeglichen und aktualisierte Bestandspläne angefertigt. Ein genaues Aufmaß des vorhandenen Baus ist dabei die Grundvoraussetzung für eine solide und wirtschaftliche Planung. Scheut der Bauherr die Mehrkosten für die Aufmaßarbeiten, spart er an der falschen Stelle. Das frühzeitige Erkennen unklarer Verhältnisse am Bau, die beim Bauen im Bestand regelmäßig auftreten, gleicht die zusätzlichen Kosten mehr als aus.

Was ist beim Aufmaß und bei der Bestandszeichnung zu beachten?

Lageplan

Ein exakter Lageplan ist die Grundvoraussetzung der Planung. Es kann sich als nützlich erweisen, einen amtlichen Lageplan zu haben, der dann die richtigen Außenmaße und die exakte Lage des vorhandenen Bauwerks darstellt. Von Bedeutung ist das insbesondere dann, wenn bauliche Erweiterungen oder eingreifende Modernisierungen am Gemeinschaftseigentum geplant werden, die baurechtlich relevant sind.

Grundrisse

Auch bei den Grundrissen müssen alle erforderlichen Informationen eingearbeitet werden, das heißt die Raumgrößen, die Türen und Fenster, die Konstruktionsarten, Raumhöhen, Deckenhöhen, Unterzüge, Wandstärken usw. – mit anderen Worten: möglichst alles, was aus bautechnischer Sicht relevant ist. Häufig haben sich in den Jahrzehnten der Eigentümerwechsel oder Nutzungsänderungen bauliche Veränderungen ergeben, die in den alten Bestandsplänen nicht exakt nachgehalten worden sind. Das kann sowohl Bereiche des Gemeinschaftseigentums als auch des Sondereigentums betreffen.

Schnitte und Ansichten

Die Ansichten bilden das Pendant zum Grundriss. Sie zeigen die erhabenen Teile des Gebäudes. Die Vorderansicht wird traditionell **Aufriss** genannt, die Seitenansicht von links **Seitenriss** oder **Kreuzriss**. Die Ansichten geben die äußere Gestalt des Gebäudes wider; angegeben werden darin die Fenster und Türen sowie die Form des Daches. Auch die Anschlüsse an angrenzende Gebäude unter Angabe des vorhandenen und künftigen Geländes an den Eckpunkten der Außenwände sind anzugeben, ebenso die Höhenlage des künftigen Geländes sowie die Wandhöhe, bei geneigten Dächern auch die Dachneigung und die Firsthöhe.

In den Schnitten werden die Geschosshöhen, die lichten Raumhöhen, Treppen und Rampen sowie Anschnitte des vorhandenen und des künftigen Geländes eingezeichnet.

BAUELEMENTE EINDEUTIG KENNZEICHNEN

Räume, Fenster und Türen sind die in einer Bauzeichnung wohl am häufigsten vorkommenden Elemente. Um Irrtümer auszuschließen und später lange Erklärungen zu vermeiden, welches Fenster denn nun gemeint ist und welche Farbe in wel-

Alter und zum Teil überarbeiteter Bestandsplan eines Altbaus

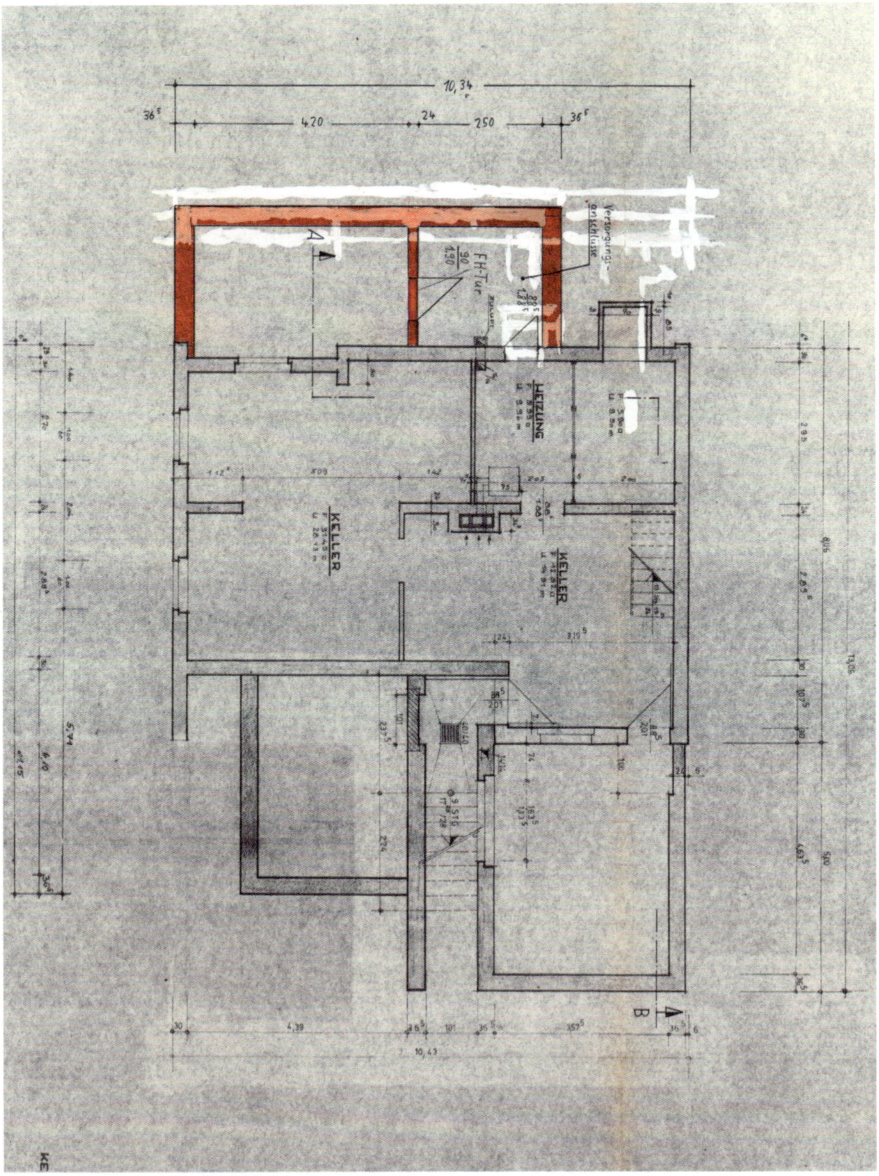

Neu gezeichnete Planungsunterlagen des gleichen Gebäudes von 1999

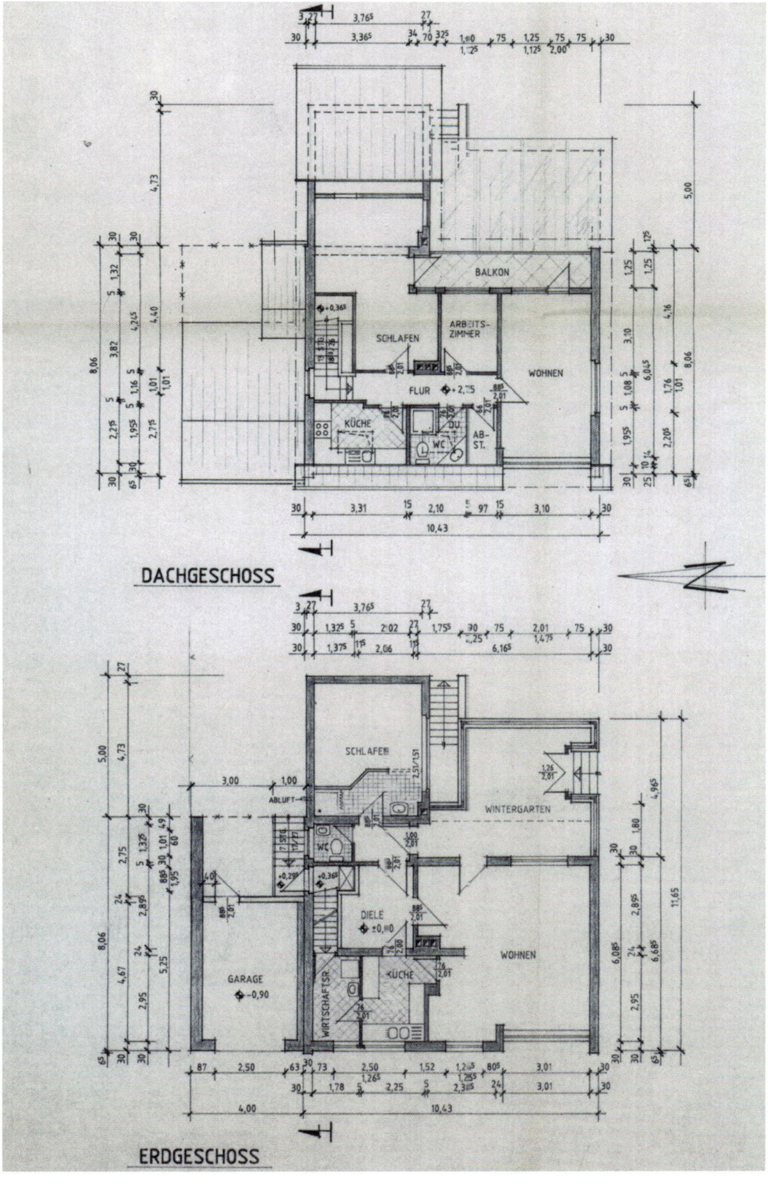

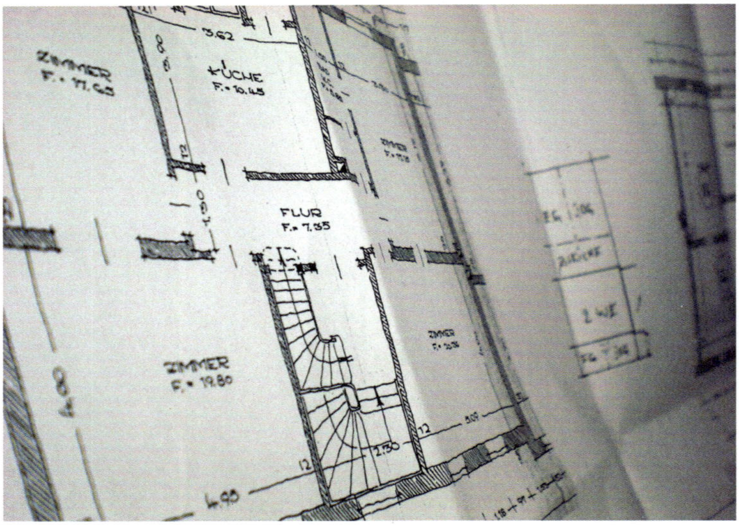

chen Raum gehört, empfiehlt es sich von vornherein, Räume, Fenster und Türen methodisch zu nummerieren.

Flächenberechnung

Auch bei der Flächenberechnung wird sich Ihr „Hausarzt“ nicht auf die vorhandenen Angaben alter Pläne verlassen, selbst wenn Flächenberechnungen bei der Bauaufsichtsbehörde zwecks Ausstellung einer Abgeschlossenheitsbescheinigung vorgelegen haben müssen. Würden nicht falsche Flächenberechnungen allerorten in Dokumenten und Verträgen auftauchen, hätten Rechtsanwälte und Gerichte wesentlich weniger zu tun. Falsch berechnete Flächen sind nicht nur für das Mietrecht ein immer wiederkehrendes Problem, das zu Rechtsstreiten führt. Auch der Eigentümer einer Wohnung sollte möglichst genau wissen, welche Flächen er zur Verfügung hat, und sie mit dem Raumprogramm, das er in Schritt 1 erstellt hat, abgleichen können. Auch die Wohnungseigentümergemeinschaft als Ganzes muss über exakte Daten verfügen. Die Ermittlung von Rauminhalten und Grundflächen bei Bauwerken erfolgt nach der Norm DIN 277. Grundsätzlich sollten alle – auch die derzeit nicht genutzten – Räume eines Hauses präzise ausgewiesen werden. Damit schafft man sich unter Umständen Optionen für eine weitergehende Nutzung oder für spätere Ausbauvarianten.

Vom Bestandsplan zum Entwurfsplan

Erst wenn die Bestandspläne vollständig vorliegen und sie präzise der gebauten Wirklichkeit des Gebäudes im Allgemeinen und Ihrer Wohnung im Speziellen entsprechen, können Sie Umbaumaßnahmen seriös planen.

An dieser Stelle kommt wieder das Bauherrenprofil mit Ihrem idealen Raumprogramm aus Schritt 1 (siehe Seite 37) ins Spiel. Anhand dieser Vorgaben müssen Sie prüfen, wie sich Ihre Wünsche und Bedürfnisse mit den tatsächlichen baulichen Gegebenheiten in Übereinstimmung bringen lassen.

Grundsätzlich haben Sie zu Ihrer Wohnung schon einmal Ja gesagt. Gewiss hätten Sie sich die Mühe bis zu diesem fünften Schritt nicht gemacht, wenn Sie schon zu Anfang gesehen hätten, dass die Wohnung überhaupt nicht zu Ihnen passt. Nun aber kommt es darauf an, mit einer pfiffigen Planung das Maximum aus der Wohnung herauszuholen, den Grundriss optimal auszunutzen und dabei dennoch die Wesensmerkmale des Gebäudes hinsichtlich Baukultur, Architektur und Stil zu erhalten. Hier kann Ihr „Hausarzt" als Altbauexperte zeigen, was er kann.

Genehmigungsplanung

Die Genehmigung muss erfolgen, wenn für die erforderlichen Sanierungs-, Modernisierungs- und Umbaumaßnahmen ein Bauantrag einzureichen ist. Der Bauantrags hat zum Ziel, bei der zuständigen Behörde eine Baugenehmigung zu erwirken. Daher hat diese Phase den Namen Genehmigungsplanung.

Das übliche Verfahren sieht vor: Der Architekt oder Bauingenieur erstellt die Genehmigungspläne mit allen erforderlichen Angaben – Grundrisse, Ansichten und Schnitte im Maßstab 1:100, Lageplan im Maßstab 1:500 oder 1:1000, Wohnflächenberechnung nach DIN 277. Im untersten Geschoss wird die Entwässerung dokumentiert. Die Dokumente der Genehmigungsplanung werden mit dem Bauantrag bei der Bauaufsichtsbehörde eingereicht. Bei kleineren Reparatur- und Sanierungsarbeiten ist dieser Planungsumfang nicht erforderlich.

Im Zuge der Vereinfachungen der Genehmigungsverfahren und der Verschlankung der behördlichen Bürokratie hat sich für bestimmte Bauvorhaben (meist über sogenannte Gebäudeklassen in den Landesbauordnungen definiert) die Praxis der Genehmigungsfreistellung durchgesetzt. Für dieses Freistellungsverfahren müssen die Planungsunterlagen aber dennoch erstellt und bei der Bauaufsichtsbehörde eingereicht werden. Denn die muss innerhalb einer relativ kurzen Frist (je nach Bundesland unterschiedlich, zum Beispiel ein Monat in Nordrhein-Westfalen) entscheiden, ob die eingereichten Unterlagen die Genehmigungsfreistellung rechtfertigen oder ob aus unterschiedlichen Gründen dennoch ein Baugenehmigungsverfahren erforderlich ist.

SAN-RE-MO

Sanieren – Renovieren – Modernisieren sollte nach einem einheitlichen Konzept erfolgen. In dieser Phase müssen gegebenenfalls weitere Experten hinzugezogen und deren Mitwirkung in der Planung verankert werden.

SCHRITT 6: FACHLEUTE – SACHVERSTÄNDIGE – EXPERTEN

Relativ früh sollten Sie gemeinsam mit Ihrem „Hausarzt" klären, ob und welche Experten außerdem gebraucht werden – zum Beispiel Statiker, Holzschutzgutachter, Vermesser usw. Je unübersichtlicher die bauliche Situation, desto eher sollte ein „Facharzt" eingeschaltet werden. Ihr „Hausarzt" wird am besten einschätzen können, welcher „Facharzt" an Ihrem Haus tätig werden muss, damit ein endgültiger Therapieplan festgelegt werden kann.

Das Spektrum der Anpassung Ihrer gebrauchten Wohnung an Ihre Bedürfnisse ist weit, es reicht von „einfach frische Farbe drüber" bis „komplett umbauen". Das Wohnungseigentumsgesetz spricht in § 14 die Verpflichtung des Wohnungseigentümers an, sein Sondereigentum instand zu halten. In § 21 wird die „ordnungsgemäße Instandhaltung und Instandsetzung" des Gemeinschaftseigentums als Aufgabe der Wohnungseigentümergemeinschaft festgelegt. „Bauliche Veränderungen und Aufwendungen, die über die ordnungsgemäße Instandhaltung und Instandsetzung" des Gemeinschaftseigentums hinausgehen, regelt § 22 WoEigG.

Baumaßnahmen im Sondereigentum Ihrer Wohnung und im Gemeinschaftseigentum können nach dem Grad der Eingriffstiefe gestaffelt betrachtet werden:

- Instandhaltung: Erhaltung, Sicherung und gegebenenfalls Wiederherstellung der Funktionsfähigkeit
- Instandsetzung: nur leichte Überarbeitung, wo defekte Bauteile vorhanden sind
- Reparatur: Austausch, teils Erneuerung von defekten Teilen

- Sanierung: Überarbeitung der gesamten Immobilie ohne besonderen Anspruch
- Modernisierung: Anpassung an heutigen Stand der Technik

Die Situation wird im Wohnungseigentum insofern ein wenig komplizierter, als nicht ein einzelner Eigentümer über die Maßnahmen am gesamten Gebäude entscheidet, sondern die Wohnungseigentümergemeinschaft als Ganzes in der Pflicht steht. Nun ist es schlecht vorstellbar, dass – zumal bei größeren Wohnanlagen – die gesamte Wohnungseigentümergemeinschaft als Bauherr auftritt. Rechtlich strittig ist es aber auch, wenn lediglich der Verwalter oder der Verwaltungsbeirat agieren. In der Vergangenheit mussten Gerichte immer wieder Beschlüsse von Wohnungseigentümerversammlungen überprüfen und gegebenenfalls zurückweisen, die lediglich als Rahmenbeschlüsse gelten konnten und die eigentlichen Sachentscheidungen dem Verwalter beziehungsweise dem Verwaltungsbeirat überließen.

Die Entscheidungskompetenz über die Sanierungsmaßnahmen bleibt Sache der Wohnungseigentümergemeinschaft – umso mehr, als die Novellierung des WoEigG von 2007 die Beschlussfassung erleichtert hat. Mussten vorher Beschlüsse zur Sanierung mit den Stimmen aller Miteigentümer gefasst werden, reicht nach § 22 Absatz 2 WoEigG ein doppelt qualifizierter Mehrheitsbeschluss aus (drei Viertel aller stimmberechtigten Wohnungseigentümer, die zugleich mehr als die Hälfte der Miteigentumsanteile vertreten).

KOSTEN BERÜCKSICHTIGEN
Die Kehrseite dieser Novellierung, die namentlich Sanierungen hinsichtlich der Energieeffizienz erleichtern sollte: Ein einzelner Wohnungseigentümer, der die Kosten nicht tragen kann (oder will), kann nun die Sanierung nicht mehr aufhalten – und muss sie auch mittragen. Das sollte sich jeder Käufer von Wohnungseigentum vor Augen halten. Sanierungsmaßnahmen müssen notwendig und gerechtfertigt, sie dürfen aber nicht unbillig sein. Wärmedämmung und Solaranlage, ein Aufzug (in einem mehrgeschossigen Haus im Sinne der Barrierefreiheit), ebenso der Bau eines Spielplatzes kann von der qualifizierten Mehrheit (siehe oben) beschlossen werden. Ein Swimmingpool oder eine Wellnessoase nicht. Luxus muss nicht mitbezahlt werden.

Wege zum Beschluss

Die Wohnungseigentümergemeinschaft steht nicht unter Zwang, den Sanierungsbeschluss in vollem Umfang in einer einzigen Eigentümerversammlung zu treffen. Das ist sachlich und organisatorisch auch gar nicht möglich. Sinnvoll ist es jedoch, wenn sich die Wohnungseigentümergemeinschaft wie ein einzelner Bauherr verhält, das heißt sich an die Schrittfolge hält, die in diesem Buch vorgeschlagen wird. Schritte 1 bis 3: Bauherrenprofil, Finanzanalyse und Wahl des „Hausarztes" (siehe Seiten 35 bis 87). Schritte 4 und 5: Gebäudediagnose und Planung (siehe Seiten 90 bis 131).

Was für den einzelnen Bauherrn gut ist, das kann auch dem kollektiven Bauherrn Gewinn bringen. Begleitend zu den einzelnen Schritten kann die Wohnungseigentümerversammlung ihrer Verantwortung nachkommen. Dazu wird sie in (gegebenenfalls außerordentlichen) Eigentümerversammlungen die konkrete Beschlusslage dem wachsenden Erkenntnisstand anpassen. Verwalter und Verwaltungsbeirat sorgen für die Übereinstimmung des operativen Geschäfts mit den Beschlüssen der Wohnungseigentümerversammlungen. Geht man so vor, wird die Entscheidungskompetenz der Wohnungseigentümergemeinschaft am besten gewährleistet.

Einen Schritt vor, zwei Schritte zurück?

Werfen Sie einen Blick auf die Gebäudediagnose, die der „Hausarzt" in Schritt 4 erstellt hat (siehe Seiten 90 bis 123). Dort finden sich auf dem Schaubild des Schwächen-Stärken-Profils noch einige rote Kreuze. Bei vielen Gebäudediagnosen kann die Zahl der roten Kreuze noch höher ausfallen. Sie bedeuten, dass eine genauere Aussage erst nach weiterer Untersuchung möglich ist. Jetzt, wo die Planung voranschreitet, muss diese genauere Untersuchung erfolgen. Das Risiko, einen Schaden mit einer „Modernisierungsmaßnahme" versehentlich zu überbauen, muss ausgeschlossen werden.

Neuralgische Punkte bei der Altbausanierung sind der gesamte Dachbereich, sämtliche Fassadenöffnungen (Fenster, Balkon- und Terrassentüren), die Außenwandbekleidungen, die Heizungs- und Sanitärinstallationen, die Grundleitungen (Wasser, Abwasser) und alle erdberührten Bauteile. Hier müssen den Sanierungsmaßnahmen genaue Untersuchungen vorausgehen, damit präzise festgestellt werden kann, was zu tun ist. Ebenso wichtig ist es, für gesunde Bauteile die Sicherheit zu gewinnen, dass sie tatsächlich gesund sind – und dass nichts gemacht werden muss.

An dieser Stelle wird der Bauherr (und wahrscheinlich auch die Wohnungseigentümergemeinschaft) vielleicht das Gefühl haben, immer wieder auch einen Schritt zurück zu gehen. Auf unserem 11-Schritte-Weg ist jeder einmal gegangene Schritt nicht ein für alle Mal abgehakt. Vielmehr muss in der Planungsphase der Abgleich mit der Finanzplanung erfolgen. Fördern genauere Untersuchungen Schäden zutage, deren Behebung einen erheblichen finanziellen Mehraufwand gegenüber dem kalkulierten Budget bedeuten würde, muss gemeinsam mit dem „Hausarzt" über Lösungen nachgedacht werden. Das gilt für den einzelnen Bauherrn ebenso wie für die Wohnungseigentümergemeinschaft in der Bauherrenrolle. Schließlich steht die Phase der Ausschreibung und Vergabe noch aus – und da lässt sich noch der eine oder andere Euro herausholen. Auch das Raumprogramm muss gegebenenfalls abermals revidiert werden, sollte sich nämlich herausstellen, dass die „Fachärzte" eine ursprünglich geplante Veränderung nicht für realisierbar halten.

Architekt

Einen Architekten als „Facharzt“ brauchen Sie wahrscheinlich nur, wenn Ihr „Hausarzt“ selbst kein Architekt ist. In diesen Fällen ist er als Spezialist erforderlich, wenn Sie eingreifende Maßnahmen planen, zum Beispiel die Grundrissgestaltung Ihrer Wohnung optimieren wollen.

Tragwerksplaner (Statiker)

Einer der am häufigsten benötigten „Fachärzte“ ist der Tragwerksplaner, auch Statiker genannt. Sollen Gebäudeteile, namentlich tragende Teile, eingreifend verändert werden, muss ein Statiker hinzugezogen werden, sofern Ihr „Hausarzt“ nicht selbst Statiker ist. Ihm obliegt es in der Regel, den sogenannten Standsicherheitsnachweis zu führen. Bei allen Veränderungen am Haus, welche die tragenden Teile betreffen, wird der Architekt als „Hausarzt“ häufig auch einen Statiker als „Facharzt“ hinzuziehen. Auch für den einzelnen Wohnungseigentümer gilt: Selbst wenn das Umbauen jetzt noch nicht auf der Tagesordnung steht, muss es gedanklich doch schon vorweggenommen werden: Für den Fall, dass Sie Ihr Raumprogramm nur mit erheblichen Umbauten realisieren können, wird Ihnen ein Statiker schon vorab sagen können, was grundsätzlich möglich ist und was nicht – oder nur mit einem unvertretbar hohen Kostenaufwand.

Geotechniker

Steht das Haus auf einem schwierigen Untergrund – zum Beispiel an Hanglagen, vor Böschungen und Geländesprüngen oder in einem Bergbaufolgegebiet, kann unter Umständen ein Geotechniker der geeignete Spezialist sein, um Risikofaktoren für das Gebäude abzuschätzen und/oder Sicherungsmaßnahmen vorzuschlagen und zu planen. Dass eine solche Vorsicht bei schwierigen Geländeverhältnissen nicht übertrieben und geologische Gefahren nicht aus der Luft gegriffen sind, beweist der katastrophale Erdrutsch vom Juli 2009 in Nachterstedt (Sachsen-Anhalt), der zwei Häuser in einen See riss, mehrere andere unbewohnbar machte und drei Menschenleben kostete. Ihr „Hausarzt“ wird Ihnen raten können, ob Sie einen Geotechniker als „Facharzt“ hinzuziehen müssen.

Energieberater

Besonders unter steigenden Energiekosten auf der einen und den gesetzlichen Anforderungen der Energieeinsparverordnung (EnVE) sowie der 1. Bundesimmissionsschutzverordnung (1. BImSchV) auf der anderen Seite werden Fragen der Energieeffizienz relevant, wenn Sie an den Kauf einer gebrauchten Wohnung denken.

Der Begriff „Energieberater“ ist keine gesetzlich geschützte Bezeichnung. Auch der Baustoffhändler aus der Nachbarschaft kann sich Energieberater nennen, wenn er einen Dämmstoff für Fassadensanierung anbietet. Für die Qualifizierung zum Energieberater gibt es keine bundeseinheitlichen Abschlüsse. Dennoch gibt es Kriterien, an denen Sie die Neutralität und

Qualifikation einer Energieberatung erkennen können.

In der Bundesrepublik Deutschland beschäftigt sich als zentrale Behörde das Bundesamt für Wirtschaft und Ausfuhrkontrolle (BAFA) mit der Qualifikation der Energieberater. In dem Zusammenhang ist interessant, welche Anforderungen diese Bundesbehörde stellt, wenn die Vor-Ort-Beratung durch Energieberater gefördert werden soll. „Förderfähig ist eine Vor-Ort-Beratung, die sich umfassend auf den baulichen Wärmeschutz sowie die Wärmeerzeugung und -verteilung unter Einschluss der Warmwasserbereitung und der Nutzung erneuerbarer Energien bezieht. Zusätzliche Boni sind möglich, wenn die Beratung durch Empfehlungen zur Stromeinsparung, thermografische Untersuchungen oder Luftdichtigkeitsprüfungen nach DIN 13829 (sogenannte Blower-Door-Tests) ergänzt wird", heißt es in der Richtlinie. Das Bundesamt legt strenge Maßstäbe an diejenigen Berater, die berechtigt sind, Fördermittel zu beantragen. Antragsberechtigt sind der Richtlinie zufolge als Berater:

- Ingenieure und Architekten, die durch ihre bisherige berufliche Tätigkeit die für eine Energieberatung notwendigen speziellen Fachkenntnisse, insbesondere in den Teilbereichen Wärmebedarfsermittlung, Wärmeschutztechnik, Heizungstechnik, Erneuerbare Energien und Allgemeine Energiesparberatung, erworben haben;
- Ingenieure und Architekten, die durch zusätzliche Fortbildungsmaßnahmen nach Anlage 3* dieser Richtlinie die für eine Energieberatung notwendigen speziellen Fachkenntnisse erworben haben;
- Absolventen der Lehrgänge der Handwerkskammern zum/zur geprüften „Gebäudeenergieberater/in (HWK)";
- Absolventen geeigneter Ausbildungskurse, deren Mindestinhalte und Eingangsvoraussetzungen in Anlage 3* dieser Richtlinie festgelegt sind.

(* Die genannte Anlage 3 regelt die Mindestanforderungen an die Durchführung von Aus-/Weiterbildungsmaßnahmen sowie deren Eingangsvoraussetzungen; sie ist, wie die gesamte Richtlinie für die Vor-Ort-Beratung, einzusehen unter der Adresse: www.bafa.de/bafa/de/energie/energiesparberatung/vorschriften/energie_vob_richtlinie_2009.pdf)

Das Bundesamt legt größten Wert auf die Unabhängigkeit der Berater. Die Richtlinie schreibt zu diesem Punkt daher ausdrücklich fest: „Als Berater ist nicht antragsberechtigt, wer mit der Beratung ein wirtschaftliches Eigeninteresse an bestimmten Investitionsentscheidungen des Beratenen haben kann und deshalb nicht unabhängig ist."

Hingegen hält es die Bundesbehörde nicht für erforderlich, dass ein Energieberater alles selbst kann. Für so spezielle Analysen wie thermografische Untersuchungen und Blower-Door-Tests (Luftdichtigkeitsprüfungen) kann er auch einen externen Spezialisten hinzuziehen, hat dessen Ergebnisse aber in seinem Gutachten zu verantworten.

Die von manchen Publikationen verbreitete Ansicht, die bei der BAFA registrierten Energieberater seien von der Bundesbehörde zugelassene Berater, trifft indes nicht zu. Die BAFA ist keine Zulassungsbehörde. Wer „in einem Unternehmen tätig ist, das Leistungen oder Produkte im Bereich der Erstellung oder Sanierung von Gebäuden anbietet", ist bei der BAFA zwar nicht berechtigt, Fördermittel für die Energieberatung zu beantragen, kann aber dennoch ein hervorragender Energieberater sein, wenn er über die entsprechenden Qualifikationen verfügt.

Um ein wenig mehr Licht in das Beratungs-Dickicht zu bringen, haben große Verbände und Behörden gehandelt. Zu einem neuen Beratungsportal in Sachen Energieeffizienz (Energieberater 2020) haben sich der Bundesarbeitskreis Altbauerneuerung (BAKA), das Deutsche Energieberater-Netzwerk (DEN), der Gebäudeenergieberater Ingenieure Handwerker Bundesverband (GIH BV) zusammengeschlossen. Mithilfe von Kriterien, welche die Verbände gemeinsam mit der KfW und dem Bundesministerium für Verkehr, Bau und Stadtentwicklung aufgestellt haben, wird die Qualifikation der dort eingetragenen Energieberater stets aktuell überprüft und die Qualität der Beratung dauerhaft gesichert. Mehr Informationen dazu unter www.energieberater-2020.de.

Spezialisten für Blower-Door-Tests und Thermografie

Unter den Energiefachleuten gibt es eigene Gruppen von Spezialisten, die Thermografiegutachten erstellen und Blower-Door-Tests durchführen. Diese Experten werden Sie wahrscheinlich nicht nur ein einiges Mal am Bau brauchen, denn es wäre fatal, einen Blower-Door-Test erst am Ende der Baumaßnahmen, kurz vor der Abnahme, durchzuführen. Sollten dann nämlich Leckagen in der Gebäudehülle festgestellt und Wärmebrücken nachgewiesen werden, ist es schwer, die Schwachstelle zu finden und zu beseitigen. Die ganze Wand, die gerade so fertig und schön aussah, muss dann vielleicht noch einmal geöffnet werden. Die entsprechenden Untersuchungen sollten also baubegleitend durchgeführt werden und nicht erst nachdem die Tapeten geklebt und die Wände gestrichen sind.

Mittels Thermografie macht man sichtbar, was das Auge normalerweise nicht sieht. Entsprechend fein kalibrierte Messsysteme registrieren selbst geringste Temperaturunterschiede. Unter anderem werden mittels Thermografie Fehlstellen am Wärmeschutz einer Gebäudehülle diagnostiziert (wie zum Beispiel Wärmebrücken, unzureichend ausgeführte Bauteilanschlüsse, schadhaft gewordene Dämmschichten im Dach usw.).

Thermografische Darstellung einer ungedämmten Hauswand. Linker Gebäudeteil im Vergleich zur bereits gedämmten Gebäudehülle (rechter Gebäudeteil). Rot und gelb erscheinen die „heißen Zonen", die Wärmeverlust signalisieren.

ACHTUNG ZUSCHUSS!

Das Bundesamt für Wirtschaft und Ausfuhrkontrolle (BAFA) fördert Energiesparberatung vor Ort durch Zuschüsse: 360 Euro ist der Förderbetrag für Wohnhäuser mit mindestens drei Wohneinheiten. Werden Hinweise zur Stromeinsparung integriert, können 50 Euro Bonus gezahlt werden. Weitere Zusatzuntersuchungen lösen weitere Boni aus: für thermografische Aufnahmen 25 Euro pro Thermografie, aber höchstens 100 Euro, für den Blower-Door Test nach Din 13829 100 Euro (Blower-Door-Test und Thermografie sind in der Förderung aber nicht kombinierbar).

Beachten Sie bitte: Um Energieverluste durch die Gebäudehülle zu visualisieren, müssen thermografische Aufnahmen in der Regel in der Heizperiode durchgeführt werden; die Temperaturdifferenz zwischen beheiztem Wohnraum und Umgebung sollte wenigstens 10 Grad betragen.

Fachingenieure HLSE

Fachingenieure für Heizung, Lüftung, Sanitär- und Elektrotechnik werden hinzugezogen, wenn sich an den haustechnischen Installationen gravierende Probleme zeigen oder wenn ein völlig neues System – wie etwa die mechanische Belüftung – völlig neu eingebaut werden soll. In vielen Fällen muss im Schwächen-Stärken-Profil vermerkt werden, dass der Zustand der Grundleitungen einer weiteren Überprüfung bedarf. Auch wenn hausseitig alles ohne Befund zu sein scheint, kann erst ein genauer Blick ins Rohr – mittels einer Kanalkamera – letzte Gewissheit geben, dass auch bis hin zum Anschluss ans öffentliche Netz alles in Ordnung ist.

Umweltingenieure

Bei manchem alten Gebäuden hat man oft keinen genauen Überblick über die Reihe der Vorbesitzer und Vornutzer. Ist in dem Haus in der Lohestraße tatsächlich früher einmal eine Gerberei betrieben worden, wie die Nachbarn behaupten? Trifft es zu, dass sich auf dem Hof der Eigentumsanlage, wo jetzt ein Kinderspielplatz eingerichtet werden soll, früher eine Müllgrube befand?

In den Sechzigerjahren wurde oft ohne viel Skrupel bebaut, was in den Jahrzehnten zuvor abgeräumt und zugeschüttet worden war. So stand in Wiesbaden jahrzehntelang ein Kindergarten auf dem Grundstück des ehemaligen Gaswerks, das 1898 geschlossen und abgerissen worden war. In sieben Metern Tiefe befand sich eine große Teergrube, randvoll mit flüssigen und zähflüssigen Teerresten, die seinerzeit einfach zugeschüttet und später schlicht vergessen worden waren, aber über Jahrzehnte hinweg an die Oberfläche ausdünsteten. Der Kindergarten musste geschlossen und abgerissen werden; die Bodensanierung nahm acht Monate in Anspruch und kostete 3,3 Millionen Euro. Namentlich wenn Spielplätze auf Außenanlagen eingerichtet werden, empfiehlt sich die Untersuchung durch einen Umweltingenieur, sobald sich ein

Verdachtsmoment für eine ungeklärte Vornutzung der Immobile ergibt.

Holzschutzexperten

Was macht man mit einem defekten Balken? Und wie ist der Schaden überhaupt zu bewerten? Ihr „Hausarzt" muss kein Alleskönner sein, aber er wird an dieser Stelle den richtigen Spezialisten einschalten, einen Holzschutzgutachter, einen Sachverständigen für Holz- und Bautenschutz.

SACHKUNDENACHWEIS HOLZSCHUTZ AM BAU

Der „Sachkundenachweis Holzschutz am Bau" dokumentiert eine erfolgreich abgelegte Sachkundeprüfung. Der Inhaber verfügt demnach über die in DIN 68 800, Teil 4 geforderte Qualifikation: Kenntnisse und Fertigkeiten entsprechend dem Stand von Wissenschaft und Technik für die Vorbereitung, Anleitung, Durchführung und Prüfung von unbedenklichen und umweltverträglichen Holzschutzmaßnahmen zur Bekämpfung holzzerstörender Pilze und Insekten sowie sonstiger Einflüsse.

Vermesser

Öffentlich bestellte und vereidigte Sachverständige für Vermessungswesen beschäftigen sich mit der messtechnischen Erfassung von relevanten Punkten auf der Erdoberfläche, in Räumen und an Objekten (wie zum Beispiel Gebäuden). Sie sind zuständig für den amtlichen Lageplan und werden immer dann gebraucht, wenn das Grundstück neu zu vermessen ist (weil etwa ein erforderlicher Lageplan nicht mehr vorhanden oder nicht mehr aktuell ist), wenn die Grundstücksgrenzen nach ihrem tatsächlichen Verlauf geprüft und vor Ort fixiert werden müssen oder die aktuelle Bebauung von Grundstücken festzustellen ist. Dies wird im weitesten Sinn als Katastervermessung verstanden. Daraus werden Karten im Maßstab 1:1000 oder 1:500 erstellt. Auch wenn Anbauten eingeplant werden, muss mit dem Bauantrag ein Lageplan eingereicht werden.

Ingenieursvermessungen können notwendig werden, wenn die An- und Umbaumaßnahmen einen größeren Umfang erreichen. Dann können unter Umständen Maßermittlungen, das Abstecken von Bauachsen und -höhen sowie als baubegleitende Maßnahme Setzungsmessungen und weitere Kontrollmessungen erforderlich werden.

Die folgende Übersicht hilft Ihnen, den Einsatz der „Fachärzte" zu disponieren.

Ist guter Rat teuer?

Das kommt auf die Maßstäbe an, die man selbst setzt. Guter Rat in unserem Sinn ist Expertenwissen, das auf neuesten Erkenntnissen und auf langjähriger Erfahrung beruht. Expertenwissen, das sich auf Netzwerke und auf technische Hilfsmittel stützt, die eben nicht umsonst zu haben sind.

Viele Immobilienkäufer scheuen vor diesen „Nebenkosten", den Planungskosten, zurück. Aber auch Kompetenz und Erfahrung haben ihren Preis. Wer hier ein Schnäppchen machen will, muss mit Fol-

WELCHER PLANER – FACHPLANER

	Nicht nötig	Ggf. nötig	In jedem Fall	Beauftragt
Vermessungsingenieur				
Architekt				
Tragwerksplaner				
Fachingenieur für HSLE				
Energieberater / Gutachter				
Thermografiegutachter				
Holzschutzgutachter				
Sachverständiger für Schadstoffe / Umweltingenieur				
Geotechniker				

gen rechnen, die am Ende viel kostspieliger ausfallen können. Fakt ist aber: Bei der Auswahl der richtigen Fachleute muss man von Anfang an auch an die Honorare denken.

Prüfen Sie gemeinsam mit Ihrem „Hausarzt" die Leistungsangebote der Experten. Mitunter werden einfach mal Leistungen weggelassen, um sich kostengünstiger darzustellen. Aber würden Sie sich ein Auto mit drei Rädern kaufen, in der Hoffnung, es würde am Ende auch schon irgendwie fahren?

Die richtigen „Fachärzte" haben ihren Preis. Deren Leistungen sollten möglichst exakt beschrieben werden, um daraus ein konkretes Angebot ableiten zu können. Für Planungsleistungen gibt es in der Honorarordnung für Architekten und Ingenieure (HOAI) Positionen, an denen man sich orientieren kann. Die Volltextfassung dieser Honorarordnung ist im Internet unter www.hoai.de/online/HOAI_2009/HOAI_2009.php zu finden. Zwei sehr wichtige Neuerungen gegenüber ihrer Vorläuferin gibt es in der Fassung von 2009. Erstens gelten als Basis für die Honorierung aller Leistungsphasen nun die Kostenberechnungen; damit werden die Honorare von den tatsächlichen Baukosten abgekoppelt, was verhindert, dass mit steigenden Kosten während der Bauzeit automatisch die Honorare steigen. Zweitens werden Honorare für Beratungsleistungen nun frei vereinbart. Das betrifft unter anderem

- Leistung Umweltverträglichkeitsstudie,
- Leistungen für Thermische Bauphysik,
- Leistungen für Schallschutz und Raumakustik,
- Leistungen für Bodenmechanik, Erd- und Grundbau,
- vermessungstechnische Leistungen.

Die in der Anlage 1 zur HOAI gegebenen Honorarrahmen für Beratungsleistungen gelten lediglich als Empfehlungen.

Weitere beispielhafte Anhaltspunkte für Honorare:

- Gebäudediagnose: 650 bis 1500 Euro (Wohnung bis circa 200 Quadratmeter),
- Planungsleistungen: circa 10 bis 15 Prozent der Bausumme
- Tragwerksplaner: etwa 2 bis 5 Prozent der Bausumme
- Holzschutzgutachten: 1000 bis 4000 Euro

BILD 1–3 Feuchtigkeitsschäden und reparaturbedürftige Fenster signalisieren einen gewissen Sanierungsstau.

SCHRITT 7: MASSNAHMEN- UND LEISTUNGSBESCHREIBUNG

Nach dem ersten Maßnahmekonzept, das aus Schritt 4 resultiert, geht nun die Planung vom Allgemeinen ins Besondere und ins Einzelne. In diese Planung müssen jetzt alle Wünsche einfließen, die der Bauherr hat: der einzelne Bauherr, um sein Raumkonzept möglichst effektiv umzusetzen, der kollektive Bauherr in Gestalt der Wohnungseigentümergemeinschaft, um die Sanierungsmaßnahmen so schnell und so kostengünstig wie möglich durchzuführen.

Sanierung einer Wohnanlage

Eine Wohnungseigentümergemeinschaft hatte sich entschlossen, ihre Wohnanlage, Baujahr 1931, zu sanieren. Geplant waren Maßnahmen, die der Modernisierung entsprechend § 559 Abs. 1 BGB und der Anpassung des gemeinschaftlichen Eigentums an den Stand der Technik dienen. Die Gebäudesubstanz gibt, wie bei ihrem Alter nicht anders zu erwarten, hinsichtlich der Bauausführung und des verwendeten Materials die typischen Schwächen der Entstehungszeit der Immobilie zu erkennen. Architektonisch ist die Wohnanlage typisch für Siedlungsbauten der Weimarer Republik.

Gebäudediagnose

Die Wohnungseigentümergemeinschaft gab eine systematische Gebäudediagnose in Auftrag. Die hier in einzelnen Elementen wiedergegebene Diagnose stellt das Resultat einer Ersteinschätzung dar. Sie ergibt in den sieben Diagnosekomplexen (siehe Seite 144 ff.), besonders im Komplex D (Gebäudetechnik), großen Erneuerungsbedarf. Im Komplex B (Fassade/Außenhaut) deckt die Diagnose besonders hinsichtlich der Wärmedämmung großen Handlungsbedarf auf. Naturgemäß blieben bei der Ersteinschätzung einer so großen Anlage noch zahlreiche Fragen offen, deren Beantwortung einer späteren, detaillierteren Untersuchung der betroffenen Bauteile vorbehalten blieb.

Über die akuten „Krankheitsanzeichen" hinaus gibt die Gebäudediagnose weiter reichende Empfehlungen, wie sich der Energieverbrauch in der Anlage nachhaltig senken lässt; damit werden Möglichkeiten aufgezeigt, in erheblichem Maß Energiekosten zu sparen.

Die Diagnose ergibt im Einzelnen für den Diagnosekomplex A (Abdichtung Feuchtigkeit) einen relativ geringen (beziehungsweise noch nicht vollständig einschätzbaren) Überarbeitungsbedarf bei der Dacheindeckung. Am Schornstein scheint eine Überarbeitung der Kaminköpfe und Anschlüsse angezeigt und eine Querschnittsüberprüfung erforderlich, ein Schadensgrad bis 25 wird hier angetroffen. Dachrinnen und Fallrohre sind nur in kleinen Teilbereichen verbesserungsbedürftig (etwa durch Nacharbeiten von Lötstellen und Austausch einzelner Formteile). Bei gerin-

BILD 1

BILD 2

BILD 3

gen Verschmutzungen liegt der Schadensgrad bei unter 10 Prozent. Unter dem Aspekt der Abdichtung gegen Feuchtigkeit ist nur partielles Nacharbeiten der Außenwandbekleidung erforderlich, zum Beispiel wenige Risse zu schließen (Schadensgrad unter 10 Prozent). An den Balkonen ergibt sich (bei Schadensgrad bis 10 Prozent) ein geringer Überarbeitungsbedarf, vor allem an Fugen und Anschlüssen. Die Fenster erweisen sich als funktionstüchtig; neben der Beseitigung geringer Fehlstellen und dem Nachstellen der Beschläge ist hier besonders eine Oberflächenerneuerung angezeigt. Gleiches gilt für die Außentüren.

Bei den erdberührten Bauteilen erweist sich der Zustand als weniger gut; ein Schadensgrad bis 25 Prozent muss angenommen werden. Feuchteschäden zeigen sich im Bereich von Bauteilanschlüssen, Durchdringungen und Bauteilöffnungen (Hausanschlüsse, Kellerlichtschächte). Putzabplatzungen und Ausblühen werden festgestellt.

Im Diagnosekomplex B (Fassade/Außenhaut, Hüllflächen) bestätigt sich der Eindruck aus dem Diagnosekomplex A hinsichtlich Dachdeckung, Verputz und Zustand der Außentüren. Auch bei Wintergärten und Erkern ist der Überholungsbedarf gering (Schadens- beziehungsweise Abnutzungsgrad bis 10 Prozent). Der Putz weist mehr oder weniger nur Schönheitsfehler auf. An einigen Vordächern ist bei einem Schadensgrad von bis zu 25 Prozent der Reparaturbedarf etwas höher. Die Funktionsfähigkeit der Fenster ist gegeben, der Reparaturaufwand bei einem durchschnittlichen Schadensgrad von unter 25 Prozent noch überschaubar. Den gleichen Abnutzungsgrad weisen Balkone und Loggien auf.

Das große Manko der Außenwand ist die fehlende Wärmedämmung. Mit einem Negativwert von –3 im Schwächen-Stärken-Profil kann man davon ausgehen, dass die wärmedämmenden Eigenschaften der Außenwände nach heutigen Maßstäben ungenügend sind. Insgesamt ergibt sich bei der Energiebilanz ein Wert, welcher der Energieeffizienzklasse E (Gebäude energetisch teilweise nachzurüsten) entspricht. Die wärmetechnische Ertüchtigung der Gebäudehülle ist notwendig.

Der architektonische Gesamteindruck ist bestimmt von einfachen, zeittypischen, aber den damaligen Wohnzwecken durchaus angemessenen Bauformen. Im Siedlungsbau der Zwanziger- und frühen Dreißigerjahre traten aufwendige Details, Bauschmuck und besonders originelle baukünstlerische Gestaltungen in den Hintergrund. Üblicherweise verwendete man einfache Materialien und versteckte die schlichte Funktionalität des Wohnens

Name: S-S-P-110130

Schwächen - Stärken - Profil ®

Schwächen | Stärken

		Wicht.	-5	-4	-3	-2	-1	1	2	3	4	5	Risiko	Bemerkung
A	**Abdichten / Feuchtigkeit**													
A01	Dachdeckung													
A02	Schornstein	1				-2								
A03	Dachrinne/ Fallrohr							1						
A04	Fassade-Oberfläche/ Verkleidung	2			-3			1					!!	
A05	Balkon/ Terrasse						-1	1					!	
A06	Fenster						-1							
A07	Türen						-1							
A08	Erdberührte Bauteile				-3									
B	**Fassade / Außenhaut : Hüllflächen**													
B01	Dach						-1	1						
B02	Fassade / Putz / Oberflächen						-1	1					!	
B03	Außenwandbekleidungen, Vordächer					-2		1						
B04	Wärmedämmung				-3									
B05	Türen						-1	1						
B06	Fenster					-2		1						
B07	Wintergarten / Erker						-1	1						
B08	Balkone/ Terrassen					-2		1						
B09	Energiebilanz (Primärenergiebedarf)		>400	400	350	300	250	200	150	100	50	0		
B10	Denkmalschutz													
C	**Konstruktion / Mauerwerk / Decken**													
C01	Außenwände							1						
C02	Dachstuhl						-1							
C03	Decken							1					!	
C04	Innenwände, leichte Trennwände							1						
C05	Innenwände, tragende Wände							1						
C06	Treppen						-1	1						
C07	Fußböden						-1	1						
C08	Innentüren						-1	1						
C09	Verkleidungen, Oberflächen an Wand+Decke						-1	1						
C10	Grundriss / Raumkonzept						-1							
C11	Statik, Konstruktion, tragende Bauteile								2					
C12	Brandschutz						-1							
C13	Schallschutz						-1							
C14	Denkmalschutz													
C15	Schadstoffbelastung						-1							
C16	Barrierefreiheit			-4										

D	**Gebäudetechnik**													
D01	Heizung	2			-3									
D02	Sanitär	1			-3									
D03	Elektro	1			-3									
D04	Lüftung				-3									
D05	~~Techninsche Gebäudeausstattung~~													Nicht vorhanden!
D06	Energiebilanz (Anlagenaufwandszahl)		>2,4	2,4	2,2	2,0	1,8	1,6	1,4	1,2	1,0	0,8		
D07	Brandschutz						-1							
E	**Außenanlagen**													
E01	Gartenanlage/ Bäume/ Pflanzen							1						
E02	Einfriedung							1						
E03	Grundleitungen/ Wasser/ Abwasser							1						
F	**Grundstück und Erschließung**													
F01	Städtebauliche Situation							1						
F02	Lage Grundstück								2					
F03	Umfeld zu Grundstück/ Gebäude								2					
F04	Erschließung Straße								2					
F05	Erschließung Medien								2					
G	**Imaterielle Wertigkeit - Architektur**													
G01	Architektur								2					
G02	Ausstrahlung / Ambiente								2					
G03	Raumklima / Behaglichkeit								2					
G04	Raumgröße / Raumhöhe							1						
G05	Dach (Form, Anordnung)								2					
G06	Fenster (Größe, Proportion, Aufteilung)								2					
G07	Türen (Zierelemente / Ornamente)							1						
G08	Wände (Zierelemente / Kunst, Stuck, Marmor)							1						
G09	Decken (Zierelemente/ Kunst, Stuck, Holz))							1						
G10	Schadstoffe / Immission							1						

- Weitere Untersuchungen notwendig ! - Risiko

nicht hinter bourgeoisen Fassaden. Demgegenüber gewann die offene Blockrandbebauung mit Vorgärten und einem weitläufigen begrünten Hof eine große Bedeutung; darin drückt sich – was man heute gern vergisst – eine für die damalige Zeit völlig neue Wohn- und Lebensqualität aus. Der Gebäudeblock ist Bestandteil eines schutzwürdigen städtebaulichen Komplexes – dem Charakter nach eine Gartenstadt und insoweit stadtbildprägend. Darum kommt der Erhaltung des Außenbildes besondere Obacht zu.

Im Diagnosekomplex C (Konstruktion/ Mauerwerk/Decken) ist eine genauere Aussage erst nach weiteren Untersuchungen möglich. Das Gesamterscheinungsbild der Außenwände ist zunächst ausreichend. Einfache Konstruktion ohne große Architekturgliederungen wie Erker, Fens-

BILD 1

BILD 2

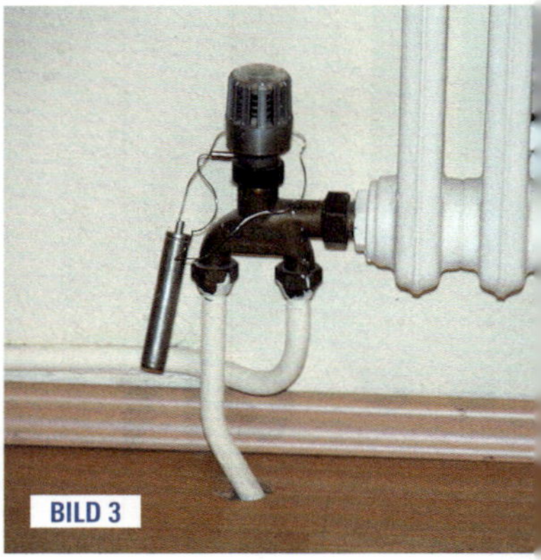

BILD 3

tergesimse, Gewände usw. herrscht vor. Ablesbar sind umfangreichere frühere Reparaturen, die mit Material- und Strukturunterschieden ausgeführt wurden. Eine Funktionsbeeinträchtigung liegt nicht vor. Nachbesserungen sind nicht unbedingt erforderlich, aber wünschenswert.

Den Dachstuhl zeichnet einfache Geometrie und Konstruktion aus, der Gesamtzustand ist ausreichend. Erkennbare umfangreiche Reparaturen aus früherer Zeit wurden leider nur mit geringer handwerklicher Qualität, mit Querschnitts- und erkennbaren Materialunterschieden ausgeführt. Die Gebrauchsfähigkeit ist nicht eingeschränkt, Reparaturen sind nicht erforderlich, einige Verbesserungen wären jedoch wünschenswert.

Auch zu den Decken lässt sich erst nach weiteren Untersuchungen eine genauere Aussage treffen. Die Deckenkonstruktion ist einfach und ohne besondere Qualität ausgeführt. Erkennbar sind Reparaturen, die in einfacher Qualität mit Material und Strukturunterschieden ausgeführt wurden. Gelegentlich sind Verformungen vorhanden, die jedoch keine Einschränkungen der Gebrauchsfähigkeit bedeuten.

Die tragenden Innenwände und die nicht tragenden Trennwände sind in gutem Zustand. Kleinere Risse und Abrisse zu angrenzenden Bauteilen sind zwar vorhanden, doch schränken sie die Funktionsfähigkeit nicht ein und machen keine weiteren Maßnahmen erforderlich.

Die Treppen sind von einfacher Konstruktion und schlichter Geometrie ohne besondere Ausformungen. Der Gesamtzustand ist ausreichend, einige Abnutzungserscheinungen und geringe Deformationen sind erkennbar, ebenso wie frühere umfangreiche Reparaturen von geringer handwerklicher Qualität. Bei einem Schadens- beziehungsweise Abnutzungsgrad von bis zu 10 Prozent ist der Zustand leicht bedenklich. Teilbereiche der Treppenanlage und der Geländer sind reparaturbedürftig. Die Schäden beeinträchtigen aber die Funktionstüchtigkeit nicht.

Die Fußböden zeigen eine einfache Konstruktion unter Verwendung schlichter Materialien, ohne besondere Ausformung und ohne aufwendige Gestaltungselemente. Umfangreiche Reparaturen mit Struktur- und Materialunterschieden wurden in früherer Zeit in geringer handwerklicher Qualität ausgeführt. Abnutzungserscheinungen mit einem Schadensgrad bis 10 Prozent bedeuten keine Einschränkung der Gebrauchsfähigkeit.

Die Innentüren passen in ihrer Schlichtheit und schmucklosen Ausführung zum Gesamtbild der Anlage. Kleinere Teilbereiche sind reparaturbedürftig. Der Schadensgrad liegt bei bis zu 10 Prozent. In vergleichbarem Zustand und Abnutzungs-

BILD 1–3 Der Dachstuhl genügt im Wesentlichen den Anforderungen. Die Treppen zeigen Anzeichen von Abnutzung. Die Gebäudetechnik sollte teilweise erneuert werden.

grad werden die Verkleidungen und Oberflächen von Wänden und Decken wahrgenommen; hier hatte sich ein leichter Reparaturstau ergeben.

Die Grundrisssituation entspricht teilweise nicht mehr den aktuellen Normen und Anforderungen (zum Beispiel mangelhafte Belichtung, zu kleine respektive gefangene Zimmer mit Durchgangszimmern). Eine Änderung der Raumaufteilung, etwa mittels Durchbrüchen oder Komplettabbruch einzelner Bauteile, kann die Situation in Teilbereichen verbessern. Die Eingriffstiefe würde bei bis zu 10 Prozent liegen.

Barrierefreiheit ist zurzeit nicht oder nur ausnahmsweise gegeben (Barrierefreiheit bis zu 10 Prozent). Die Mindestanforderungen des Barrierefreien Bauens nach DIN 18030 können durch bauliche Maßnahmen nur in einzelnen Bereichen/Geschossen mit hohem Kostenaufwand (nahezu Neubaukosten entsprechend) realisiert werden, zum Beispiel durch Grundrissveränderungen, und die Überwindung von Höhenunterschieden mittels Aufzügen.

Im **Diagnosekomplex D** (Gebäudetechnik) hinterlassen die Heizungs-, Sanitär- und Elektroinstallationen lediglich einen ausreichenden bis befriedigenden Gesamteindruck. Die Zentralheizungsanlagen sind von einfacher Ausführung und teilweise bereits nachgerüstet worden. Leitungssysteme und Heizkörper älterer Bauart werden angetroffen. Verbesserungen (wie Kesselerneuerung) sind zwar wünschenswert, jedoch nicht zwingend erforderlich. Bei einzelnen Komponenten werden Störungen festgestellt, Reparaturen und der Austausch einzelner Anlagenteile sind erforderlich. Wärmedämmungen fehlen. Insgesamt ergibt sich ein Schadens- beziehungsweise Abnutzungsgrad von bis zu 50 Prozent.

Auch bei den Sanitärinstallationen finden sich Störungen an einzelnen Anlagenteilen. Reparaturen sind erforderlich, ferner der Austausch von Sanitärgegenständen, Entnahmearmaturen. Bei einem Schadensgrad von bis zu 50 Prozent sind auch Ergänzungen und Erweiterungen der Installationen angezeigt.

Die Elektroinstallationen waren bereits umfangreich nachgerüstet worden. Weitere Verbesserungen in Teilbereichen sind wünschenswert, aber nicht zwingend erforderlich. Neben dem positiven Gesamtbild fallen im Einzelnen Mängel und Defekte mit einem Schadensgrad von bis zu 50 Prozent auf.

Positive Impulse gehen von den **Diagnosekomplexen E bis G** aus. Außenanlagen und Einfriedung sind in einem brauchbaren Zustand, besitzen aber noch Potenzial. Die Einfriedungen weisen kleinere optische Mängel auf. Der Bewuchs ist teilweise überaltert. Außer der üblichen Unterhaltspflege sind aber keine weiteren Maßnahmen erforderlich. Die Leitungsanlagen (Grundleitungen/Wasser/Abwasser) sind gebrauchsfähig, aber überaltert, die Lebenserwartung ist eingeschränkt. Eine Kamerabefahrung wurde noch nicht durchgeführt; derzeit sind keine Maßnahmen nötig.

Abwasserleitungen

Die Bedeutung der Grundleitungen wird oft unterschätzt. Es sind Bauteile, die man in der Regel nicht sieht und die man auch nicht ohne Weiteres besichtigen kann. Aber Unsichtbarkeit bedeutet nicht Abwesenheit. Und das scheinbar Unsichtbare kann sehr deutlich wahrnehmbare Kosten verursachen.

In Deutschland gibt es rund 1 Million Kilometer öffentliche Kanalisation. Aber 3 Millionen Kilometer Kanalleitungen liegen auf nicht öffentlichen, das heißt gewerblich oder privat genutzten Grundstücken. Bundesweiten Untersuchungen zufolge sind 70 bis 80 Prozent der nicht öffentlichen Abwasserleitungen schadhaft. 50 Prozent sind kurz- oder mittelfristig sanierungsbedürftig.

Zu den Leitungen auf dem Grundstück zählen:

- der Anschlusskanal,
- die Grundstücksleitung,
- die eigentlichen Grundleitungen unter dem Gebäude.

Die Leitungen auf dem Grundstück muss der Grundstückseigentümer bauen, warten und instand halten. Diese Pflichten gehen selbstverständlich auch auf den Käufer einer gebrauchten Wohnung als Miteigentümer über.

Dass die Umweltgefährdung durch schadhafte Abwasserleitungen nicht hingenommen werden kann, ist einleuchtend. Defekte an den Abwasserleitungen verursachen vor allem dreierlei Schäden:

- Exfiltration des Abwassers: Abwasser dringt aus den Leitungen in das Grundwasser ein und verunreinigt es; Klärwerke können nur Teile des Abwassers tatsächlich reinigen.
- Infiltration des Grundwassers: Grundwasser dringt in die Abwasserleitungen ein, verdünnt das Abwasser und führt zu einem erhöhten Abwasseranfall in den Klärwerken.
- Abwasserexfiltration und Grundwasserinfiltration: In Untergründen mit stark schwankendem Grundwasserstand treten beide Schäden wechselweise auf.

Häufige Schadensbilder an Abwasserleitungen sind:

- Deformation der Rohre (besonders bei Kunststoffrohren),
- Scherbenbildung an Keramikrohren,
- Einwurzelungen,
- Verschmutzungen/Verstopfungen.

Für den Schutz des Grundwassers bildet das Wasserhaushaltsgesetz (in der letzten Neufassung vom 31.7.2009) die gesetzliche Grundlage. Landesgesetze können in bestimmtem Rahmen abweichende Bestimmungen erlassen (man spricht daher von konkurrierender Gesetzgebung des Bundes); auf Grundlage der Landesgesetze können Gemeinden in ihren Satzungen wiederum eigene Regelungen treffen. So werden in den Gemeinden für die Verteilung der Verantwortung und der Lasten grundsätzlich drei Modelle diskutiert (und teilweise bereits praktiziert):

- Anforderungsmodell: Die Gemeinde untersucht die öffentlichen Kanäle und fordert von den Anliegern einen Dichtheitsnachweis; der Bürger lässt seinen Teil der Abwasserleitungen untersuchen und gegebenenfalls sanieren.
- Kooperationsmodell: Die Gemeinde untersucht öffentliche und private Abwasserleitungen; der Bürger saniert die Abwasserleitungen im Gebäude und auf dem Grundstück.
- Sanierungsmodell: Die Gemeinde untersucht öffentliche und private Leitungen und saniert sie gegebenenfalls.

Angesichts der Finanzlage der meisten Länder und Kommunen kann man sich leicht vorstellen, welches Modell in der Zukunft das beherrschende sein wird.

Große Unterschiede bestehen zwischen den einzelnen Ländern besonders hinsichtlich der Fristen. Sie reichen von „unverzüglich“ bis ins Jahr 2025. Auch die Regelungen zu den Wiederholungsprüfungen sind unterschiedlich. In Hessen weichen Sie zum Beispiel mit 30 Jahren von den in der DIN empfohlenen 20 Jahren ab.

Die Norm DIN 1986 Teil 30 regelt die Sanierung von Abwasserleitungen. Mit der DIN 1986–100 wird darüber hinaus den Erfordernissen der europäischen Normen Rechnung getragen, hier hat sich der Klimawandel bereits niedergeschlagen: Der Abschnitt über Regenwasserableitung wurde ergänzt durch die Bemessung von Dachabläufen, Regenrinnen, Notentwässerungen, Dachentwässerungen mit Druckströmung, Regenrückhalteeinrichtungen und die Führung der Überflutungsnachweise. Hier wurden die Normen den aktualisierten „Starkniederschlagshöhen für Deutschland“ angepasst.

Nicht immer reicht eine Kamerabefahrung aus, um Schäden verlässlich auszuschließen. Liegen die Abwasserleitungen nämlich in einem Grund mit schwankenden Grundwasserhöhen, könnte eine mögliche Grundwasserinfiltration in Zeiten niedrigen Grundwasserstandes nicht ausgeschlossen werden. In diesem Fall wird die Gemeinde auf einer Druckprüfung bestehen, um die Dichtheit der Leitungen nachzuweisen.

Der regelmäßige Ablauf einer Dichtheitsprüfung sieht so aus:

- Reinigung mittels Hochdruck,
- Optische Inspektion: Kamerabefahrung vom Hauptkanal/Revisionsschacht oder vom Gebäude aus,
- Druckprüfung mittels Luft oder Wasser (durchzuführen, wenn die Kamerabefahrung keine schlüssige Aussage ermöglicht),
- Sanierung (sofern Schäden aufgetreten sind),
- Dichtheitsbescheinigung.

Über die konkreten Anforderungen und Fristen des Landesgesetzes und der Gemeindesatzung informieren Sie sich am besten bei Ihrer Gemeindeverwaltung.

Je nach Schwere der Schäden und nach Länge der Leitungen kann die Sanierung zwischen 500 und 15 000 Euro kosten. Jede Wohnungseigentümergemeinschaft tut also gut daran, nicht nur für Dachreparaturen oder gegebenenfalls für eine Neueindeckung Rückstellungen zu bilden, sondern auch für Reparaturen an den Abwasserleitungen. Was für das Dach gilt, muss auch für die entgegengesetzte Seite des gesamten Wohnhauses gelten.

Die städtebauliche Situation der Wohnanlage ist gut, das Umfeld dem Nutzungscharakter der Gebäude angemessen. Der guten städtebaulichen Situation korrespondiert die Lage des Grundstücks, dessen Erschließung durch Straßen und Medien ebenfalls gut ist. Die Anforderungen an die Nutzung der Gebäude und des gesamten Anwesens werden weitgehend erfüllt.

Alle mit der Architektur und der immateriellen Wertigkeit des Anwesens zusammenhängenden Bewertungspunkte bewegen sich im Positiven; hier kann gar nicht hoch genug eingeschätzt werden, welche positiven Wirkungen das auf die Wohnqualität und das Lebensgefühl der Bewohner ausübt.

Maßnahmenplan und Leistungsbeschreibung

Aus der Gebäudediagnose geht ein erstes Maßnahmenkonzept hervor. Schließlich erstellt der „Hausarzt" oder ein von ihm beauftragter „Facharzt" eine Maßnahmen- und die Leistungsbeschreibung, auf deren Grundlage die Ausschreibung und Vergabe der Arbeiten und letztlich auch die Dokumentation und Abrechnung erfolgt.

Die Kurzbeschreibung der vorgeschlagenen Maßnahmen ist ein erster Aufriss. Sie erleichtert es Ihnen, den Überblick zu behalten. Sie sollen dem „Hausarzt" die Ausarbeitung dieser Beschreibungen nicht abnehmen, aber Sie können ihm ruhig über die Schulter schauen. Zur Transparenz als Basis des Vertrauensverhältnisses zwischen Bauherr und „Hausarzt" gehört auch, dass Sie wissen, was Ihr Experte gerade tut, und dass Sie verstehen, warum er es tut.

Im Fall der Eigentumswohnanlage mit über 10 000 Quadratmetern Gesamtwohnfläche war von Anfang an damit zu rechnen, dass die Maßnahmen nicht „in einem Aufwasch", sondern in vier Bauabschnitten durchgeführt werden würden. Damit war bereits in diesem Schritte klar, dass der Schritt 10 (Bauleitung) planerisch vorweggenommen werden musste.

Wenn Sie Miteigentümer an einer großen Wohnanlage sind, wird sich die Wohnungseigentümerversammlung mit dieser Frage beschäftigen und darüber entscheiden müssen. Oft wird an dieser (falschen) Stelle der Rotstift angesetzt. Man benötige doch für bestimmte Sanierungsaufgaben weitgehend standardisierte Leistungen – und Handwerksbetriebe böten entsprechend standarisierte Leistungspakete an. Das sei alles viel billiger.

Jeder Architekt oder Bauingenieur kann darüber berichten, wie unterschiedlich – teilweise extrem unterschiedlich – die Angebote von Bau- und Handwerksbetrieben auf Ausschreibungen ausfallen können. Ein Experte weiß damit umzugehen, er wird nachfragen, warum es in der

MASSNAHMENPLAN				
Lage	**Pos**	**Kurzbeschreibung**	**Wichtung**	**Energie**
UG		Entwässerung Kellereingang		
		Außentüren		
		Wärmedämmung 60 bis 80 mm WLG035		E
		Fensterverbesserung Uw < 1,2	50 %	E
		Fassade Hofseite: Wärmedämmung < 120 mm		E
		Balkone: Abdichtung, Schwellen		E
		Steigstränge: Dämmung		E
		Steigstränge: Deckendurchdringungen		E
Trhs		Treppenläufe: Belag		
DG		DG-Decke: Wärmedämmung 120 bis 200 mm		E
		Gebäudetechnik		
		Heizung		
		Leitungsführung von 1-Rohr- zu 2-Rohrsystem		E
		Heizkörperaustausch		E
		Fußbodenheizung (wo möglich)		E
		Wärmepumpe		E
		Fotovoltaik (in Teilen)		E
		Sanitär		
		Warmwasserbereitung: zentral		E
		Lüftung		
		dezentrales/zentrales Lüftungssystem		E
		Elektro		
		Nachrüstung in Teilen		

einen oder anderen Position der Leistungsbeschreibung im Angebot des Handwerkers einen „Ausreißer" gab. Dass Paketlösungen hier wirklich etwas verbilligen (außer vielleicht die minderwertigen Baustoffe, die im Paket verschnürt sind), ist eine Legende. Wenn man nach dem siebten Schritt den achten nicht gehen will, läuft man als Bauherr Gefahr, technisch, organisatorisch und finanziell vom Wege abzukommen. Das gilt für den einzelnen, nur sich selbst verantwortlichen Bauherrn ebenso wie für den kollektiven Bauherrn in Gestalt der Wohnungseigentümergemeinschaft.

Kann man bei großen Wohnanlagen die einzelnen Bauabschnitte auch gesondert beauftragen? Das kann man, aber dann fällt zumindest das Architektenhonorar schon einmal höher aus, denn einzeln beauftragte Bauabschnitte muss der Architekt auch einzeln abrechnen. Und aufgrund der Degression der Honorartafeln in der HOAI ist die Summe mehrerer Einzelhonorare regelmäßig höher als das Gesamthonorar. Viermal 100 000 Euro anrechenbare Kosten zugrunde gelegt, verteuert sich ein Architektenhonorar je nach Honorarzone um 13 bis 20 Prozent gegenüber 400 000 Euro, die als anrechenbare Kosten einmal zugrunde gelegt werden.

Zehn Regeln für die Leistungsbeschreibung

1. Vertragsgegenstand und Leistungsumfang müssen eindeutig beschrieben sein: Standardisierte Leistungsbeschreibungen mancher Anbieter erfassen nicht den vollen Leistungsumfang, der für Ihren konkreten Fall erforderlich ist. Auch Ihre persönlichen Gestaltungswünsche müssen hier einfließen und zwar mit allen planerischen und finanziellen Konsequenzen.

2. Planungsleistungen gehören dazu: Entwurfs- und Genehmigungsplanung (einschließlich der Zeichnungen und der Tragwerksplanung) sollten genau definiert werden. Die Ausführungsplanung gehört zum Leistungsumfang. Baulicher Wärmeschutz und effiziente Heizungstechnik müssen gemäß der Energieeinsparverordnung bereits in der Planung festgelegt werden. Achten Sie darauf, dass die allgemein anerkannten Regeln der Technik sowie spezielle technische Regelwerke für die einzelnen Gewerke als Vertragsgrundlage vereinbart werden.

3. Bauleitung nicht vergessen: Durch mangelhafte Bauleitung können beträchtliche Schäden entstehen, Zeitverzögerungen eintreten und in der Folge die Kosten aus dem Ruder laufen. Die Bauleitung sollte gemäß der Landesbauordnung zum Leistungsumfang gehören. Bei großen Objekten werden mehrere Bauabschnitte definiert. Zusätzliche Serviceleistungen – so sie denn infrage kommen – sind immer gesondert schriftlich zu vereinbaren.

4. Mit dem Grundstück muss alles in Ordnung sein: Anforderungen, die mit „bauseits" oder als „Bauherrenleistungen" deklariert sind, werden vorausgesetzt, das heißt, Sie als Bauherr müssen vorsorgen. Das trifft besonders bei An- und Erweiterungsbauten zu, bei schwierigen Gelände-

verhältnissen oder bei unklaren oder unbekannten Vornutzungen. In solchen Fällen sollten Grundstücksuntersuchungen fest eingeplant werden.

5. Transparenz der Kosten muss gewahrt sein: Festgehalten werden muss gegebenenfalls, für welche Leistungen Mehrkosten entstehen. Dabei müssen die gewerkebezogenen DIN-Normen als Vertragsgrundlage dienen.

6. Bietet ein Generalunternehmer Leistungen an oder werden mehrere Gewerke zusammengefasst, dürfen Sie eine **genaue funktionelle Beschreibung** erwarten. Das Angebot sollte sich **nach Einzelgewerken aufschlüsseln lassen.**

7. Lassen Sie **Produkt- und Materialangaben, Herstellernamen und technische Parameter dokumentieren:** Das ist einerseits erforderlich, um die Preisgestaltung nachvollziehen zu können, andererseits, um eine verlässliche Dokumentation der ausgeführten Arbeiten und verbauten Teile zu erhalten. Das ist für die spätere Wartung oder für Reparaturen unerlässlich. Lassen Sie pauschale Angaben wie „Markenqualität" oder „Deutsches Fabrikat" keinesfalls durchgehen.

8. Eigenleistungen sind auf der Basis der Maßnahmen- und Leistungsbeschreibung zu planen: Darum müssen Gutschriften für Eigenleistungen – getrennt nach Material- und Lohnanteil – ausgewiesen werden. Bestehen Sie im eigenen Interesse darauf, dass Eigenleistungen präzise abgestimmt und schriftlich vereinbart werden.

9. Als Bauherr sichern Sie Arbeits- und Gesundheitsschutz: Sofern gefordert, ist ein Sicherheits- und Gesundheitskoordinator zu beauftragen. Zur Wahrnehmung der Pflichten, die aus der **Baustellenverordnung (BaustellV)** entstehen, kann der Bauherr einen Dritten beauftragen. Das muss aber vertraglich bindend geschehen.

10. Technische Nachweise und Kontrolle gehören in die Dokumentation: Die Übergabe der folgenden Dokumente sollte bereits von Anfang an vereinbart werden – Bautagebuch, Gewährleistungsbescheinigungen (fachgerecht mängelfreie Ausführung der Bauleistungen) aller Gewerke; gegebenenfalls Protokolle der baubehördlichen Gebrauchsabnahme; Schornstein-Abnahmeprotokoll (sofern von Leistungen betroffen); Energieausweis (einschließlich der Datenerhebung und der Berechnung); Garantieurkunden für sämtliche Einrichtungen der Haustechnik; Bestandszeichnungen der technischen Gebäudeausrüstung; Nachweise über die umweltbezogene Unbedenklichkeit der verwendeten Baustoffe. Alle Prüfzeugnisse, Urkunden oder Zulassungsbescheide müssen im Original vorliegen.

Sowiesomaßnahmen

Wenn der Maßnahmeplan aufgestellt wird, fixiert man am besten zuerst die „groben" Ziele und gleicht sie mit den sogenannten Sowiesomaßnahmen ab. Was Sowiesomaßnahmen sind? Das sind diejenigen Arbeiten, die nach Maßgabe der Gebäudediagnose unbedingt erforderlich sind – also

Tatbestand	Sowiesomaßnahmen
Haus hat keine Heizung.	Heizung muss neu installiert werden.
Dach ist undicht.	Dachdeckung muss erneuert / ergänzt werden.
Keller ist nass.	Trockenlegung / Isolierung
Fenster sind defekt.	Einbau neuer Fenster, Sanierung der Stürze
Bad und Toiletten sind unbrauchbar.	Neuinstallation der Sanitärtechnik einschließlich Leitungssystem

Maßnahmen, die sowieso durchgeführt werden müssten, ganz gleich welche sonstigen Vorstellungen man in seiner Bestandsimmobilie verwirklichen will.

Bei der Abfolge der Maßnahmen kommt es auf die Wichtung an. Höchste Priorität genießen daher die Bestandserhaltungsmaßnahmen. Dazu können auch Abbruch- und Rückbaumaßnahmen gehören, sofern klar ist, dass Bauteile verschwinden müssen, die einer Sanierung im Weg stehen oder die für eine künftige Nutzung des Gebäudes definitiv nicht mehr gebraucht werden. Besonderes Augenmerk erfordert immer die Schwammsanierung, sollte ein Befall festgestellt worden sein. Ohne diese Maßnahmen bestünde ein besonders hohes Risiko weiterer Schadensausbreitung und damit der generellen Funktionstüchtigkeit für das Gebäude.

Kostenkorridor

Es hat sich in der Praxis als vorteilhaft erwiesen, die Maßnahmeplanung sofort mit einer Kostenplanung zu untersetzen. Und dies auch, bevor die Leistungen ausgeschrieben, Angebote eingeholt und die Arbeiten vergeben worden sind. In dieser Phase ist es natürlich noch nicht möglich, die tatsächlichen Preise zugrunde zu legen – das kann man erst, wenn alle Angebote vorliegen und die Vergabe erfolgt ist. Aber Baupreise sind keine Mondpreise, sie beruhen auf sachlichen Kalkulationen und bewegen sich in branchenüblichen Dimensionen.

Für eine erste Kostenabschätzung sollten nicht nur die Optimalwerte erfasst werden, die man sich vorstellt oder wünscht. Eine gebrauchte Wohnung gibt sich manchmal etwas verschlossen und will nicht gleich enthüllen, was alles in ihr steckt. Gleiches gilt für das Gebäude oder die Wohnanlage als Ganzes, sollten Teile des Gemeinschaftseigentums zur Sanierung anstehen. Ein paar Überraschungen, die selbst der gründlichsten Diagnose verborgen bleiben, hält ein Bau immer parat. Und Überraschungen lassen sich bei einem alten Haus meistens in Euro ausdrücken, die als Mehrkosten auf der Rechnung erscheinen. Daher sollten die Kosten auf drei Schienen angegeben werden:

- die Mindestkosten, von denen man sicher sein kann, dass sie bestimmt anfallen werden,

Wohnung 4 OG links WE 14 von 16	Prj.	Nr.	**1162**			**20. Sep 11**	
Musterstrasse 58 Berlin	HNF	qm	135				
	WF	qm	115		953	1.239	1.583
Maßnahmen-Konzept	BRI	cbm	380				

Kurzbeschreibung	Energie	Wichtung	Lage	Gemein.-Eigentum,	Min.	Mittel	Max
					KOSTENGROBSCHÄTZUNG incl. Mwst.		
Summe Kostenrahmen ohne Honorare				**GE**	**109.550**	**142.500**	**182.000**
Wand versetzen		A	OG		3.500	4.500	5.500
Wand Abriss Küche-Wohnen		B	OG		2.500	3.000	3.500
Eingangstür		A	OG		500	1.000	1.500
Fenster Austausch		A	OG	GE	2.500	3.500	4.500
Wände-Oberflächen /Maler		A	OG		12.000	15.000	22.000
Fußboden, teilweise		B	OG		5.500	8.500	10.500
Bad Fliesen		A	OG		3.500	5.000	7.000
Du/WC Fliesen		A	OG		2.500	3.500	5.500
Innentüren		B	OG		1.500	2.500	3.500
Decken		C	OG		7.000	8.500	10.000
Balkon/Terrasse Anpassung			OG		2.500	3.000	4.000
Gebäudetechnik							
Instandsetzung Steigleitungen	E	A	OG	**GE**	2.500	4.000	6.000
Sanitärinstallation	E	A	OG		5.800	8.500	10.000
Heizungsinstallation dezentral	E	A	OG		6.750	8.500	9.500
Elektroinstallation		A	OG		6.500	7.500	8.500
Lüftung-Entlüftungsystem	E	A	OG		4.500	5.500	6.500
Kaminofen		C	OG		2.000	2.500	3.000
Küche		A	OG		7.500	8.500	12.000
Maßnahmen GE anteilig / Umlage							
Trockenlegung UG	E	B	UG	**GE**	3.500	4.500	7.000
Dämmung Fassade/Wärmebrücken	E	B	OG	**GE**	12.000	14.000	16.000
Dachdeckung + WäDä	E	B	DG	**GE**	15.000	21.000	26.000
Honorare					12.500	16.500	20.500
Nebenkosten allgemein					1.500	2.500	3.500

- die durchschnittlichen Kosten, die sich, wie langjährige Erfahrungswerte belegen, höchstwahrscheinlich ergeben werden,
- die Maximalkosten – für den allerschlimmsten Fall.

Diese Dreigleisigkeit soll verhindern, dass man als Bauherr die Maximalsumme nie berücksichtigt – in der Hoffnung, der schlimmste Fall werde schon nicht eintreten – und dann aus allen Wolken fällt, wenn

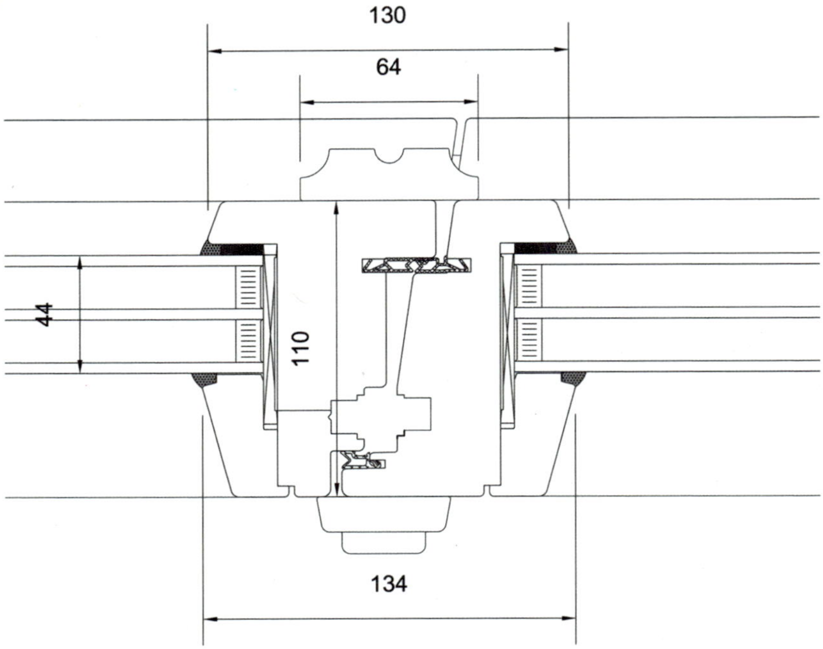

er doch eintritt. Gerade Wohnungseigentümergemeinschaften neigen dazu, sich unangenehmen finanziellen Wahrheiten, so lange es geht, zu verschließen, um nicht allzu viel vermeintlichen „Sturm im Wasserglas" zu erzeugen. Im Grunde hat jeder Einzelne das eigene Konto im Blick und fürchtet die oft unvermeidlichen Sonderumlagen. Auch manche Verwalter bringen es „ihren" Eigentümern lieber tröpfchenweise bei, um Mehrheitsbeschlüsse nicht zu gefährden.

Wenn Ihr „Hausarzt"diese drei Varianten nicht von sich aus anbietet, dann verlangen Sie von ihm, dass er es tut.

Ausführungsplanung

Auf der Grundlage der Entwürfe beziehungsweise der Genehmigungsplanung werden die Planungsunterlagen so weit ausgearbeitet, dass das Bauvorhaben nach deren präzisen Vorgaben realisiert werden kann. Vielfach werden hier auch Details mithilfe von Zeichnungen und Darstellungen in größeren Maßstäben zwischen 1:20 und 1:5 (ausnahmsweise auch 1:1) ausgeführt. Zur Ausführungsplanung gehören auch die Planunterlagen für spezielle Aufgaben oder für einzelne Gewerke, zum Beispiel Baugrubenpläne, Elektropläne oder Fliesenpläne.

Was in den Plänen steht

In den verschiedenen Planungsunterlagen, namentlich den gezeichneten (oder auch ausgedruckten) Plänen werden üblicherweise bestimmte Farben, Linien und Schraffuren für definierte Bauteile, die Darstellung planerischer Sachverhalte und die Kennzeichnung der verschiedenen Baustoffe verwendet.

Mit den folgenden Farben werden Änderungen im Baubestand in Zeichnungen besonders hervorgehoben.

Diese Farbgebung wird von den Landesbauordnungen vorgegeben. Allerdings sind die Behörden auch mit durchgehen-

Detailzeichnung eines Passivhausfensters (Stulp) im Maßstab 1:1

FARBKODIERUNGEN IN BAUPLÄNEN		
Farbliche Kennzeichnung von Bauteilen		
Grau (RAL 7001)		= vorhandene Bauteile
Korallenrot (RAL 3016)		= neues Mauerwerk
Patinagrün (RAL 6000)		= neuer Beton oder Stahlbeton
Gelb (RAL 1016)		= Bauteile, die beseitigt werden sollen

der Schwarz-Weiß-Darstellung zufrieden, wenn sich die Bauteile und die Bauweise daraus zweifelsfrei erkennen lassen.

Auch die Linien werden in einer Bauzeichnung nicht zufällig gewählt, sondern haben eine jeweils eigene Bedeutung. Der folgende Überblick der verschiedenen Linienarten erleichtert Ihnen das Lesen einer Bauzeichnung.

Neben den Linienarten sind auch die unterschiedlichen Schraffuren in ihrer Bedeutung festgelegt; sie markieren verschiedene Arten von Baustoffen auf einem Plan. Diese Festlegungen sind in der deutschen DIN 1356 normiert. DIN 1356–1 fixiert Arten, Inhalt und Grundregeln der Darstellung. Sie gilt sowohl für Zeichnungen mit der Hand als auch für computergenerierte

LINIEN IN BAUZEICHNUNGEN LESEN

Linienart	**Wichtige Anwendung**
Volllinie (breit)	Begrenzung von Flächen geschnittener Bauteile, Blattränder; Schriftfelder
Volllinien (mittelbreit)	Sichtbare Kanten von Bauteilen, Begrenzung schmaler oder kleiner Flächen, Schriftfelder, Maßlinienbegrenzungen, Maßzahlen
Volllinie (schmal)	Raster-, Maß-, Maßhilfs-, Hinweislinien, Höhenlagen, Schraffuren, Lochungs- und Faltmarken
Strichlinie (mittelbreit)	Unsichtbare Kanten und Bauteile
Strichlinie (schmal)	Nebenrasterlinien
Strichpunktlinie (mittel)	Stoffachsen, Symmetrieachsen
Strichpunktlinie (schmal)	Kennzeichnung von Änderung im Schnittverlauf
Punktlinie (schmal)	Abzubrechende oder nebensächlich dargestellte Bauteile

KENNZEICHNUNG VON BAUSTOFFEN
Beton, unbewehrt
Stahlbeton
Stahlbeton-Fertigteile
Mauerwerk
Putz
Kies
Sand
Gewachsener Boden
Dämmstoff
Dichtstoff
Vollholz quer zur Faser geschnitten
Vollholz längs zur Faser geschnitten
Abdichtung
Metall, Stahlprofil

Pläne (CAD-Zeichnungen). DIN 1356–1 trifft auch Festlegungen über die Projektionsarten und Maßstäbe von Bauzeichnungen. Das gewährleistet ein einheitliches Planwerk von allen und für alle Beteiligten an einem Bauvorhaben. Wenn Sie selbst eine Idee skizzieren wollen, ist es bestimmt nützlich, sich mit Ihrer Zeichnung an der DIN 1356–1 zu orientieren, damit Sie nicht missverstanden werden. Der vollständige Text der DIN 1356–1 ist einzusehen unter der Adresse www.normalfall.com/index-Dateien/1356.pdf.

ABKÜRZUNGEN FÜR DIE EINZELNEN GEWERKE

- H – Heizung
- S – Sanitär
- L – Lüftung
- E – Elektro
- K – Kälte
- G – Gas
- W – Wasser
- DV – Datenverarbeitung

SCHRITT 8: AUSSCHREIBUNG UND EINHOLEN DER ANGEBOTE

Was korrekte Leistungsbeschreibungen im Einzelnen enthalten sollen, wird in der Norm DIN 18299 beschrieben. Die dort gegebenen Hinweise gelten für Bauarbeiten jeder Art – gleich ob für Neubau oder Bauen im Bestand. Sie werden ergänzt von Hinweisen in den Normen DIN 18300 bis DIN 18459, die sich auf die einzelnen Leistungsbereiche der jeweiligen Gewerke beziehen.

Leistungsbeschreibung

Die Vergabe- und Vertragsordnung für Bauleistungen (VOB/A; Fassung von 2009) legt in § 7 unter anderem fest: „Die Leistung ist eindeutig und so erschöpfend zu beschreiben, dass alle Bewerber die Beschreibung im gleichen Sinne verstehen müssen und ihre Preise sicher und ohne umfangreiche Vorarbeiten berechnen können." Erschöpfend heißt freilich nicht, dass jede Eventualität, die während der Arbeit eintreten kann, auch in der Leistungsbeschreibung ausformuliert dargestellt und dem Handwerker quasi jeder Handgriff vorgeschrieben wird. Das Gebot der „erschöpfenden" Beschreibung darf auch dem Gebot der Eindeutigkeit nicht im Wege stehen.

Die VOB/A sagt in § 7 auch: „Dem Auftragnehmer darf kein ungewöhnliches Wagnis aufgebürdet werden für Umstände und Ereignisse, auf die er keinen Einfluss hat und deren Einwirkung auf die Preise und Fristen er nicht im Voraus schätzen kann." So wie Sie als Bauherr eine korrekte Ausführung und Abrechnung der Leistung erwarten, darf der Bauausführende auch von Ihnen eine korrekte Leistungsbeschreibung (gegebenenfalls mit Zeichnungen und Fotos) erwarten, die ihn nicht – und sei es nur in Details – hintergeht.

Der Text mit den relevanten Vorgaben für die Leistungsbeschreibung der Vergabe- und Vertragsordnung für Bauleistungen Teil A (VOB/A) ist einzusehen unter der Adresse: http://dejure.org/gesetze/VOB-A/7.html.

Die Tabelle auf den folgenden Seiten gibt einen Überblick über die baurelevanten DIN-Normen. Fett gedruckt sind die Gewerke, die beim Bauen im Bestand regelmäßig oder doch häufiger zum Einsatz kommen, unmarkiert sind die Normen der Gewerke, die beim Bauen im Bestand nicht oder nur ausnahmsweise benötigt werden.

Produkt- und firmenneutrale Ausschreibungstexte bietet die Datenbank STLB Bau, die nach eigenem Bekunden „umfangreichste Datenbank zu Ausschreibungstexten für Bauleistungen auf dem europäischen Markt". Die Datenbank wird zweimal im Jahr aktualisiert, wobei die Anbindung an das Deutsche Institut für Normung (DIN) den allgemeingültigen Charakter der Ausschreibungstexte sichert. Die Web-Adresse ist: www.stlb-bau-online.de/.

Ausschreibung durch den Fachmann

Wer ohne fachliches Grundwissen und ohne Detailkenntnisse über die einzelnen Gewerke Angebote einholt, stiftet vermutlich mehr Wirrnis in der eigenen Planung, als dass er ihr Struktur und Richtung zu geben vermag. Natürlich ist es kein Problem, einschlägige Firmen in der Region anhand der Gelben Seiten oder mithilfe des Internets abzufragen. Und gewiss wird man auch einen Stapel Angebote auf den wirklichen oder den virtuellen Schreibtisch bekommen. Aber was fängt man damit an, wenn sie nicht wirklich vergleichbar sind?

Ausschreibungen sind zwar keine Geheimwissenschaft, aber es ist eine Sache der Fachleute, deren Job es ist, tagtäglich damit umzugehen. Voraussetzung für eine fachgerechte Ausschreibung ist, dass der Experte genau weiß, was in der Praxis auf

DIN-NORMEN	
DIN 18299	**Allgemeine Regelungen für Bauarbeiten jeder Art**
DIN 18300	**Erdarbeiten**
DIN 18301	Bohrarbeiten
DIN 18302	Arbeiten zum Ausbau von Bohrungen (ehemals: Brunnenbauarbeiten)
DIN 18303	Verbauarbeiten
DIN 18304	Ramm-, Rüttel- und Pressarbeiten (ehemals: Rammarbeiten)
DIN 18305	Wasserhaltungsarbeiten
DIN 18306	Entwässerungskanalarbeiten
DIN 18307	Druckrohrleitungsarbeiten außerhalb von Gebäuden (ehemals: Druckrohrleitungsarbeiten im Erdreich)
DIN 18308	**Dränarbeiten**
DIN 18309	Einpressarbeiten
DIN 18310	Sicherungsarbeiten an Gewässern, Deichen und Küstendünen
DIN 18311	Nassbaggerarbeiten
DIN 18312	Untertagebauarbeiten
DIN 18313	Schlitzwandarbeiten mit stützenden Flüssigkeiten
DIN 18314	Spritzbetonarbeiten
DIN 18315	Verkehrswegebauarbeiten - Oberbauschichten ohne Bindemittel
DIN 18316	Verkehrswegebauarbeiten - Oberbauschichten mit hydraulischen Bindemitteln
DIN 18317	Verkehrswegebauarbeiten - Oberbauschichten aus Asphalt
DIN 18318	Verkehrswegebauarbeiten - Pflasterdecken und Plattenbeläge in ungebundener Ausführung, Einfassungen
DIN 18319	Rohrvortriebsarbeiten
DIN 18320	**Landschaftsbauarbeiten**
DIN 18321	Düsenstrahlarbeiten
DIN 18322	Kabelleitungstiefbauarbeiten
DIN 18325	Gleisbauarbeiten
DIN 18330	**Mauerarbeiten**
DIN 18331	**Beton- und Stahlbetonarbeiten**
DIN 18332	**Naturwerksteinarbeiten**
DIN 18333	**Betonwerksteinarbeiten**
DIN 18334	**Zimmer- und Holzbauarbeiten**

DIN 18335	**Stahlbauarbeiten**
DIN 18336	**Abdichtungsarbeiten**
DIN 18338	**Dachdeckungs- und Dachabdichtungsarbeiten**
DIN 18339	**Klempnerarbeiten**
DIN 18340	**Trockenbauarbeiten**
DIN 18345	**Wärmedämm-Verbundsysteme**
DIN 18349	**Betonerhaltungsarbeiten**
DIN 18350	**Putz- und Stuckarbeiten**
DIN 18351	**Vorgehängte hinterlüftete Fassaden**
DIN 18352	**Fliesen- und Plattenarbeiten**
DIN 18353	**Estricharbeiten**
DIN 18354	Gussasphaltarbeiten
DIN 18355	**Tischlerarbeiten**
DIN 18356	**Parkettarbeiten**
DIN 18357	**Beschlagarbeiten**
DIN 18358	**Rollladenarbeiten**
DIN 18360	**Metallbauarbeiten**
DIN 18361	**Verglasungsarbeiten**
DIN 18363	**Maler- und Lackiererarbeiten - Beschichtungen**
DIN 18364	Korrosionsschutzarbeiten an Stahl- und Aluminiumbauten
DIN 18365	**Bodenbelagsarbeiten**
DIN 18366	**Tapezierarbeiten**
DIN 18367	Holzpflasterarbeiten
DIN 18379	**Raumlufttechnische Anlagen**
DIN 18380	**Heizanlagen und zentrale Wassererwärmungsanlagen**
DIN 18381	**Gas-, Wasser- und Entwässerungsanlagen innerhalb von Gebäuden**
DIN 18382	**Nieder- und Mittelspannungsanlagen mit Nennspannungen bis 36 kV**
DIN 18384	**Blitzschutzanlagen**
DIN 18385	**Förderanlagen, Aufzugsanlagen, Fahrtreppen und Fahrsteige**
DIN 18386	**Gebäudeautomation**
DIN 18421	**Dämmarbeiten an technischen Anlagen**
DIN 18451	**Gerüstarbeiten**
DIN 18459	**Abbruch- und Rückbauarbeiten**

AUFTRAG-LV

334 Auftrag Fenster-Türen
02 Haupttitel Fenster-Holz

Vorbemerkungen
Holzfenster in folgender Ausführung
Hauptangebot mit Uw < 0,9
Material Holz Kiefer

Das Merkblatt zum Fensteraustausch ist Bestandteil des Auftrages und damit der Ausführung und der Lieferleistung. Merkblatt siehe: www.fensterfibel.de

Straßenseite
Profilleisten außen waagerecht und senkrecht. Alle Fenster 1-flügelig. Äußere Optik durch entsprechende Profilhölzer so anpassen, dass es dem historischen 4-flügeligen Fenster in Teilung und Profilierung gleicht. Die Profilhölzer werden außen aufgesetzt. Diese Leistung ist im E-Preis enthalten und wird nicht gesondert vergütet.

Hauptposition
Fenster neu, Liefern und Montieren samt aller Nebenarbeiten laut Merkblatt Fensteraustausch und gültigen Vorbemerkungen
Lage: Raum 1.01
Größe: 1,07 x 1,68 cm + Rahmenergänzung im Sturz
Flügel: 1-flügelig mit glasteilenden Sprossen in der Kämpfer/Schlagleistenausbildung
Profillleisten außen senkrecht und waagrecht als Nachbildung der 4-flügeligen Fenster
Beschlag: wie G+H oder Sigenia verdeckt, Einhand 1 x Dreh-Kipp
Material: Holz, Kiefer
Oberfläche: farbig beschichtet, endbehandelt
Farbton: RAL 9016
Uw < 0,88 Ug = 0,5
Nachweis für den Uw-Wert ist vor Ausführung rechnerisch pro Fenster zu erbringen.

dem Bau zu geschehen hat. Glauben Sie nicht, dass Handwerker naiv oder leicht zu beeindrucken sind! Sie merken sehr wohl, wer den Ausschreibungstext verfasst hat.

Die Ausschreibung der Leistungen erfolgt auf der Grundlage des Maßnahmeplans und der daraus folgenden exakten Planung. Auch wenn Sie als Bauherr oder als bauherrliche Eigentümergemeinschaft am Ende für alles geradestehen – das ist Sache des Fachmanns, Ihres Altbauexperten, des „Hausarztes".

Grundsätzlich gilt das **Prinzip der einheitlichen Ausschreibung**. Anders könnten vergleichbare Preise nicht ermittelt werden. Dieser andere Fall träte aber ein, wenn man im Lauf zweier Monate die gleiche Leistung mit unterschiedlichen Leistungsbeschreibungen versieht und verschiedenen Handwerkern nacheinander zustellt.

Natürlich kann sich während der **Ausschreibungsphase** das eine oder andere an den Leistungen noch ändern. Vielleicht fällt Ihnen im letzten Moment ein, dass Sie statt der 16 Steckdosen im Arbeitszimmer doch nur acht brauchen. Vielleicht stimmen Sie dem Vorschlag Ihres Architekten doch noch zu, das Fenster zum Hof zu vergrößern, nachdem Sie die x-te Wiederholung des Hitchcock-Klassikers gesehen haben. Für alle diese Fälle gilt: Während der Ausschreibungsphase und der Angebotseinholung gibt es keine Änderung in Masse und Inhalt der ausgeschriebenen Leistung. Zunächst werden die Angebote verglichen, dann der richtige Part-

ner (Handwerker, Ausführungsbetrieb) ausgewählt. Erst danach kann man mit dem Partner die Leistungen seinem Angebot und seiner Kalkulation nach gegebenenfalls anpassen.

Nebenleistungen und Besondere Leistungen

Um spätere Misshelligkeiten und gegebenenfalls juristische Auseinandersetzungen um die Abrechnung auszuschließen, sollten die Leistungen so exakt wie möglich beschrieben sein und die dem jeweiligen Gewerk entsprechende DIN Vertragsbestandteil werden. Hierbei ist vor allem auf die klare Abgrenzung von Nebenleistungen und Besonderen Leistungen zu achten, die in den einschlägigen DIN-Normen grundsätzlich unter den Punkten 4.1 und 4.2 zu finden sind. Nebenleistungen sind mit der Hauptleistung verbunden und dürfen nicht gesondert abgerechnet werden. Besondere Leistungen weisen diese notwendige inhaltliche Verbindung zur Hauptleistung nicht auf und dürfen daher auch gesondert abgerechnet werden.

Nebenleistungen entsprechend der DIN 18350 (Putz- und Stuckarbeiten), welche die Hauptleistung begleiten, sind zum Beispiel:

- Auf- und Abbau sowie Vorhalten von Gerüsten (kleiner als 2 m),
- Maßnahmen zum Schutz von Bauteilen, einschließlich der erforderlichen Stoffe,
- Säubern des Putzgrundes von losen Teilen.

Besondere Leistungen, die gesondert abgerechnet werden können, sind beispielsweise:

- Auf- und Abbau sowie Vorhalten von Gerüsten (größer als 2 m),
- Besondere Maßnahmen zum Schutz von Bauteilen und Einrichtungsgegenständen, wie Abkleben von Fenstern und Türen, von eloxierten Teilen, Abdeckung von Belägen, staubdichte Abdeckung von empfindlichen Einrichtungen und technischen Geräten, Schutzabdeckungen, Schutzanstrichen, Staubwänden u. Ä. einschließlich der hierzu erforderlichen Stoffe,
- Reinigung grober Verschmutzungen, verursacht von anderen Unternehmen.

Der Vergleich der drei aufgeführten Punkte miteinander zeigt, wie wichtig bereits in der Planung eine genaue Bauvorbereitung ist und welchen Einfluss eine professionelle Bauleitung auf kostentreibende Besondere Leistungen nehmen kann. Das heißt im Einzelnen:

- Messen, wie hoch die Räume sind, an deren Decke zum Beispiel Stuckarbeiten ausgeführt werden müssen, und wie hoch folglich die Arbeitsbühne für die Stuckateure sein muss.
- In der Planung berücksichtigen, dass empfindliche Bauteile und technische Ge-

räte möglichst nicht eingebaut werden, bevor die Putzer und Stuckateure am Werk waren, oder dass Bodenbeläge bereits vom Bauherrn entsprechend geschützt werden, sodass Besondere Maßnahmen seitens der Handwerker nicht erforderlich sind.

- Bei der Bauleitung darauf achten, dass grobe Verschmutzungen durch andere Gewerke nicht eintreten können oder vom Bauherrn sofort beseitigt werden. Die Aufsicht durch die Bauleitung sollte sicherstellen, dass das normale Säubern des Putzgrundes nicht als Beseitigung grober Verschmutzungen bewertet und abgerechnet werden kann.

Hieran zeigt sich, wie wichtig es ist, dass Leistungsbeschreibung und Ausschreibung in enger Verzahnung mit exakter Planung vorgenommen werden – und nicht „aus dem Bauch heraus".

Zusammenhang von Ausschreibung, Vergabe und Bauleitung

Aus den wenigen Beispielen geht schon hervor, dass die Schritte 7 bis 11 einen sehr engen inhaltlichen Zusammenhang haben. Die Ausschreibung und das Einholen der Angebote können nur auf der Grundlage einer exakten Planung und Leistungsbeschreibung in Schritt 7 erfolgen. Nach der Vergabe einer Leistung an einen bestimmten Ausführungsbetrieb müssen gegebenenfalls Details präzisiert werden, die sich aus Planungsänderungen oder gleichfalls präzisierten Leistungsbeschreibungen ergeben haben können. Hier erfolgt also eine Rückkopplung zu Schritt 7. Dann muss die Bauleitung und Qualitätskontrolle in Schritt 10 dafür sorgen, dass die vereinbarten Leistungen (Schritt 9) auch vertragsgemäß ausgeführt werden – und dass sie überhaupt so ausgeführt werden können. Es ist einem Ausführungsbetrieb beispielsweise nicht zuzumuten, dass er den Bauschutt, den ein anderes Gewerk hinterließ, auf eigene Rechnung entfernt, um mit seiner Arbeit überhaupt erst beginnen zu können. Dies wäre dann sehr wohl eine Sonderleistung, die der Ausführungsbetrieb berechnen kann.

So gehört zum Beispiel auch das „Vorhalten von Aufenthalts- und Lagerräumen, wenn der Auftraggeber diese nicht stellt" zu den Besonderen Leistungen. Vertraglich sollte also mit den Stuckateuren und Putzern, um beim Beispiel zu bleiben, vereinbart werden, wo sie ihre Pause machen und ihr Frühstück einnehmen können und wo sie ihr Material – der Lagerraum muss gemäß DIN 18350 nicht einmal verschließbar sein – ihr Material ablegen können.

Schließlich kann der Bauherr die Leistung auch nur abnehmen, wenn er aufgrund der vorangegangenen Schritte vergleichen kann: Entspricht die geleistete Arbeit der vertraglich vereinbarten Leistung? Und nur aufgrund der Planung und der Leistungsbeschreibung lässt sich am Ende auch alles genau dokumentieren und in einer „Patientenakte" zusammenfassen.

Wenn hier vom Bauherrn oder Auftraggeber die Rede ist, bedeutet das nicht, dass Sie als Bauherr beständig mit dem Putzeimer die Gewerke umschwirren müssen. Sie müssen nur sicher sein, dass da jemand ist, der saubermacht – das ist eine Aufgabe der Baubetreuung und Bauleitung, die Sie oder der Verwalter im Auftrag der Wohnungseigentümergemeinschaft in Absprache mit Ihrem „Hausarzt" zu installieren und auch zu kontrollieren haben.

Muss es der Billigste sein?

Kein Bauherr hat etwas zu verschenken. Anders als ein öffentlicher Auftraggeber, der sich an strenge gesetzliche Richtlinien bei der Vergabe von Bauaufträgen halten muss, können Sie als privater Bauherr auch andere Kriterien für Ihre Entscheidung heranziehen. Immer gilt es zu prüfen, ob die Qualität des Bieters stimmt.

Ausschreibungen im privaten Sektor könnten eigentlich in Anführungszeichen gesetzt werden, denn das Verfahren ist nicht an die formalen Vorgaben des Vergaberechts gebunden. Verschiedene Formen der Ausschreibung beziehungsweise Einholung von Angeboten haben sich entwickelt:

- Leistungsanfrage: Potenzielle Lieferanten werden angefragt, ob sie eine skizzierte Leistung grundsätzlich erbringen können. Die Lieferanten versehen ihr Angebot in der Regel mit einem Listenpreis. Mit dieser Art der Ausschreibung kann man sondieren, wie der Anbietermarkt für die Leistung beschaffen ist.
- Preisanfrage: Mittels einer Maßnahmebeschreibung, die den Leistungsbedarf detailliert umreißt, wird eine Leistungsbeschreibung mit einem präzisen, aber noch unverbindlichen Preis angefragt. Die Preisanfrage richtet sich an Lieferanten, von deren grundsätzlicher Leistungsfähigkeit der potenzielle Auftraggeber überzeugt ist.
- Aufforderung zur Angebotsabgabe: Gibt der potenzielle Auftragnehmer ein Angebot ab – etwa in Gestalt eines Leistungsverzeichnisses und aller zum Vertragsabschluss gehörenden Zusatzvereinbarungen –, ist das Angebot innerhalb der angegebenen Gültigkeitsfrist bindend. Die Annahmeerklärung des Auftraggebers begründet das Vertragsverhältnis. Eine Verpflichtung zur Annahme des Angebots besteht allerdings nicht, auch keine Verpflichtung, das Angebot ausdrücklich abzulehnen.

Welcher Anbieter am Ende der am besten geeignete ist, muss anhand der Referenzen insgesamt geprüft werden.

Sollte Ihnen das Ausschreibungsverfahren zu „theoretisch" sein, bietet sich die folgende Möglichkeit an: Lassen Sie sich zeigen, was der entsprechende Betrieb in ähnlichen Fällen bereits ausgeführt hat. Stammt der ausführende Handwerker aus dem lokalen oder regionalen Umfeld, können Sie Kontakt zu einem Bauherrn suchen, der als Referenz angegeben worden ist. Im Gespräch kann so vielleicht ein Gefühl dafür entstehen, ob Sie sich mit dem richtigen Partner verbünden.

Nach weitgehend übereinstimmender Auffassung der Rechtsprechung ist das Einholen von Alternativ- oder Konkurrenzangeboten bei Maßnahmen der Instandhaltung und Instandsetzung regelmäßig erforderlich. Das soll einerseits sicherstellen, dass technische Lösungen gewählt werden, die eine dauerhafte Beseitigung von Schäden und dauerhaftes Abstellen von Mängeln versprechen. Andererseits soll damit die Wirtschaftlichkeit beachtet und Schutz vor der Vergabe überteuerter Aufträge geboten werden. Die Zweiseitigkeit dieser Auffassung besagt zugleich, dass nicht zwingend das billigste Angebot zugleich auch das beste für Ihr Sanierungsvorhaben sein muss.

SCHRITT 9: VERGABE DER ARBEITEN

Erst wenn alle Kriterien für eine Auftragsvergabe geklärt sind, kann die Vergabe selbst erfolgen. Die Checkliste auf Seite 167 für Handwerksleistungen hilft bei der Auswahl des richtigen Partners.

Für die beiden Spitzenkriterien können Sie bis maximal 10 Punkte vergeben, für alle übrigen maximal 5 Punkte. Auch hier spielt wieder eine inhaltliche Wichtung der Kompetenzkriterien eine Rolle, die als Faktor die endgültige Bewertungszahl beeinflusst.

Selbstverständlich müssen Sie in Ihrer Wohnung die Checkliste der jeweiligen Leistung, die vergeben wird, entsprechend anpassen. Dabei werden durchaus auch andere Kompetenzfelder relevant sein als bei der Vergabe einer Leistung der thermischen Bauphysik.

Gehen Sie die Checkliste gemeinsam mit Ihrem „Hausarzt" durch. Sie haben zwar die letzte Entscheidung, aber der Altbauexperte hat mit Sicherheit mehr Erfahrung im Umgang mit den Handwerkern und mit den Vergabeverfahren.

Nicht ohne Experten

Als Miteigentümer in einer Wohnungseigentümergemeinschaft werden Sie bei allen Sanierungsmaßnahmen, die das Gemeinschaftseigentum betreffen, mit den Fragen der Ausschreibung und Vergabe konfrontiert. Unkorrektheiten bei der Vergabe und Beauftragung, Ungenauigkeiten in den Beschlüssen der Eigentümerversammlung zu Ausschreibung und Vergabe führen immer wieder zu juristischen Auseinandersetzungen, die den Anwälten Honorare, den Gerichten Arbeit und den Wohnungseigentümern Ärger verschaffen.

In einem Fall vor dem Amtsgericht Wedding in Berlin war der Beschluss einer Wohnungseigentümerversammlung zu prüfen, der von einer Miteigentümerin angefochten wurde. Im gegebenen Fall stand eine Sanierung der Steigstränge der Wasserversorgung an. Die Wohnanlage bestand aus zehn Aufgängen. Die Eigentümergemeinschaft beschloss, die Steigstränge in einem Aufgang der Wohnanlage sanieren zu lassen. Aufgrund der Kos-

VERGABEKRITERIEN (BEISPIELBEWERTUNG)

Handwerkerleistungen
Gewerk/Bauleistung

Gewerk/Bauleistung
Name Bieter/Firma

Kriterium	Wichtung	Punkte	Max. Punkte	Bewertete Punke	Erreichte Punke
Altbauerfahrung					
Erfahrung mit Erdwärme oder anderen ökolog. Energiequellen	4	5	20	4	16
Kompetenz – Fachkenntnis	3	5	15	3	9
Spezifische Energieeffizienzkompetenz	2	5	10	1	2
Weiterbildung/Qualifizierung zum Altbauexperten	2	5	10	0	0
Zuverlässigkeit/Termintreue	2	5	10	3	6
Vor-Ort-Präsenz	3	5	15	3	9
Zugesicherte Kompetenz des vorgesehenen Bearbeiters	3	5	15	4	12
Dokumentation, Referenzen	5	5	25	2	10
Netzwerkfähigkeit, integrale Planung	2	5	10	3	6
Innovationspotenzial	2	5	10	0	0
Erscheinungsbild/Organisation	4	5	20	1	4
Umgänglichkeit	2	5	10	5	10
Weitere, siehe gesondertes Handwerkerprofil					
Summe		**60**	**170**	**29**	**84**

tenschätzung eines Handwerksbetriebes sollte die Auftragsvergabe erfolgen – und zwar durch die Hausverwaltung in Abstimmung mit dem Verwaltungsbeirat nach der Einholung von mindestens zwei Vergleichsangeboten. Gleichzeitig beschloss die Eigentümergemeinschaft die Sanierung der Steigstränge in den übrigen neun Aufgängen im Verlauf der nächsten drei Jahre. Die Auftragsvergabe dafür sollte zusammen mit der Beauftragung der Arbeiten im ersten Aufgang erfolgen.

Das Gericht stellte fest: Der Beschluss der Wohnungseigentümerversammlung der Wohnungseigentümergemeinschaft zu TOP 6 – Steigstrangsanierung mit Verteilung auf vier Jahre – wird für ungültig erklärt, soweit es darin heißt: „Die Auftragsvergabe soll zusammen mit der Beauftragung der Arbeiten in der …straße (übrige Aufgänge) erfolgen." Im Übrigen wurde die Klage abgewiesen.

Das Gericht führte zur Begründung aus, der Beschluss entspreche hinsichtlich der Auftragsvergabe für die Steigstränge der restlichen Wohnanlage nicht ordnungsgemäßer Verwaltung. „Die Klägerin kann insbesondere nicht dazu verpflichtet werden, der Vergabe von Sanierungsarbeiten auf der Grundlage von Angeboten zuzustimmen, die erst eingeholt werden sollen. Über die Vergabe der erforderlichen Sanierungsarbeiten kann erst entschieden werden, wenn entsprechende Angebote vorliegen." Das Gericht stützt sich dabei auf die Rechtsprechung des Bayerischen Oberlandesgerichts in einem vergleichbaren Fall (BayObLG ZM 1999, 767 ff.).

Das Urteil tadelte also nicht die Sanierungsmaßnahmen selbst, sondern dass die Arbeiten vergeben wurden, ohne dass der Eigentümerversammlung zum Zeitpunkt ihres Beschlusses schon Vergleichsangebote vorgelegen hätten.

Die Klägerin hatte weiter behauptet, die Sanierung sei überhaupt überflüssig. Dem folgte das Gericht nicht. Ein Sachverständiger hatte in einem Gutachten festgestellt, dass die technische Lebensdauer von Kaltwasserleitungen in Gebäuden bei 34 Jahren, die von Abwasserleitungen bei 37 Jahren liegt. Im vorliegenden Fall betrug die Nutzungsdauer bereits mehr als 50 Jahre.

Deutlich wird daraus, dass bereits kleine Ungenauigkeiten bei der Ausschreibung und Vergabe der Arbeiten zu aufwendigen Verfahren führen können, die sich die Mehrzahl der Beteiligten gern erspart hätte. Es gehört aber leider zum Alltag in Wohneigentumsanlagen, dass Miteigentümer, die bei einer Entscheidung über Instandhaltungs- und Instandsetzungsmaßnahmen am Gemeinschaftseigentum in der Eigentümerversammlung unterliegen, nach Rechtsfehlern in den

Beschlüssen suchen, um diese Maßnahmen doch noch zu verhindern – oder wenigstens zu verzögern. Das einzige Kraut, das dagegen gewachsen ist, heißt: Transparenz und Genauigkeit bei der Ausschreibung und Vergabe. Ihr „Hausarzt" ist derjenige, der dieses Kraut am besten einzusetzen versteht.

UNTERSCHRIFT
Vorsicht! Unterschreiben Sie eine Auftragsbestätigung nicht ohne weitere Prüfung – sie löst, wenn es sich um eine Aufforderung zur Angebotsabgabe (siehe Seite 165) handelte, bereits einen Vertrag aus. Es muss immer geklärt sein, zu welchen Bedingungen der Auftrag erteilt werden soll. In der Regel gibt der Bauherr als Auftraggeber die Bedingungen vor. Normalerweise bildet die VOB die Vertragsgrundlage, gewissermaßen das „Buch der Bücher" für alle „vom Bau". Aber das ist eben noch nicht alles. Die Kette von der detaillierten Ausführungsplanung bis zur Vergabe besteht aus vielen einzelnen Gliedern. Fehlt eins, reißt die Kette, und Sie haben womöglich ein sowohl fachlich als auch wirtschaftlich mangelhaftes Resultat.

SCHRITT 10: BAULEITUNG UND QUALITÄTSKONTROLLE

Die Instandsetzung beginnt, jedes Gewerk wurschtelt vor sich hin? Nein, das geht natürlich nicht. Jetzt, wo die eigentliche Arbeit getan wird, kommt es besonders auf die Qualitätssicherung an – und die beginnt bei einer professionellen Baubetreuung.

Der Bauzeitenplan

Fliegt der Bauschutt auf die Straße, bevor der Container bestellt ist? Warten die Spezialisten für die Fassadendämmung auf das Gerüst, das schon längst stehen sollte? Können die Putzer und Stuckateure nicht arbeiten, weil der Elektriker noch an den Kabeln herumbastelt? Undenkbar? Leider nicht. Aber ein präziser Bauzeitenplan kann das Chaos verhindern. Er hält fest, wer wann was zu tun hat, muss vor Beginn der Arbeiten erstellt werden und – er gilt für alle Beteiligten. Der Bauzeitenplan muss auch in den Verträgen mit den einzelnen Gewerken verankert sein.

Je nach Komplexität der Bauaufgabe kommt der Bauzeitenplan mit einer einfachen Tabellenkalkulation aus oder muss als qualifiziertes Werkzeug des Projektmanagements aufgebaut werden. Unterstützung geben verschiedene Computerprogramme, die in der Lage sind, den Bauzeitenplan fortzuschreiben und an wechselnde Bedingungen anzupassen. Einen Überblick über eine Reihe verbreiteter Programme für die unterschiedlichsten Bauaufgaben bietet die Seite www.bauzeitenplaner.de/bauzeitenplanung-software.php.

Das Bautagebuch

Im sogenannten Bautagebuch werden die arbeitstäglichen Ereignisse festgehalten und dokumentiert. Im Grunde geht es darum, ein tägliches Protokoll über die geleistete Arbeit zu führen.

Die mit der Bauleitung Beauftragten führen das Bautagebuch ohne feste Formvorschriften. Allerdings gibt es dafür Vordrucke und auch geeignete Software, die nicht nur dokumentiert, sondern zugleich eine gezielte Auswertung und damit Einflussnahme auf das Projektmanagement erlaubt.

Gerade bei größeren Objekten und umfangreicheren Baumaßnahmen, wie sie an Wohnungseigentumsanlagen nun einmal vorkommen können, ist das Bautagebuch für die Analyse des Bauablaufes von großer Bedeutung. Anhand der Bautagesberichte kann das Baugeschehen detailliert nachvollzogen und beispielsweise die Frage, wer für eine Bauzeitverlängerung (und damit für Mehrkosten) verantwortlich ist, fundierter beantwortet werden.

Mit der entsprechenden Software kann man den erfassten, täglichen Vorgängen Personal, Geräte, weitere Ereignisse und auch Fotos zuordnen. Dank der Auswertungsfunktionen sind Sie oder Ihr Bauleiter ständig über den Soll/Ist-Vergleich im Bilde. Gerade wenn Sie selbst als Bauherr nicht ständig auf der Baustelle sein können, ist das digitale Bautagebuch ein ideales Medium, um Informationen mit dem Bauleiter auszutauschen und Entscheidungen gegebenenfalls qualifiziert vorzubereiten. Da üblicherweise häufig gleiche

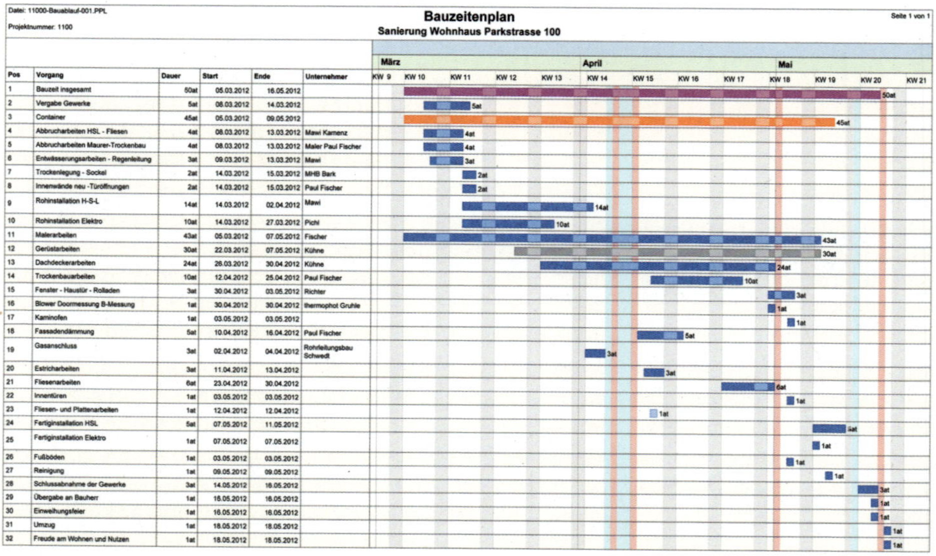

Pos	Vorgang	Dauer	Start	Ende	Unternehmer
1	Bauzeit insgesamt	50at	05.03.2012	16.05.2012	
2	Vergabe Gewerke	5at	08.03.2012	14.03.2012	
3	Container	45at	05.03.2012	09.05.2012	
4	Abbrucharbeiten HSL - Fliesen	4at	08.03.2012	13.03.2012	Mawi Kamenz
5	Abbrucharbeiten Maurer-Trockenbau	4at	08.03.2012	13.03.2012	Maler Paul Fischer
6	Entwässerungsarbeiten - Regenleitung	3at	09.03.2012	13.03.2012	Mawi
7	Trockenlegung - Sockel	2at	14.03.2012	15.03.2012	MHB Bark
8	Innenwände neu -Türöffnungen	2at	14.03.2012	15.03.2012	Paul Fischer
9	Rohinstallation H-S-L	14at	14.03.2012	02.04.2012	Mawi
10	Rohinstallation Elektro	10at	14.03.2012	27.03.2012	Pichl
11	Malerarbeiten	43at	05.03.2012	07.05.2012	Fischer
12	Gerüstarbeiten	30at	22.03.2012	07.05.2012	Kühne
13	Dachdeckerarbeiten	24at	26.03.2012	30.04.2012	Kühne
14	Trockenbauarbeiten	10at	12.04.2012	25.04.2012	Paul Fischer
15	Fenster - Haustür - Rolladen	3at	30.04.2012	03.05.2012	Richter
16	Blower Doormessung B-Messung	1at	30.04.2012	30.04.2012	thermophot Gruhle
17	Kaminofen	1at	03.05.2012	03.05.2012	
18	Fassadendämmung	5at	10.04.2012	16.04.2012	Paul Fischer
19	Gasanschluss	3at	02.04.2012	04.04.2012	Rohrleitungsbau Schwedt
20	Estricharbeiten	3at	11.04.2012	13.04.2012	
21	Fliesenarbeiten	6at	23.04.2012	30.04.2012	
22	Innentüren	1at	03.05.2012	03.05.2012	
23	Fliesen- und Plattenarbeiten	1at	12.04.2012	12.04.2012	
24	Fertiginstallation HSL	5at	07.05.2012	11.05.2012	
25	Fertiginstallation Elektro	1at	07.05.2012	07.05.2012	
26	Fußböden	1at	03.05.2012	03.05.2012	
27	Reinigung	1at	09.05.2012	09.05.2012	
28	Schlussabnahme der Gewerke	3at	14.05.2012	16.05.2012	
29	Übergabe an Bauherr	1at	16.05.2012	16.05.2012	
30	Einweihungsfeier	1at	16.05.2012	16.05.2012	
31	Umzug	1at	18.05.2012	18.05.2012	
32	Freude am Wohnen und Nutzen	1at	18.05.2012	18.05.2012	

Bautagebuch

Allgemeine Angaben

Bauvorhaben:	Bauherr:		
Energetische Sanierung Wohnhaus Musterstrasse	**Karl Mustermann**	Tel.:	
	Mondscheindweg 27	Fax :	
	Berlin	E-Mail	
	Bauleiter:	Tel.:	
		Fax :	
		E-Mail	
	SiGe-Koordinator:	Tel.:	
		Fax :	
		E-Mail	
Ersteller:			
Hermann Maier	Arbeitsbeginn: 16:34	Datum:	11.05.2011
	Arbeitsende: 16:34	Bauberichtnr.:	1
	min. Temperatur: 12°	max. Temperatur:	24°

Witterung

Uhrzeit	Bewölkung	Niederschlag	Wind	Temperatur (°C)	Luftfeuchtigkeit (%)
11:00	klar, wolkenlos	kein Niederschlag	leichter Wind	22	55

Tagesleistung

Von	Bis	Baumaßnahme	Firma	Ansprechpartner	Telefon
08:00	17:00	Trockenlegung, Aushub	Musterfirma	Mario Müller	000000

Bautenstand

Der Erdaushub ist zu 50% ausgeführt

oder ähnliche Vorgänge erfasst werden, reduziert sich durch die Funktion „Auto Vervollständigen" die Schreibarbeit auch deutlich, zu der man auf der Baustelle selten wirklich Lust hat.

Softwareprodukte für das digitale Bautagebuch sind zum Beispiel das Bautagebuch für Windows von Bauskript (http://bautagebuch.info/), docma REPORT von EDR Projekt (www.edr-projekt.com/index.php/produkte/72.html) oder das BTB Bautagebuch von fox distribution (www.fox-distribution.com/index.php?) u. v. a.

TIPP – BAUTAGEBUCH FÜHREN

Den Architekten verpflichtet die HOAI von 2009 in Anlage 11 zum Führen eines Bautagebuchs als Grundleistung in der Leistungsphase 8. Auch wenn das Gesetz vom privaten Bauherrn nicht zwingend verlangt, ein Bautagebuch zu führen, sollten Sie in Ihrem eigenen Interesse niemals auf ein Bautagebuch verzichten – erst recht nicht, wenn Baumaßnahmen in Ihrem Sondereigentum das Gemeinschaftseigentum berühren und die Rechte anderer Miteigentümer einschränken könnten. Verständigen Sie sich mit Ihrem Architekten oder „Hausarzt" über die entsprechenden Modalitäten. Dank der Dokumentation sämtlicher Arbeitsabläufe können eventuell auftretende Probleme am Bau – bis hin zur Zeitdauer einer Lärmbelästigung oder zur Ausdehnung einer Verschmutzung – später (auch bei späteren Renovierungen) nachvollzogen werden. Und sollen einmal Gewährleistungsansprüche bei späteren Mängeln geltend gemacht werden, dient das Bautagebuch als Beweismittel.

Das Bautagebuch muss immer zeitnah geführt werden. Ein Urteil des BGH vom 28.7.2011 (VII/65–10) in einem langen Revisionsverfahren hat festgestellt, dass ein nachträgliches Verfassen eines Bautagebuchs (im Sinne einer Nachbesserung) auszuschließen sei – ein Tagebuch seien eben keine Memoiren, ein nachträglich verfasstes Bautagebuch eben kein Tagebuch mehr. Eine Nachbesserung ist also in diesem Sinne ausgeschlossen, denn hier liegt eine Unmöglichkeit nach § 275 BGB vor („Der Anspruch auf Leistung ist ausgeschlossen, soweit diese für den Schuldner oder für jedermann unmöglich ist."). Stattdessen steht dem Auftraggeber gegebenenfalls das Recht auf Honorarminderung zu.

Bauleitung

Die Honorarordnung für Architekten- und Ingenieurleistungen (HOAI) kennt in § 33 (Leistungsbild Gebäude und raumbildende Ausbauten) die Begriffe „Objektüberwachung" und „Bauüberwachung". Gemeinhin werden sie unter dem Begriff „Bauleitung" zusammengefasst. Sie entspricht der Leistungsphase 8 und beansprucht 31 Prozent des Gesamthonorars, das für dieses Leistungsbild als Architekten- oder Ingenieurhonorar vereinbart wurde. Daraus allein schon kann man die große Bedeutung und hohe Verantwortung ermessen, die mit der professionellen Baubetreuung verbunden ist.

Der Begriff der Bauleitung ist nicht gesetzlich normiert und wird nicht einheitlich gebraucht. Grundsätzlich muss man unterscheiden zwischen:

- Bauleitung vonseiten des Auftraggebers und
- Bauleitung vonseiten des Auftragnehmers.

Leistungsergebnisse/Leistungsänderungen

-Dickbeschichtung mit Gewebe gespachtelt
-Injektionspacker für Horizontalsperrung gesetzt (Trennwände)
-Kisol in die Trennwände gepresst
-Dichtungsband mit Flexschlämme im Bereich der Hohlkehle angebracht

Auszug aus einem handgeschriebenen Bautagebuch

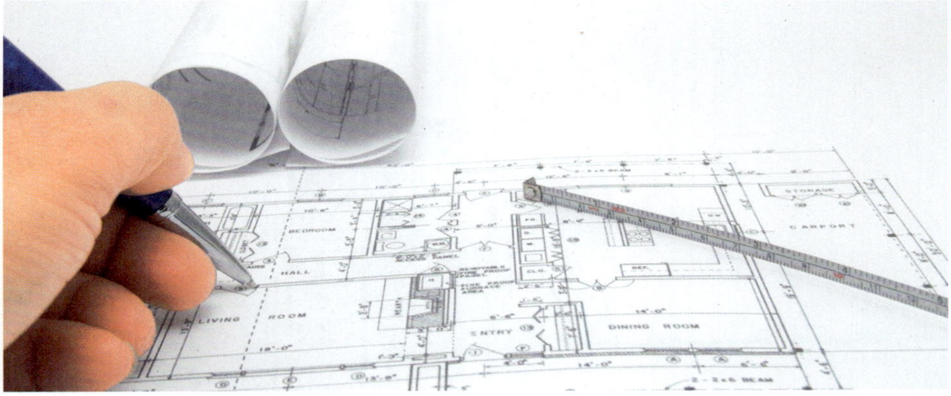

Bauleitung vonseiten des Auftraggebers

Der mit der Bauleitung Beauftragte übernimmt als Sachwalter des Bauherrn vorrangig Kontroll- und Koordinierungsfunktion. Er überprüft die Leistung, die zu erbringen ist (Bausoll) und koordiniert die Gewerke und andere Beteiligte (gegebenenfalls Behörden, Gutachter, Planer usw.). Im direkten Kontakt mit dem Bauherrn und/oder dem Architekten klärt er anstehende technische Fragen.

Grundaufgaben der Bauleitung sind Koordination der Bauausführung (Objektüberwachung) hinsichtlich der Übereinstimmung mit der Baugenehmigung, den Ausführungsplänen und den Leistungsbeschreibungen, der Einhaltung der anerkannten Regeln der Technik und der Vorschriften. Dazu gehört auch das gemeinsame Aufmaß mit den bauausführenden Unternehmen. Unter Umständen überwacht ein Prüfstatiker die Tragwerke auf Übereinstimmung mit dem Standsicherheitsnachweis.

BEFUGNISSE KLAR REGELN

Die Vertretungsbefugnis des Bauleiters (als Bauherren-Bauleiter) muss klar geregelt sein, denn ohne besondere Vollmacht des Auftraggebers (Bauherrn) darf ein Bauleiter keine kostenwirksamen Entscheidungen für den Auftraggeber treffen. Das Gleiche gilt für den Verwalter, der die Wohnungseigentümergemeinschaft gegenüber dem Bauleiter vertritt.

Bauleitung vonseiten des Auftragnehmers

Unternehmen, die komplexe Aufträge ausführen, beauftragen ihrerseits bestimmte Mitarbeiter mit der Bauleitung (Bauführer), um den Einsatz von Personal und materiellen Ressourcen sowie die vertragsgemäße Ausführung der Leistung zu koordinieren und zu überwachen.

Der Bauführer vertritt in dem Sinne den Inhaber des ausführenden Betriebs, dass er für die Erfüllung der gesetzlichen, behördlichen und berufsgenossenschaftlichen Verpflichtungen verantwortlich ist.

VERTRETUNG DES BAULEITERS

Auf Kleinbaustellen kann sowohl der Bauleiter des Auftraggebers als auch der Bauführer des Auftragnehmers nicht ständig auf der Baustelle sein. Letzteren vertritt regelmäßig der Polier oder Vorarbeiter. Für die Bauüberwachung und Qualitätskontrolle gewinnt hier das Bautagebuch – insbesondere die darin integrierte Fotodokumentation – besondere Bedeutung.

Qualitätssicherung

Unter Qualität versteht man im Falle des Bauens die Einhaltung der vertraglich zugesicherten Eigenschaften. Ein Grundpro-

blem der Qualitätskontrolle ist, dass man die Qualität im Nachhinein nicht mehr zuverlässig prüfen kann, da die erbrachten Leistungen durch das Fortschreiten des Baugeschehens wieder überdeckt werden.

Von entscheidender Bedeutung für die Qualitätssicherung ist also, dass Details nicht „verschwinden", bevor ihre volle Funktionstüchtigkeit überprüft wurde. So muss zum Beispiel beim Einbau neuer Fenster der Anschluss zum Mauerwerk luftdicht ausgeführt werden. Um die Qualität der Ausführung zu kontrollieren, muss ein Blower-Door-Test gemacht werden – und zwar bevor die entsprechenden Wandteile verputzt oder verkleidet werden.

Meist wird die Messung mit einer thermografischen Untersuchung kombiniert. Damit kommt man Leckagen aufgrund der Wärmebilddarstellung am besten auf die Spur. Die Fehler müssen aber bereits während der Messung selbst behoben werden, sonst muss nach der Ausführung der Maßnahme eine erneute Kontrollmessung erfolgen.

Wie in diesem Beispiel gilt grundsätzlich: Qualitätskontrolle endet zwar mit der Bauabnahme, aber sie beginnt dort nicht erst. Nur eine baubegleitende Qualitätskontrolle dokumentiert technisch einwandfreie Bauleistungen oder macht auf Nachbesserungsbedarf aufmerksam.

Vernünftigerweise beginnt die Qualitätssicherung bei der Planung. Anschließend erfolgt die begleitende Kontrolle der Bauausführung. Ergänzend kann im Zuge der Qualitätssicherung auch der jeweils erbrachte Leistungswert berechnet werden. Das schützt den Auftraggeber vor einer Überzahlung. Auf dem Schwächen-Stärken-Profil zur Abnahme sollte nun weitgehend alles „blau" sein.

SCHRITT 11: ABNAHME UND DOKUMENTATION

Die Umbau-, Sanierungs- oder Modernisierungsarbeiten sind abgeschlossen. Die Nutzungsübergabe ist erfolgt, doch ist die Nutzungsübergabe nicht automatisch mit der Abnahme gleichzusetzen.

Mit der Bauabnahme geht nicht zuletzt die Beweislast für eventuelle Baumängel vom ausführenden Betrieb auf den Bauherrn über. Einfach gesagt: Vor der Abnahme muss der Handwerker beweisen, dass er korrekt gearbeitet hat. Nach der Abnahme muss der Bauherr beweisen, dass der Handwerker nicht korrekt gearbeitet hat.

Abnahme-Protokoll

gemäß VOB/B/§12
der folgenden Gesamtleistung-Teilleistung

Auftragsnummer
Kostenart nach DIN 276 | Bauvertrag .... | vom: .... | Bearbeiter ....

Neubau / Umbau / Sanierung / Teilleistung: ....

....

Auftragnehmer: .... **Bauherr:**
....
....

Bauvorhaben und Bauort:

Planung: **Integra Planen und Gestalten GmbH**
Elisabethweg 10, 13187 Berlin
Bauüberwachung: wie Planung

....

Teilnehmer:

....

1. Vorbemerkung

Diese Abnahme ersetzt nicht eventuell erforderliche behördliche oder andere vorgeschriebenen Abnahmen technischer oder verwaltungstechnischer Art. Sie ist auch keine Güteprüfung im bauaufsichtlichen Sinn. solche hat der Auftragnehmer, sofern erforderlich, selbst zu veranlassen und deren Ergebnis (Protokoll) den unten genannten Unterlagen beizufügen und dem Bauherrn zuzuleiten.

2. Vorbehalte des Auftraggebers

Mängelrüge für nicht erkannte Mängel innerhalb der Gewährleistungsfrist
Behebung der **Mängel**, die bisher schon schriftlich gerügt oder noch nicht einwandfrei beseitigt sind.
Vertragsstrafe (Ihre Geltendmachung wird ausdrücklich vorbehalten.)
Schadenersatz wegen Terminverzug, wegen vertragswidriger Leistung oder vertragswidrigem Verhalten.
Wandlung oder Minderung wegen mangelhafter Leistung
Haftung gemäß § 10 VOB Teil B
Abzüge und Gegenforderungen im Rahmen der Rechnungsprüfung

3. Abnahme

☐ erfolgt im übrigen ohne Vorbehalte (mit Ausnahme der unter Ziff. 2 aufgeführten Vorbehalte).
☐ erfolgt mit den unten bzw. auf der Rückseite erwähnten Vorbehalten wegen Leistungsmägeln. Sie wird erst wirksam, wenn die beanstandeten Mängel behoben sind.

Termin für Beseitigung

4. Mängel und/oder Anlage

....
....
....

5. Folgen nicht rechtzeitiger Mängelbeseitigung

Falls bis zum angegebenen Termin die gerügten Mängel nicht beseitigt sind, wird hiermit vorsorglich ohne weitere Fristsetzung die Mängelbehebung auf Kosten des Auftragnehmer abgelehnt und die Einschaltung einer anderen Firma zur Mängelbehebung auf Kosten des Auftragnehmers vorbehalten.

6. Gewährleistung

beginnt laut Vertrag bzw. gemäß Vereinbarung mit folgendem Datum..............................
Sie endet nach den vertraglichen Fristen. Falls keine Fristen vereinbart, gilt das BGB.

7. Unterlagen

Folgende Unterlagen wurden der Bauleitung hiermit übergeben (Nr. und Stückzahl angeben)

☐ Bestandspläne ....
☐ Revisionspläne ....
☐ Betriebsanleitungen ....
☐ Wartungsanweisungen ....
☐ Schlüssel ....
☐ ....

Folgende Unterlagen fehlen noch und sind der Schlußrechnung beizufügen

....

8. Sonstiges ....

9. Unterschriften

....	....	....
Ort, Datum	Ort, Datum	Ort, Datum
....	....	....
Auftragnehmer - Unterschrift	Bauherr - Unterschrift	Architekt - Unterschrift

Abnahme-VOB1.doc-23.08.10

Mit der Abnahme beginnt auch die Verjährungsfrist für die Gewährleistung. Außerdem wird in der Regel die Schlusszahlung fällig.

Arten der Abnahme

Zunächst unterscheidet man zwischen behördlicher und privater Abnahme.
Bei der behördlichen Bauabnahme begutachtet die Behörde (Bauordnungsamt oder Denkmalsamt oder weitere involvierte Behörden), ob die Baumaßnahme in Übereinstimmung mit den öffentlichen Normen und Verordnungen durchgeführt wurde. Zu einer behördlichen Bauabnahme gehören unter anderem die Überprüfung von Schornstein und Heizkessel durch den Bezirksschornsteinfeger. Dabei ist zu bemerken: Baumängel, die Sie stören (schlampig verlegte Fliesen, falsch herum eingebaute Türen), stören die Behörde überhaupt nicht, solange die Dachneigung zur Norm passt und die Trittstufenbreite der Treppe korrekt ist. Bei Baumaßnahmen im vereinfachten Genehmigungsverfahren ohne Baugenehmigung halten sich die Behörden ohnehin weitgehend heraus; wo keine Prüfpflicht besteht, wird auch keine Haftung für Baumängel übernommen.

Bleibt also die private Bauabnahme. Sie ist die einzige Möglichkeit, sich vor Fehlern der Handwerker zu schützen. Schwierig wird es, wenn die Arbeit des einen Gewerks die Arbeit eines anderen Gewerks überdeckt. Sie entdecken bei der Schlussabnahme eine schiefe Wand. Der Putzer sagt, er war's nicht, es war der Maurer. Der Maurer sagt, er war's auch nicht, es stand so im Plan.

Wer war's nun wirklich?

ABNAHME VOM VORGÄNGER
Sobald die Handwerker eines Gewerks die Arbeit beendet haben, sollte ihre Leistung begutachtet werden. Geht das im Einzelfall nicht, muss der Putzer Ihnen schriftlich bescheinigen, dass der Maurer ordentlich gearbeitet hat. Auch bei anderen Gewerken sollte der „Nachfolger" stets die Fehlerfreiheit seines „Vorgängers" bescheinigen.

Am besten regelt man bereits in den Bauverträgen selbst, von welcher Art die Abnahme sein und in welcher Form sie stattfinden soll. Leider wird das in vielen Fällen versäumt. Sie dürfen von Ihrem „Hausarzt" erwarten, dass er bei der Vergabe der Arbeiten darauf achtet, damit es Ihnen nicht passiert, dass Sie Ihr Haus „abnehmen", ohne es zu merken. Klingt kurios? Ist es aber nicht und kommt gar nicht mal so selten vor.

Die VOB sieht nämlich verschiedene Arten der Abnahme vor; das System hat – wie leider fast immer – seine Tücken und verlangt vollste Aufmerksamkeit:

Ausdrückliche Abnahme

Der Bauunternehmer oder Handwerker teilt schriftlich oder mündlich mit, dass die Bauleistung vollständig erbracht ist und die Abnahme möglich ist. Der Bauherr hat von diesem Augenblick an zwölf Werktage Zeit, das Werk zu begutachten; lässt er die Frist ungenutzt verstreichen, gilt das Werk als abgenommen – die sogenannte fiktive Abnahme.

Jetzt stelle man sich eine Wohnungseigentümergemeinschaft vor, die in dem einen oder anderen Fall – vorsichtig ausgedrückt – nicht sehr methodisch agiert. Eine Gemeinschaft vielleicht, die sich mit der Verwaltung zerstritten hat oder deren Mitglieder untereinander im Streit liegen. Zwölf Werktage sind schnell verstrichen, bevor man sich zu einem Entschluss aufgerafft hat, wer wann und wie die Abnahme vornehmen soll.

Sinnvoller ist es allerdings, den Termin nicht verstreichen zu lassen, sondern mit dem Handwerker einen Abnahmetermin auszumachen und ein gemeinsames Abnahmeprotokoll zu erstellen. Nehmen Sie diesen Termin unbedingt gemeinsam mit Ihrem „Hausarzt" wahr, denn der sieht mit einiger Sicherheit mehr, als Sie sehen werden – und das ist unter Umständen bares Geld wert.

BEISPIEL: Die Fensterbänke sind zwar funktionstüchtig, aber nicht vollkommen korrekt eingebaut; die Anschlüsse sind zumindest optisch unschön – die Leistung entspricht nicht zu 100 Prozent der Leistungsbeschreibung. Sie können Nachbesserung verlangen, aber auch entscheiden, dass Sie mit dem Mangel leben können, weil dann sowieso eine Grünpflanze davor steht. Im Gegenzug aber handeln Sie eine Minderung heraus und sparen (mehr als) eine Handvoll Euro.

Fiktive Abnahme

Die fiktive Abnahme kann auf dreierlei Weise eintreten:

- wenn Sie die oben genannte Frist von zwölf Werktagen verstreichen lassen;
- wenn Sie die Schlussrechnung des Handwerkers nach der Mitteilung über die Fertigstellung bezahlen;
- wenn Sie in das fertig gemeldete Haus einziehen; in diesem Fall gilt die Bauleistung innerhalb von sechs Werktagen als abgenommen, wenn der Bauherr weiter nichts tut, als sich wohnlich einzurichten (Ausnahme: Sie ziehen baubedingt in einen Teil des fertiggestellten Hauses, damit die Arbeiten in einem anderen Teil weitergeführt werden können.).

FIKTIVE ABNAHME VERMEIDEN

Eine fiktive Abnahme „aus Versehen" vermeiden Sie, indem Sie sich nicht zu nachlässiger Bequemlichkeit sowie Unterschriften oder Zahlungsanweisungen irgendwelcher Art verleiten lassen. Gern schicken Unternehmer mit der Fertigstellungsmitteilung auch gleich die Abschlussrechnung. Zahlen Sie nichts, bevor Sie mit Ihrem „Hausarzt" zum Abnahmetermin waren!

Stillschweigende Abnahme

Die stillschweigende (oder auch konkludente) Abnahme gründet sich auf dem schlüssigen (konkludenten) Handeln des Bauherrn. Lässt der Bauherr unmittelbar nach abgeschlossenen Fassadenarbeiten sofort das Gerüst abbauen, kann von einer stillschweigenden Abnahme ausgegangen werden. Ebenso, wenn er einen Heizkessel in Betrieb nimmt und dem Handwerker nicht innerhalb von sechs Werktagen eine Mängelrüge zugestellt wird. Erst recht natürlich, wenn der Bauherr unmittelbar nach der Fertigstellungsmeldung der Bauleistung das Haus ohne weitere Besichtigung und Reaktion verkauft. In solchen Fällen darf aus dem Handeln des Bauherrn geschlossen werden, dass er die Leistung der Handwerker oder des Baubetriebs auch ohne ausdrückliche Willenserklärung akzeptiert hat.

Förmliche Abnahme

Die förmliche Abnahme findet statt, wenn der Bauherr oder der Bauunternehmer beziehungsweise Handwerker es verlangen. Diese Form der Bauabnahme sollte der Regelfall sein. Beide Seiten haben das Recht, Sachverständige hinzuzuziehen. Dem Bauherrn ist das unbedingt zu empfehlen! Ob die Bauleistung frei von Mängeln ist, kann nur ein Experte schlüssig beurteilen. Der Befund der Abnahme – einschließlich eventueller Vorbehalte wegen bekannter Mängel oder wegen Vertragsstrafen oder geforderter Minderungen (ebenso natürlich Einwendungen des Bauunternehmers/Handwerkers) – wird in das Protokoll aufgenommen. Jeder Vertragspartner erhält anschließend, das heißt unmittelbar nachdem alle Unterschriften unter das Dokument gesetzt worden sind, seine Ausfertigung des Protokolls.

Mehr als eine Formalie

Würden Sie sich einen DVD-Player ohne Bedienungsanleitung kaufen? Nein? Und warum – glauben Sie – braucht Ihr Haus keine Bedienungsanleitung? Der letzte Schritt ist also mehr als nur eine Formalie. In dieser Phase muss all das dokumentiert werden, was tatsächlich verarbeitet und eingebaut wurde. Das bedeutet, alle Materialien und Installationsgegenstände – samt ihrem Hersteller und/oder Lieferanten – müssen exakt beschrieben und dokumentiert werden. Dabei entsteht eine Art Bedienungsanleitung für Ihr Haus.

Was passiert, wenn das unterbleibt? Erst einmal gar nichts. Nach ein paar Jahren jedoch, wenn einzelne Teil vielleicht repariert oder erneuert werden müssen, geht das große Rätselraten los: Von welchem Hersteller war gleich noch mal dieses Waschbecken, und gibt es die dazugehörigen Zahnputzbecher noch? Klingt harmlos. Aber wenn es um die Heizung oder die Belüftungsanlage geht, die regelmäßig gewartet werden müssen, oder um die Art der Dämmstoffe, bei denen man einfach wissen möchte, was man da eigentlich im Haus hat – in solchen komplizierten wie sensiblen Bereichen des Hauses ist es schon weniger harmlos, wenn die Dokumentation fehlt.

Die „Patientenakte"

Hier sind einige der wichtigsten Elemente/Dokumente, die in einer geordneten Dokumentation zusammengefasst werden sollten:

Firma **Tischlerei & Treppenbau Musterfirma** **01-12**

Bauvorhaben **Energetische Modernisierung Mustergebäude**

Ausführung von: 15.07.2010 bis: 30.09.2011

Revisionsunterlagen + Nachweise

Datum:		Vorlage / Beschreibung	✓	vollständig				Bemerkungen
		Abnahmeprotokoll nach VCB						
		Gewährleistungsbürgschaft						
		FU-Erklärung	✓					
		Abrechnung / Schlußrechnung						
		Hersteller- und Liefernachweise für						
		Matrialaufstellung						
		Lieferschein Fenster						
		Herstellerbescheinigung Fenster						
		Lieferschein Haustür						
		Herstellerbescheinigung Haustür						
		Lieferschein Fensterbänke						
		HerstellerbescheinigungFensterbänke						
		Beschläge						
		Griffe / Oliven						
		Beschichtungen						
		Dichtungen						
		Produktdatenblatt Dichtungsband Firma illbruck						
		Prüfzeugnisse / Zulassungen						
		U-Wert						
		WE-Türen mit den db-Werten und rauchdicht						
		Prüfbericht Dichtungsband Firma illbruck						
		Prospekte, Produkbeschreibungen Wartungshinweise						
		Zeichnungen						

Bemerkungen: In den Hersteller- und Liefernachweisen müssen auch die Nachweise der Lieferung auf diese Baustelle enthalten sein (Lieferschein, etc.).

BESTANDTEILE DER DOKUMENTATION

- Liste der Handwerker
- Liste der Hersteller/Lieferanten
- Liste der Ansprechpartner für Havariefälle
- Pläne
- Baufluchtlinien- und gegebenenfalls Höhenattest des Vermessungsingenieurs
- Berechnungen (Flächen etc.)
- Bestandszeichnungen der technischen Gebäudeausrüstung
- Genehmigungen
- Abnahmeprotokolle (Protokolle der bauaufsichtlichen Gebrauchsabnahme)
- Fachunternehmererklärungen (Bescheinigungen für alle Gewerke über die fachgerechte mangelfreie Ausführung der Bauleistungen)
- Bürgschaften/Gewährleistungsbürgschaften
- Nachweise der eingebauten Materialien (Unbedenklichkeit verwendeter Baustoffe und Materialien)
- Lieferscheine
- Zulassungen/Prüfzeugnisse
- Beschreibungen von Produkten
- Wartungs- und Pflegehinweise
- Garantieurkunden für die Haustechnik (Elektro, Sanitär, Heizung, gegebenenfalls Lüftung etc.)
- Bedienungsanleitungen
- Sofern möglich auch Prospekte von Produkten (Waschbecken, Heizkessel etc.)
- Fotodokumentation
- Energieausweis
- Schornsteinfegerabnahmeprotokoll

Das Ganze sollte dann nach Gewerken geordnet in einem Ordner zusammengetragen werden. Dieser Ordner ist die Bedienungsanleitung für die Wohnung und die Bauakte in einem – die aktualisierte „Patientenakte" quasi. Nur so kann man sicher sein, dass für alles ein Nachweis vorhanden ist, der auch noch in zehn oder zwanzig Jahren gefunden werden kann. Oder dass ein zum installierten Gerät passendes Ersatzteil – und wenn es nur eine Dichtung ist – auch tatsächlich wiedergefunden werden kann.

Wenn dann alles außerdem elektronisch vorliegt, ist es noch einfacher, denn dann können alle Dokumente auf modernste Weise abgelegt und jederzeit wieder hervorgeholt werden. Das ist dann die elektronische Bau- bzw. „Patientenakte". Um eine elektronische oder digitale Bauakte zu führen, gibt es entsprechende Software bei verschiedenen Anbietern. Unter anderem finden Sie ein speziell auf den Bedarf von Ein- und Zweifamilienhäusern zugeschnittenes Programm unter der Adresse: www.bki.de/digitale-hausakte.html.

Das Programm des Baukosteninformationszentrums Deutscher Architektenkammern gliedert sich in sechs Module: 1. Kenndaten; 2. Objektbeschreibung; 3. Adressen; 4. Übersichtstabellen; 5. Dokumente – Zeichnungen, Berechnungen, Beschreibungen, Bilder; 6. Dokumente – Angebote, Verträge, Rechnungen. Eine kostenlose Testversion kann ebenfalls heruntergeladen werden.

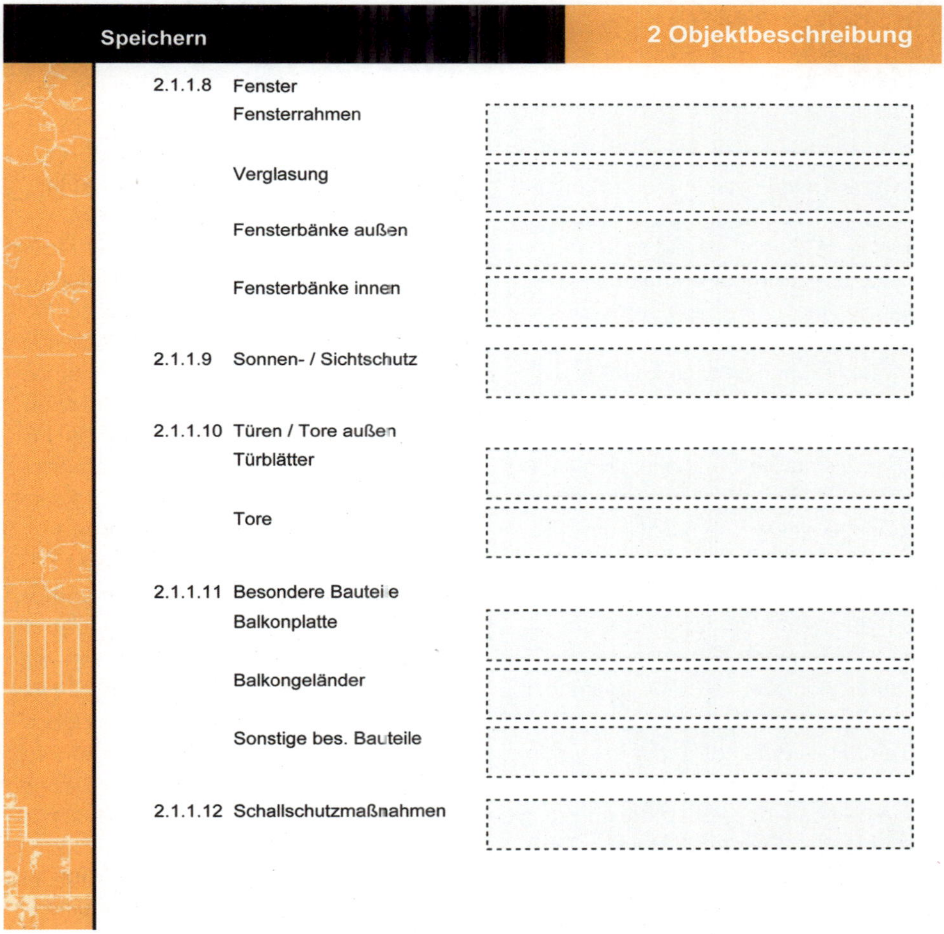
Speichern

2 Objektbeschreibung

2.1.1.8 Fenster
Fensterrahmen
Verglasung
Fensterbänke außen
Fensterbänke innen

2.1.1.9 Sonnen- / Sichtschutz

2.1.1.10 Türen / Tore außen
Türblätter
Tore

2.1.1.11 Besondere Bauteile
Balkonplatte
Balkongeländer
Sonstige bes. Bauteile

2.1.1.12 Schallschutzmaßnahmen

Mittels einer digitalen Bauakte können Sie die Planungs-, Umbau- und Nutzungszeit Ihrer Immobilie nicht nur gut dokumentieren, sondern die Dokumentation auch leicht auf dem Laufenden halten. Vergangenheit, Gegenwart und Zukunft Ihrer Immobilie werden dadurch transparent. Dies dient nicht nur der technischen, konstruktiven wirtschaftlichen und ökologischen Überwachung Ihrer Immobilie, sondern erleichtert auch Service, Pflege und Wartung einzelner Bauteile und technischer Einrichtungen. Sie haben im Programm stets die Wahl, nicht alle Felder

auszufüllen, wenn sich alles auf einmal bei einer gebrauchten Wohnung nur unter großem, nicht vertretbarem Aufwand realisieren ließe. Auch im Falle eines Wiederverkaufs Ihrer Immobilie haben Sie als Verkäufer eine starke Position, wenn Sie mit einer dynamisch fortgeschriebenen Dokumentation aufwarten können, die faktisch keine Fragen offen lässt.

Aber auch bei diesem komfortablen Werkzeug sind Sie wahrscheinlich auf die Hilfe Ihres „Hausarztes" angewiesen. Erfahrungsgemäß werden die Nachweise der Handwerker selten komplett übergeben – wenn überhaupt. Es ist daher in der Regel ratsam, mit der letzten Zahlung so lange zu warten, bis sämtliche Nachweise qualifiziert geführt und Ihnen übergeben worden sind.

Die digitale Bauakte ist auf Bestands- und Besitzerwechsel eingerichtet. Man kann eine Kopie des vorhandenen Projekts anlegen und die Veränderungen in dem kopierten Objekt fortschreiben. Man kann aber auch den vorhandenen Datenbestand durch Veränderung und Ergänzung weiter fortschreiben. Die in den Modulen gespeicherten Datenblätter können als Kopien in derselben Mappe gespeichert und fortgeschrieben werden. Auch bei Umbau und/oder Besitzwechsel ist Vergleichbarkeit gegeben. Fragen Sie den Vorbesitzer nach der digitalen Akte.

Wie greift der Zahlungsplan?

Wenn alles fertig ist, kann alles bezahlt werden. Aber wann ist alles fertig?

Üblicherweise werden in Bauverträgen auch Zahlungspläne vereinbart. Untersuchungen haben ergeben, dass bis zu 80 Prozent der Zahlungspläne, die Baubetriebe zum Beispiel mit Bauherren von Einfamilienhäusern schließen, zum deutlichen Nachteil der „Häuslebauer" ausfallen. In vielen Fällen wird das unternehmerische Risiko – einschließlich des Insolvenzrisikos – auf unzumutbare Weise auf den Auftraggeber abgewälzt. Häufig müssen deutsche Gerichte Verträge rügen und einzelne Klauseln für unwirksam erklären, weil sie dem BGB widersprechen und die Rechte des Bauherrn in unzulässiger Weise beschränken. So untersagte das Oberlandesgericht Brandenburg in einem Berufungsverfahren im Wege der Einstweiligen Verfügung (vom 18.7.2007, 7 U 193/06) einem Bauunternehmen, die folgende – unwirksame – Klausel in Verträgen weiter zu verwenden: „Beginnen die Bauherren vor Abnahme und Übergabe mit Fußbodenverlege- und Malerarbeiten im oder am Vertragsobjekt oder wird das Vertragsobjekt bezogen, gilt dieses als abgenommen." Der Handwerker hat seinerseits gemäß § 648a BGB die Möglichkeit, eine sogenannte Bauhandwerker-Sicherheitsleistung vom Bauherren zu fordern.

Einheitliche gesetzliche Regelungen hinsichtlich eines Zahlungsplans gibt es zwar für Bauträger – für den privaten „Häuslebauer" und Wohnungsinhaber aber nicht. Insofern sind auch die meisten Umbau- und Sanierungsvorhaben in gebrauchten Wohnungen von dieser Rechtsunsicherheit betroffen.

Lassen Sie sich in allen Fragen des Zahlungsplans von Ihrem „Hausarzt" beraten – und zwar spätestens ab Schritt 9, der Vergabe der Arbeiten.

- Wenn die Rechnung eingeht, prüfen Sie zusammen mit Ihrem „Hausarzt" zuerst, ob die vereinbarten Leistungen vom Auftragnehmer vollständig und mängelfrei erbracht worden sind. Nur dann ist das vereinbarte Ereignis, das laut Zahlungsplan zu einer Abschlagsforderung berechtigt, auch eingetreten. Sind Mängel nachzuweisen, können Sie einen bestimmten Einbehalt geltend machen.
- Prüfen Sie, ob die Höhe des Abschlags (meist sind Prozentanteile der Gesamtsumme im Zahlungsplan vereinbart) korrekt ermittelt wurde. Oft hat sich die Berechnungsgrundlage durch Korrekturen und Nachträge verändert. Geprüft werden muss also, ob es sich um die Vertragssumme beim Abschluss des Vertrages handelt oder um die jeweils gültige Vertragssumme zum Zeitpunkt der Rechnungsstellung, sodass vertraglich fixierte Nachträge zu berücksichtigen sind. Feste Summen im Zahlungsplan ändern sich durch Nachträge nicht, es sei denn, eine eigene Nachtragsvereinbarung legt das fest.
- Wurden Skonti vereinbart, ziehen Sie die entsprechenden Prozente ab, sofern Sie innerhalb der vereinbarten Frist bezahlen.

Geschafft

Für den Eigentümer einer gebrauchten Wohnung bedeutet das Ende der Baumaßnahmen der Anfang des Lebens in der Traumwohnung. Der letzte Handwerker bringt zum letzten Mal den Schlüssel zurück – für den Eigentümer symbolisiert die Schlüsselübergabe, dass nun aller Stress hinter ihm liegt, Umbau- und Sanierungsarbeiten abgeschlossen sind und er hoffentlich die richtigen Entscheidungen getroffen hat, um den Traum von seiner eigenen Wohnung zu realisieren. Wenn das Buch etwas mitgeholfen hat, Ihnen den Weg dahin zu bahnen, hat es seine Aufgabe erfüllt.

Der „Hausarzt" schließt nun die „Patientenakte" und übergibt sie Ihnen. Auch er hat seine letzte Rechnung geschrieben – es war bestimmt gut angelegtes Geld; es steckt als Expertenwissen untrennbar mit der Wohnung selbst verbunden in jedem Winkel, der besser erschlossen worden ist, in jeder Parkettfliese, unter der kein Hausschwamm lauert, in jeder Wand und Decke, von der Sie sicher sein können, dass sie gesund sind.

Bevor die Routine des Alltags einkehrt: Denken Sie noch einmal kurz daran, wie alles angefangen hat. Lassen Sie die Sektkorken knallen!

Wir wünschen Ihnen viel Glück in Ihrer neuen alten Wohnung.

GLOSSAR

Abnutzungsgrad: Index für den Umfang und das Maß der bis dato erkennbaren Abnutzung. Bei einem Abnutzungsgrad von mehr als 10 % wird ein Schadensgrad festzustellen sein und Investitionsbedarf entstehen.

Anlagenaufwandszahl (ep): Verhältnis von aufgewendeter Primärenergie (p) zum erwünschten Nutzen, das heißt dem Energiebedarf (e) des gesamten Anlagensystems. Berücksichtigt wird die Art der eingesetzten Brennstoffe, der Einsatz regenerativer Energiequellen, die Verluste der Wärmeerzeuger und der Verteilung sowie die benötigte Hilfsenergie (etwa für Lüftung und Pumpen). Eine niedrigere Anlagenaufwandszahl spricht für eine effizientere Nutzung der Primärenergie.

Annuität: regelmäßige Zahlung, die aus Zins und anfänglicher Tilgung – bezogen auf ein aufgenommenes Kapital – zusammengesetzt ist. Bei einer konstanten Annuität verändert sich das Verhältnis von Zinsbetrag und Tilgungsbetrag mit jeder Zahlung, da sich mit jedem Tilgungsbetrag der Kapitalstock, auf den Zinsen entfallen, vermindert; um den gleichen Betrag erhöht sich die Tilgungsleistung.

Arbeitgeberdarlehen: auch Personalkredit oder Mitarbeiterdarlehen, ist ein Darlehen, das der Arbeitgeber dem Arbeitnehmer gewährt. Das Zinsniveau liegt meist unter dem marktüblichen Bankzins und orientiert sich am Zinssatz für Hypothekenpfandbriefe.

Auflassungsvormerkung: Vormerkung im Grundbuch, Teil II, über den Eigentumswechsel als künftige Rechtsänderung. Alle Verfügungen des Verkäufers, welche die Rechte des Käufers beeinträchtigen könnten, sind damit unwirksam. Die Auflassungsvormerkung sichert den Käufer auch davor, im Falle einer Insolvenz des Verkäufers auf die Quote verwiesen zu werden.

Aufmaß: das Vermessen und Aufzeichnen eines bestehenden Gebäudes für die weitere Planung des Bauens im Bestand. Der Begriff wird auch verwendet für die Ermittlung des Umfangs der Bauleistungen (beispielsweise in Ausführungsplänen) als Grundlage für das Erstellen von Leistungsverzeichnissen oder überprüfbaren Abrechnungen.

Ausführungsplanung: genaue Ausarbeitung der Planungsunterlagen aufgrund der Entwürfe beziehungsweise der Genehmigungsplanung mit dem Ziel, Werkpläne (meist in größerem Maßstab) für die ausführenden Gewerke aufzustellen.

Bauhaus: Staatliches Bauhaus, 1919 vom Architekten Walter Gropius begründete Kunstschule, zunächst in Weimar, seit 1925 in Dessau, 1932–1933 in Berlin, von den Nationalsozialisten geschlossen. Als Gegenentwurf zum Historismus, der kunsthandwerkliche Ornamentik in industrielle Massenprodukte verwandelte, bekannte sich das Bauhaus zu den Traditionen des Handwerks und zum Funktionalen. Dabei entwickelte das Bauhaus eine Formensprache, die von vielen Zeitgenossen als radikal empfunden wurde. Namentlich in der Architektur waren die Resultate der Bauhaus-Ästhetik von Dauer und wurden von vielen anderen Architekten aufgenommen und weiterentwickelt.

Bauzeitenplan: Planungsinstrument zur Terminkoordination und zur Kontrolle eines Bauablaufs.

Belastungsquote: Belastung aus Kapitaldienst in Prozent des Nettoeinkommens. Je höher die Belastungsquote, desto riskanter wird die Finanzierung der Immobilie

Bestandsimmobilien: Gebäude, die bereits bestehen, auch als Altbauimmobilien oder Gebrauchtimmobilien bezeichnet.

Blower-Door-Test: Differenzdruck-Messverfahren, das die Luftdichtigkeit eines Gebäudes misst. Mit seiner Hilfe kann man Leckagen in der Gebäudehülle finden und die Luftwechselrate bestimmen.

CAD-Zeichnung: mittels computer-aided design (rechnergestützter Entwurf oder rechnerunterstützte Konstruktion) hergestellte technische Zeichnung.

Charta von Athen: Architekturkonzept einer funktionalen Stadt, 1933 auf dem Athener Kongress für neues Bauen verabschiedet, das die funktionale Trennung von Wohnen, Arbeiten, Erholung und Bewegung in der Stadt vorsah. Nach dem Zweiten Weltkrieg wurde das Konzept der Funktionstrennung im Städtebau bis in die Achtzigerjahre vorherrschend.

Denkmalimmobilie: Gebäude, dem im Rahmen der „Erinnerungskultur" ein besonderer Wert zugesprochen wird; es steht beispielhaft für eine Architekturleistung oder einen Bauzustand der Vergangenheit. Als schützenswertes Gut kann es Denkmalschutz genießen. Der Denkmalbegriff umfasst nach der Charta von Venedig (1964) „sowohl das einzelne Denkmal als auch das städtische oder ländliche Ensemble (Denkmalbereich), das von einer ihm eigentümlichen Kultur, einer bezeichnenden Entwicklung oder einem historischen Ereignis Zeugnis ablegt". Dabei werden nicht nur herausragende künstlerische Schöpfungen berücksichtigt, sondern durchaus auch weniger bedeutende Werke, sofern sie im Lauf der Zeit eine künstlerische Bedeutung erlangt haben.

Denkmalpflege: Sammelbegriff für geistige, technische, handwerkliche und künstlerische Maßnahmen, die erforderlich sind, um Kulturdenkmäler zu erhalten und deren weiteren Bestand zu sichern.

Denkmalschutz: Sammelbegriff für das System der Gesetze, Verordnungen sowie der behördlichen Verfügungen, Genehmigungen und Auflagen, die geeignet und erforderlich sind, um die Denkmalpflege sicherzustellen.

Doppelt qualifizierte Mehrheit: Nach dem Wohnungseigentumsgesetz bedürfen Beschlüsse über Modernisierungsmaßnahmen und „Anpassung des Wohnungseigentumsanlage an die moderne Technik" für die Beschlussfassung einer „doppelt qualifizierten Mehrheit". Das bedeutet: Zustimmen müssen mindestens drei Viertel der stimmberechtigten (nicht allein der anwesenden) Eigentümer und sie müssen

zugleich mehr als 50 Prozent der Miteigentumsanteile repräsentieren.
Energieeinsparverordnung (EnEV): Verordnung über energiesparenden Wärmeschutz und energiesparende Anlagentechnik bei Gebäuden, in Kraft getreten am 1.2.2001, zuletzt geändert am 1.10.2009; enthält bautechnische Standardanforderungen zum effizienten Betriebsenergieverbrauch, besonders hinsichtlich Wärmedämmung und heizungstechnischer Anlagen, die Bauherren und Immobilienbesitzern vorgeschrieben werden; gilt für Wohngebäude, Bürogebäude und bestimmte Arten von Betriebsgebäuden.
Freianlagen: Planerisch gestaltete Freiflächen und Freiräume sowie entsprechend gestaltete Anlagen in Verbindung mit Bauwerken oder in Bauwerken
Gebäude: selbstständig benutzbare, überdeckte bauliche Anlagen, die von Menschen betreten werden können und geeignet oder bestimmt sind, dem Schutz von Menschen, Tieren oder Sachen zu dienen
Gebrauchstauglichkeit: Angabe zum derzeitigen Status der Nutzbarkeit und Funktionsfähigkeit der Bauteile und Bauwerke.
Gemeinschaftseigentum: Grundstück sowie Teile und Einrichtungen des Gebäudes, die nicht im Sondereigentum oder im Eigentum Dritter stehen. Gemeinschaftseigentum am Gebäude sind vor allem die Teile, die für den Bestand und die Sicherheit des Gebäudes erforderlich sind, sowie Anlagen und Einrichtungen, die dem gemeinschaftlichen Gebrauch der Wohnungseigentümer dienen.
Gemeinschaftsordnung: Regelung der Rechte und Pflichten der Miteigentümer untereinander. Als autonom gesetzte Grundordnung der Gemeinschaft wird sie zum Inhalt des Sondereigentums gemacht, das heißt verdinglicht, und gilt so von jedem Rechtsnachfolger. Dank der Gemeinschaftsordnung setzt die Wohnungseigentümergemeinschaft eigenes Recht anstelle der oft nachgiebigen Vorschriften des Wohnungseigentumsgesetzes.
Genehmigungsplanung: Teil der Bauplanung, auch Eingabeplanung oder Einreichplanung genannt; Zusammenstellen aller relevanten Dokumente (Grundrisse, Ansichten, Schnitte, Lageplan, Wohnflächenberechnung) für einen Bauantrag mit dem Ziel, eine Baugenehmigung zu erwirken.
Gewährleistungsbürgschaft: Sicherstellung der Mängelansprüche im Baurecht; sichert, dass ein Bürge/Garant für die Kosten der Beseitigung von Mängeln, die innerhalb der Gewährleistungsfrist auftreten, einsteht, falls der leistungserbringende Unternehmer während der Gewährleistungsfrist insolvent werden sollte.
Grundschuld: Grundpfandrecht; im deutschen Sachenrecht das dingliche Recht, aus einem Grundstück oder einem grundstücksgleichen Recht (Wohneigentum oder Erbbaurecht) die Zahlung eines bestimmten Geldbetrages zu fordern. Die Grundschuld wird von Kreditinstituten zur Besicherung von Krediten genutzt; dazu wird im Grundbuch eine Grundschuld in Höhe des zu besichernden Kredits eingetragen. Wird die damit gesicherte Forde-

rung nicht erfüllt, kann der Gläubiger im Schuldbeitreibung- oder Konkursverfahren das Pfand verwerten lassen.

Hausschwamm, Echter (Serpula lacrymans): Holz zerstörender Pilz, einer der gefährlichsten Verursacher von Bauschäden durch Schwammbefall; verursacht gravierende Strukturschäden, indem er dem Holz Zellulose entzieht. Bei unsachgemäßer Beseitigung droht Wiederbefall und Infektion nicht befallener Bauteile oder Gebäude durch Sporenübertragung.

Hinterliegergrundstück: Grundstück, das im Gegensatz zum Anliegergrundstück keinen direkten Zugang zum öffentlichen Weg oder Wasserweg hat.

HOAI: Honorarordnung für Architekten und Ingenieure, durch Verordnung der Bundesregierung (Verordnung über die Honorare für Architekten- und Ingenieurleistungen) vom 30.4.2009 geregelt. Nach ihr werden Honorare auf Basis der Baukosten festgesetzt, die aufgrund der Entwurfsplanung berechnet werden; daneben werden Anreize für kostensparendes und qualitätsbewusstes Planen und Bauen geschaffen. Verbindliche Honorarsätze bleiben auf Planungsleistungen beschränkt, Beratungsleistungen können frei vereinbart werden.

Holzbau: Bauweise, die den Baustoff Holz nutzt, sowie ein in dieser Bauweise errichtetes Gebäude. Neben Vollholz werden auch verschiedene Holzwerkstoffe für den Holzbau eingesetzt. Der Holzbau als Bauweise tritt oft in Verbindung mit anderen Bauweisen an ein und demselben Gebäude auf.

Hypothekendarlehen: Instrument der Immobilienfinanzierung, bei der das Darlehen durch ein Grundpfandrecht besichert wird. Kommt es zu einer Leistungsstörung seitens des Schuldners, kann der Gläubiger – gegebenenfalls im Weg der Zwangsversteigerung oder der Zwangsverwaltung – die Immobilie, auf die das Grundpfandrecht eingetragen ist, verwerten und das Darlehen daraus tilgen. Aufgrund dieser hervorragenden Sicherheit sind Hypothekendarlehen regelmäßig zinsgünstiger als andere unbesicherte Ratenkredite.

Instandhaltungen: Maßnahmen zur Erhaltung des Soll-Zustandes eines Objekts

Instandsetzungen: Maßnahmen zur Wiederherstellung des Zustands eines Objekts, der zu seinem bestimmungsgemäßen Gebrauch geeignet ist (sogenannter Soll-Zustand).

K.o.-Kriterien: Ausschlusskriterien nach der einfachen Nutzwertanalyse; das Fehlen bestimmter, unabdingbarer Eigenschaften (die in einem Ausschlusskriterium definiert sind) führt zum Ausschluss einer Person oder eines Objekts aus dem Entscheidungsverfahren.

Kostenberechnung: Ermittlung der Kosten auf der Grundlage der Entwurfsplanung. Sie stützt sich auf durchgearbeitete Entwurfszeichnungen oder auch Detailzeichnungen wiederkehrender Raumgruppen, Mengenberechnungen und Erläuterungen, die für die Berechnung und Beurteilung der Kosten relevant sind.

Kostenschätzung: Überschlägige Ermittlung der Kosten auf der Grundlage der Vorplanung. Sie dient als vorläufige Grundlage für Finanzierungsüberlegungen. Sie stützt sich auf Vorplanungsergebnisse, Mengenschätzungen, erläuternde Angaben zu den planerischen Zusammenhängen, Vorgängen und Bedingungen sowie Angaben zum Baugrundstück und zur Erschließung.

Lastenheft: Gesamtheit der Forderungen an die Lieferungen und Leistungen eines Auftragnehmers innerhalb eines Auftrages, die der Auftraggeber festlegt (DIN 69901–5); auch Anforderungskatalog oder Kundenspezifikation genannt.

Lebenserwartung: kalkulierte Lebensdauer beziehungsweise Restnutzungsdauer; sie bezieht sich sowohl auf die Materialgüte als auch auf die Einbauqualität.

Lehmbau: Die Herstellung von Bauwerken mit dem Baustoff Lehm sowie die so erstellten Bauwerke selbst. Verschiedene tragende oder nichttragende Bauweisen werden für den Lehmbau angewandt. In jüngster Zeit hat der Lehm als Baustoff aufgrund seiner guten Umweltverträglichkeit und seiner günstigen gebäudeklimatischen Eigenschaften wieder an Bedeutung gewonnen.

Leistungsbeschreibung: Grundlage für jede Baumaßnahme und wichtigster Bestandteil des Bauvertrags. Je detaillierter und inhaltsreicher Leistungsumfang, Art und Qualität der Baustoffe und der Ausstattungsgrad beschrieben werden, desto geringer ist das Vertragsrisiko des Bauherrn.

Leistungsbild Gebäude und raumbildende Ausbauten: umfasst nach HOAI § 33 „Leistungen für Neubauten, Neuanlagen, Wiederaufbauten, Erweiterungsbauten, Umbauten, Modernisierungen, raumbildende Ausbauten, Instandhaltungen und Instandsetzungen".

Luftwechselrate: gibt das Vielfache des Raumvolumens an, das einem Raum innerhalb einer Stunde als Zuluft zugeführt wird. Eine Luftwechselrate von 0,70 h-1 bedeutet also, dass pro Stunde 70 Prozent der Raumluft ausgetauscht werden.

Mauerwerksbau: Bautechnik des Massivbaus, bei der das Mauerwerk als Bauteil aus einzelnen, druckfesten Elementen – zum Beispiel Ziegeln oder Werksteinen – besteht, die in einem Mauerwerksverband miteinander verbunden sind.

Miteigentumsanteil: rechnerischer Bruchteil am real nicht teilbaren Gemeinschaftseigentum einer Wohnungseigentümergemeinschaft nach deutschem Recht, meist in Tausendstel-Bruchteilen angegeben und untrennbar mit dem Sondereigentum verbunden, dem er zugeordnet ist.

Modernisierungen: bauliche Maßnahmen zur nachhaltigen Erhöhung des Gebrauchswertes eines Objekts, soweit es sich nicht um Erweiterungs- oder Umbauten beziehungsweise um Maßnahmen der Instandsetzung handelt.

Objekte: Gebäude, raumbildende Ausbauten, Freianlagen, Ingenieurbauwerke, Verkehrsanlagen, Tragwerke und Anlagen der sogenannten Technischen Ausrüstung.

Ökologischer Ansatz: Aufwand für die Herstellung des Bauteils, der Komponenten oder des Materials bezogen auf die Faktoren Qp (Primärenergieverbrauch), CO_2 und andere Umwelteinflüsse (Klimaschutzfaktoren).

Pflichtenheft: Darstellung der vom „Auftragnehmer erarbeiteten Realisierungsvorgaben aufgrund der Umsetzung des vom Auftraggeber vorgegebenen Lastenhefts" (DIN 69901–5). Die Anforderungen des Lastenhefts des Auftraggebers sind mit technischen Festlegungen verknüpft

Raumbildende Ausbauten: die innere Gestaltung oder Erstellung von Innenräumen ohne wesentliche Eingriffe in Bestand oder Konstruktion.

Riester-Förderung: nach dem früheren Bundesarbeitsminister Riester benannte staatliche Förderung der Altersvorsorge; seit 2008 können auch der Kauf einer Immobilie oder von Anteilen an Wohnungsgenossenschaften sowie die Einzahlung in Bausparverträge gefördert werden. Auch Tilgungsleistungen auf Wohnungsbaukredite, vorausgesetzt sie betreffen eine selbst genutzte Immobilie, sind zulagenberechtigt. Seit 2010 ist auch der Erwerb einer selbst genutzten Wohnimmobilie in der EU sowie in Norwegen, Island und Liechtenstein förderfähig.

Salzanalyse: Feststellung des Befalls eines Bauteils mit bauschädlichen Salzen.

Schadensgrad: Ausmaß des Schadens auf das jeweilige Bauteil oder die Komponente bezogen, der Schadensgrad wird zwischen 0 Prozent und über 75 Prozent angegeben. Bei einem Schadensgrad über 75 Prozent muss davon ausgegangen werden, dass das Bauteil nicht mehr funktionsfähig oder praktisch nicht mehr vorhanden ist und daher komplett erneuert werden muss. Das bedeutet: Investitionsbedarf.

Sondereigentum: Eigentumsrecht an einer Wohnung nach dem deutschen Wohnungseigentumsgesetz, das untrennbar mit einem Miteigentumsanteil am Gemeinschaftseigentum verbunden ist und nur mit ihm zusammen veräußert werden kann.

Sondernutzungsrecht: Berechtigung zur alleinigen Nutzung eines definierten Teils des Gemeinschaftseigentums durch einen Miteigentümer. Sondernutzungsrechte greifen regelmäßig dort, wo die Bildung von Sonder- oder Teileigentum ausgeschlossen ist (zum Beispiel Freiflächen, Gärten, Dachterrassen). Sie müssen im Grundbuch eingetragen werden.

Sparbrief: festverzinsliche Anlage, deren Verzinsung über die gesamte Laufzeit festgeschrieben ist; wird von Banken und Sparkassen als Namensschuldverschreibung ausgegeben, die nicht börsenfähig ist.

Stahlbeton: Verbundwerkstoff aus den Komponenten Beton und Bewehrungsstahl. Weil Beton eine hohe Druckfestigkeit, aber nur eine geringe Zugfestigkeit besitzt, verstärkt man die durch Zug oder Biegung beanspruchten Bauteile mit Stahl, der seinerseits eine sehr hohe Zugfestigkeit aufweist.

Stahlskelettbau: Baukonstruktion, bei der das Tragwerk im Skelettbau aus Stahlträgern errichtet wird. Die Bauweise wurde nach 1880 eingeführt und hat sich in den USA beim Bau der ersten Hochhäuser bewährt. In Deutschland ist er überwiegend im Industrie- und Gesellschaftsbau sowie bei Geschäftshäusern anzutreffen.

Tagesgeldkonto: kurzfristige Anlageform, verzinstes Konto, über dessen Guthaben der Inhaber täglich verfügen kann.

Technische Funktionsfläche: nach DIN 277 (Fassung von 2005) derjenige Teil der Nettogrundfläche, welcher der Unterbringung zentraler betriebstechnischer Anlagen dient, sofern der Zweck des Gebäudes nicht selbst in der Unterbringung technischer Anlagen besteht.

Teileigentum: Sondereigentum an Räumen, das nicht zu Wohnzwecken dient und mit dem Miteigentumsanteil, zu dem es gehört, untrennbar verbunden ist.

Teilungserklärung: Erklärung eines Grundstückseigentümers gegenüber dem Grundbuchamt, dass er sein Eigentum am Grundstück in Miteigentumsanteile aufteilt, die jeweils mit Sondereigentum an einzelnen Wohnungen und/oder Teileigentum verbunden sind.

Termingeld: auch Termineinlagen oder Termindepositen; kurz- bis mittelfristige Geldanlagen bei Kreditinstituten; Laufzeit und Kündigungsfrist beträgt mindestens einen Monat.

Thermografie: bildgebendes Verfahren, das Infrarotstrahlung optisch sichtbar macht. In der Anwendung dient es unter anderem dazu, Wärmeemissionen von Gebäuden oder Gebäudeteilen festzustellen und zu messen.

Umbauten: Umgestaltungen eines vorhandenen Objekts mit Eingriffen in Konstruktion oder Bestand.

Umgebindehaus: regional verbreiteter Haustyp, der die Blockbauweise mit Fachwerk- und Massivbauweise verbindet. Um die Blockstube herum ist ein Umgebinde aus tragenden Stützen und Balken angebracht, welches das Obergeschoss trägt. Umgebindehäuser sind charakteristisch für den Berufsstand des Webers. Landschaftstypisch ist das Umgebindehaus besonders in der Oberlausitz, in Teilen Nordböhmens, Schlesiens, der Sächsischen Schweiz und Ostthüringens.

Unterhaltungskosten: Aufwand für die Unterhaltung beziehungsweise den Betrieb des Bauteils oder der Komponente.

Vertragserfüllungsbürgschaft: Sicherung des Auftraggebers vor Schäden im Falle der Insolvenz des Auftragnehmers; der Auftraggeber kann aber auch darauf zurückgreifen, wenn die vertraglich vereinbarten Leistungen nicht erfüllt oder verweigert werden.

Verwaltungsbeirat: Organ der Wohnungseigentümergemeinschaft, der nicht zwingend gebildet werden muss, aber aus einem Wohnungseigentümer (als Vorsitzendem) und zwei weiteren Wohnungseigentümern (als Beisitzer) mit der Mehrheit der Wohnungseigentümerversammlung gewählt werden kann. Er unterstützt den Verwalter bei der Arbeit, prüft vor allem die Rechnungen vom Verwalter, bevor Jahresabrechnung und Wirtschaftsplan der Wohnungseigentümerversammlung vorgelegt werden.

Verwandtendarlehen: populäre Bezeichnung für ein Darlehen, das nicht von Kreditinsti-

Sind Sondernutzungsrechte (Garage, Stellplatz, Garten, Terrasse etc.) erwünscht / erforderlich?	
☐ Nein	☐ Ja
	Welche:

Sind Nebengebäude (Garage, Stellplatz, Garten, Terrasse etc.) erwünscht / erforderlich?	
☐ Nein	☐ Ja
	Welche:

2.4. Für wie viele Personen ist das Gebäude gedacht?

2.4.1. Personenanzahl Bewohner / Mitarbeiter:

2.4.2. Anzahl der Generationen wie

☐ Kinder	☐ Eltern	☐ Großeltern	

2.4.3. Welche Anforderungen sind im Übrigen geplant / erforderlich?

☐ Barrierefreies / altersgerechtes Wohnen

☐ Tiere, wenn ja welche:

oder:

2.5. Geplante Nutzungsdauer

☐ Sanieren und verkaufen	☐ Die nächsten 10 / 20 / 30 Jahre	☐ Geplanter Alterssitz

2.6. Wichtungen

	Nicht wichtig	Egal	Wichtig	Sehr wichtig
Architektur	☐	☐	☐	☐
Ausstrahlung	☐	☐	☐	☐
Behaglichkeit	☐	☐	☐	☐
Helligkeit	☐	☐	☐	☐
Großzügigkeit	☐	☐	☐	☐
Kleinteiligkeit	☐	☐	☐	☐
Rückzugsmöglichkeit	☐	☐	☐	☐
Privatsphäre	☐	☐	☐	☐
Funktionsfähigkeit	☐	☐	☐	☐
Sicherheit	☐	☐	☐	☐
Dach (Form, Anordnung)	☐	☐	☐	☐
Fenster (Größe, Proportion)	☐	☐	☐	☐
Türen (Ornamente, Material)	☐	☐	☐	☐
Wände	☐	☐	☐	☐

Decken	☐	☐	☐	☐
Terrasse / Außensitz / Balkon	☐	☐	☐	☐
Wintergarten	☐	☐	☐	☐
Garage / Carport	☐	☐	☐	☐
Klassisch	☐	☐	☐	☐
Modern	☐	☐	☐	☐
Ausgefallen / auffallend	☐	☐	☐	☐
Wertbeständig, solide	☐	☐	☐	☐
Antik	☐	☐	☐	☐
Neuester Stand der Technik	☐	☐	☐	☐
Innovative Baustoffe	☐	☐	☐	☐
Ökologische Baustoffe	☐	☐	☐	☐
Statussymbol	☐	☐	☐	☐
Versorgung im Alter	☐	☐	☐	☐
Ökologie	☐	☐	☐	☐
Ökonomie	☐	☐	☐	☐
Energieeffizienz	☐	☐	☐	☐
Energieeinsparung	☐	☐	☐	☐
Nachhaltigkeit	☐	☐	☐	☐
Garten / Bäume / Pflanzen	☐	☐	☐	☐
Umfeld zum Gebäude	☐	☐	☐	☐
Einfriedung	☐	☐	☐	☐

2.7. Architektur / Ambiente / Materialwelt
Welche Besonderheiten sind gewünscht?

☐ Stuckfassade	☐ Stuckdecken	☐ Wände	
☐ Raumhöhe	☐ Grundriss	☐ Balkon / Terrasse	
☐ Materialien an der Fassade			
☐ Fußböden	☐ Pakett	☐ Fliesen	oder:
☐ Fenster Art / Material	☐ Holz	☐ Kunststoff	oder:
☐ Terrasse	☐ Balkon	☐ Wintergarten	

☐ Einfriedung	☐ Hecke	☐ Zaun	oder:
Außenanlagen	☐ Garten	☐ Teich	
	☐ Nutzgarten	☐ Swimming-Pool	

2.8. Welche Technik ist gewünscht?
Elektroinstallation

Steckdosen pro Raum	Wo / Anzahl?		
Bewegungsmelder	Wo / Anzahl?		
Gegensprechanlage	☐ Ja	☐ Nein	
Telefon / Fax / Internet	Wo / Anzahl?		
PC / Drucker / Kopierer etc.	☐ Ja	☐ Nein	
Netzwerk	☐ Ja	☐ Nein	
Alarmanlage / Kamera	☐ Ja	☐ Nein	

2.9. Klima / Heizung, was ist gewünscht?

Klimaanlage	☐ Ja	☐ Nein	
Fenster-Lüftung	☐ Ja	☐ Nein	
Mechanische Lüftung	☐ Ja	☐ Nein	
Heizung	☐ Öl	☐ Gas	☐ Holzpellets
			☐ Wärmepumpe
Kamin	Wo / Anzahl?		
Solar	☐ Ja	☐ Nein	
Photovoltaik	☐ Ja	☐ Nein	

3. Baustoffe, Materialwelt und Form
3.1. Welche der aufgezählten Baustoffe sind Ihnen grundsätzlich:

	Sympathisch	Gleichgültig	Unsympathisch
Beton	☐	☐	☐
Stahl	☐	☐	☐
Kunststoff	☐	☐	☐
Ziegelstein	☐	☐	☐
Kalksandstein	☐	☐	☐
Naturstein	☐	☐	☐
Kork	☐	☐	☐
Massivholz	☐	☐	☐

Holzimitat	☐	☐	☐
Aluminium	☐	☐	☐
Fliesen	☐	☐	☐
Glas	☐	☐	☐
Metall	☐	☐	☐
Textilien / Stoff	☐	☐	☐
…	☐	☐	☐

3.2. Welche Farben bevorzugen Sie?

	Sympathisch	Gleichgültig	Unsympathisch
Hell	☐	☐	☐
Dunkel	☐	☐	☐
Rot	☐	☐	☐
Orange	☐	☐	☐
Gelb	☐	☐	☐
Sand / Beige / Creme	☐	☐	☐
Blau	☐	☐	☐
Grün	☐	☐	☐
Violett	☐	☐	☐
Schwarz	☐	☐	☐
Weiß	☐	☐	☐
Grau	☐	☐	☐
…	☐	☐	☐

Welche Formen bevorzugen Sie?

	Sympathisch	Gleichgültig	Unsympathisch
Rund / Oval	☐	☐	☐
Eckig	☐	☐	☐
Filigran	☐	☐	☐
Massiv	☐	☐	☐
…	☐	☐	☐

3.3. Grundrisslösung

☐ Geschlossen	(Nur Räume mit Türen)
☐ Halboffen	(Nur einzelne Räume mit Türen)
☐ Offen	(Ohne Trennwände)

4. Die Finanzen

4.1. Investitionskosten

Insgesamt EUR	davon:	
	Wohnungseigentum:	EUR
	Teileigentum (Gewerbe):	EUR
	Baukosten incl. Nebenkosten:	EUR

4.2. Welche finanziellen Mittel stehen zur Verfügung?

Eigenmittel:	EUR
Fremdmittel:	EUR
Förderung:	EUR
	EUR

4.3. Sollen öffentliche Mittel genutzt werden?

☐ Ja Welche

4.4. Sind steuerliche Aspekte zu beachten?

☐ Ja Welche

4.5. Sind Eigenleistungen geplant?

☐ Ja ☐ Nein

Wenn ja: bei welchen Arbeiten insbesondere?

5. Zeitrahmen

☐ Sofort bezugsfertig

☐ Gibt es einen Zeitrahmen?

Beginn:

Fertigstellung:

6. Wie möchten Sie bauen?

☐ Möglichst so, dass ich nichts damit zu tun habe

☐ Ich möchte mit einbezogen werden

☐ Nur mit Eigenleistungen (siehe gesonderte Aufstellung)

7. Wie schätzen Sie den Zustand des Gebäudes selbst ein?									
Hier ein kleiner Fahrplan für eine erste Einschätzung:									
Zustand? (-3 = sehr schlecht / 0 = weiß nicht / + 3 = bereits erneuert)								**Sanierung**	
	-3	-2	-1	0	1	2	3	Ja	Nein
Außenhülle									
Dachdeckung									
Klempner									
Fassade / Putz									
Fenster									
Balkon									
Terrasse									
Haustür									
Haussockel									
Innen									
Dachkonstruktion									
Schornstein									
Decken									
Treppen									
Wände innen									
Wände außen									
Wände Kellerge-schoss feucht?									
Innenputz									
Innentüren									
Fenster									
Fußböden									
Decken									
Technik									
Heizung									
Sanitär									
Lüftung									
Elektro									
Telefon									

Sonstiges									

7.1. Außenanlagen

Zustand? (-3 = sehr schlecht / 0 = weiß nicht / + 3 = bereits erneuert) **Sanierung?**

	-3	-2	-1	0	1	2	3	Ja	Nein
Außenanlagen									
Einfriedung / Zaun									
Baumbestand									
Zufahrt									
Zugang zum Haus									
Medien / Versorgung									
Wasser									
Abwasser									
Regenwasser									
Elektro									
Gas									
Telefon									
Antenne									
Sonstiges									

7.2. Welche Maßnahmen sind geplant bzw. notwendig?

Definitionen	
Instandsetzung:	Nur leichte Überarbeitung, wo defekte Bauteile
Reparatur:	Austausch, teils Erneuerung von defekten Teilen
Sanierung:	Überarbeitung der gesamten Immobilie ohne besonderen Anspruch
Modernisierung:	Anpassung an heutigen Stand der Technik

Maßnahmen	10 %	75 %	50 %	25 %	10 %	Nein			
Instandsetzung									
Reparatur									
Sanierung									
Modernisierung									
Anpassung der Grundrisse									
Umbau									
Anbau									
Erweiterung									
Dachausbau									
Kellerausbau									
Badeinbau									
Kücheneinbau									
Heizung									
Elektro									

8. ERFORDERLICHE UNTERLAGEN

8.1. Gutachten

Gibt es bereits Gutachten für:

☐ Wertgutachten	☐ Feuchtigkeit	☐ Holzkonstruktion

oder:

8.2. Unterlagen

Welche Unterlagen?	Liegt vor	Muss angefordert werden
☐ Amtlicher Lageplan		
☐ Baubeschreibung		
☐ Bestandspläne		
☐ Energieausweis		
☐ Flurkarte		
☐ Grundbuchauszug		
☐ Statik		

ERMITTLUNG DER GRUNDFLÄCHE NACH DER II. BV

Ermittlung der Grundfläche nach § 43 der II. Berechnungsverordnung (Verordnung über wohnwirtschaftliche Berechnungen), Neufassung vom 12.10.1990

§ 43 Berechnung der Grundfläche
(1) Die Grundfläche eines Raumes ist nach Wahl des Bauherrn aus den Fertigmaßen oder den Rohbaumaßen zu ermitteln. Die Wahl bleibt für alle späteren Berechnungen maßgebend.

(2) Fertigmaße sind die lichten Maße zwischen den Wänden ohne Berücksichtigung von Wandgliederungen, Wandbekleidungen, Scheuerleisten, Öfen, Heizkörpern, Herden und dergleichen.

(3) Werden die Rohbaumaße zugrunde gelegt, so sind die errechneten Grundflächen um 3 vom Hundert zu kürzen.

(4) Von den errechneten Grundflächen sind abzuziehen die Grundflächen von
1. Schornsteinen und anderen Mauervorlagen, freistehenden Pfeilern und Säulen, wenn sie in der ganzen Raumhöhe durchgehen und ihre Grundfläche mehr als 0,1 Quadratmeter beträgt,
2. Treppen mit über drei Steigungen und deren Treppenabsätze.

(5) Zu den errechneten Grundflächen sind hinzuzurechnen die Grundflächen von
1. Fenster- und offenen Wandnischen, die bis zum Fußboden herunterreichen und mehr als 0,13 Meter tief sind,
2. Erkern und Wandschränken, die eine Grundfläche von mindestens 0,5 Quadratmeter haben,
3. Raumteilen unter Treppen, soweit die lichte Höhe mindestens 2 Meter ist.
Nicht hinzuzurechnen sind die Grundflächen der Türnischen.

(6) Wird die Grundfläche aufgrund der Bauzeichnung nach den Rohbaumaßen ermittelt, so bleibt die hiernach berechnete Wohnfläche maßgebend, außer wenn von der Bauzeichnung abweichend gebaut ist. Ist von der Bauzeichnung abweichend gebaut worden, so ist die Grundfläche aufgrund der berichtigten Bauzeichnung zu ermitteln.

HEIZUNGS-, LÜFTUNGS- UND ANLAGENTECHNIK

Die Kosten für eine Abluftanlage liegen in einer Größenordnung von 1500 bis 2000 €. Für eine Anlage mit Wärmerückgewinnung müssen 4000 bis 7000 € eingeplant werden.
Die Kosten für einen Erdreichwärmetauscher sind in diesem Betrag noch nicht enthalten.
Den Kosten stehen Einsparungen beim Heizsystem gegenüber, die sich durch die Verkleinerung bzw. Einsparung der Heizflächen ergeben. Die Höhe der Einsparung hängt von der Art der verwendeten Materialien und der konkreten Anlagenplanung ab.
Die jährlichen Kosten für den Betriebsstrom betragen bei einer Wohnungsgröße von 150 m² und einem Strompreis von 19 €-Cent je kWh im Fall einer Abluftanlage ca. 50 € und im Fall einer Anlage mit Wärmerückgewinnung ca. 90 €, jeweils bei ganzjahrigem Einsatz. Werden die Lüftungsanlagen nur während der Heizperiode betrieben, halbieren sich die o. g. Energiekosten.
Den Aufwendungen stehen bei Anlagen mit Wärmerückgewinnung Heizenergieeinsparungen von 3000–4000 kWh gegenüber. Das entspricht bei einem Wärmepreis von 10 €-Cent/kWh einer Ersparnis von jährlich etwa 350 €.
Zur **BILANZIERUNG DER HEIZUNGS-, LÜFTUNGS- UND ANLAGENTECHNIK** verwendet die EnEV das Rechenverfahren der DIN 4701 Teil 10.

In dieser Norm wird für verschiedene projektierte Luftwechselraten und Wärmerückgewinnungsgrade die flächenbezogene Einsparung an Heizenergie in einer Tabelle angegeben. So wird für eine Luftwechselrate von 0,4 h-1und einen Wärmerückgewinnungsgrad von 80 % eine Heizwärmeeinsparung von 17,2 kWh/(m²a) bilanziert.
Zum Bau von geförderten KfW-Effizienzhäusern ist also der Einsatz von Lüftungsgeräten ein wichtiger Baustein. Liegt von einem Fachplaner eine detaillierte Anlagenplanung mit günstigeren Herstellerangaben vor, dann können auch diese direkt in die Gebäudebilanz eingesetzt werden.
Die Bilanz von Gebäuden mit einer Abluftanlage verbessert sich nur indirekt. Da mit dieser Technik keine Wärme zurückgewonnen wird, kann rechnerisch auch keine Einsparung angesetzt werden. Weil aber im Zusammenhang mit dem Einbau der Lüftungsanlage ein Drucktest für das Gebäude vorgeschrieben ist, wird die in der Energiebilanz zu berechnende Luftwechselrate von 0,7 h-1 auf 0,6 h-1 vermindert. Das entspricht einer rechnerischen Einsparung von etwa 7 kWh/(m²a).

(Hessisches Ministerium für Umwelt, Energie, Landwirtschaft und Verbraucherschutz: Kontrollierte Wohnungslüftung, Wiesbaden 2011)

REGISTER

IMPRESSUM

Stiftung Warentest
Lützowplatz 11–13
10785 Berlin
Tel. 0 30/26 31-0
Fax 0 30/26 31-25 25
www.test.de

Vorstand: Hubertus Primus
Weiteres Mitglied der Geschäftsleitung:
Dr. Holger Brackemann
(Bereichsleiter Untersuchungen)

Programmleitung: Niclas Dewitz
Autoren: Ulrich Zink, Thomas Wieke
Projektkoordination: Uwe Meilahn
Lektorat: Magnus Enxing
Korrektorat: Dr. Brigitte Schöning, Osnabrück
Titelentwurf: Susann Unger, Berlin
Layout: Pauline Schimmelpenninck Büro für Gestaltung, Berlin

Bildnachweis: BAKA 40, 43, 92, 93, 102, 103, 106, 107, 108, 119, 128, 130, 143, 144, 145, 146, 155, 156, 170, 171, 172, 175, 179, 181 **creative commons 3.0** 10_Thomas Kohler, 10_Beek100, 15_gryffindor, 27_Michael Sander, 40_Immanuel Giel, 40_Roland Zh, 41_störfix, 41_Brücke-Osteurop, 42_Brücke Osteuropa, 42_GeorgHH, 43_Smial, 43_Doris Anthony, 44_Peter Kuhley, 98_Mätes, 112_Lutz Weidner, 129_Markus Röse, 163_Manfred Brueckels **Fotolia** 138_Ingo Bartussek **iStock** 4, 7, 35 **Thinkstock** 13, 16, 19, 31, 46, 54, 58, 63, 70, 74, 75, 78, 79, 81, 84, 85, 88, 91, 101, 117, 123, 126, 130, 132, 135, 136, 153, 164, 168, 173, 174, 182 **Pixelio** 26_Thomas Max Mülle, 40_Thomas Max Müller, 52_Rainer Sturm, 127_Rainer Sturm **Getty Images** 182 **plainpicture** 4, 8, 132, **Frei** 13_Heinrich Zille **AntiquaNova** 119_Doris Wieke
Verlagsherstellung: Rita Brosius (Ltg.), Susanne Beeh
Grafik, Bildredaktion und Satz:
Pauline Schimmelpenninck Büro für Gestaltung, Berlin
Produktion: Vera Göring
Litho: tiff.any GmbH, Berlin
Druck: Rasch Druckerei und Verlag GmbH & Co. KG, Bramsche

Einzelbestellung:
Stiftung Warentest
Tel. 0180 5/00 24 67
Fax 0180 5/00 24 68
(je 14 Cent pro Minute aus dem Festnetz, maximal 42 Cent pro Minute aus dem Mobilfunknetz)
www.test.de

ISBN: 978-3-86851-031-7